NOUVELLE BIBLIOTHÈQUE LITTÉRAIRE

HOMMES
ET
LIVRES

ÉTUDES MORALES ET LITTÉRAIRES

PAR

Gustave LANSON

MAÎTRE DE CONFÉRENCES SUPPLÉANT A L'ÉCOLE NORMALE SUPÉRIEURE

PARIS

LECÈNE, OUDIN ET Cie, ÉDITEURS

15, RUE DE CLUNY, 15

—

1895

Tous droits de traduction et de reproduction réservés

HOMMES ET LIVRES

DU MÊME AUTEUR

A LA MÊME LIBRAIRIE

Bossuet, *étude littéraire*, 2ᵉ édition, 1 vol. in-18.	3 50
Bossuet, *Coll. des Classiques populaires*, 1 vol. in-8.	1 50

LIBRAIRIE HACHETTE

Boileau, *Coll. des grands écrivains*, 1 vol. in-16.	2 »
Histoire de la Littérature française, 2ᵉ édition, 1 vol. in-16.	4 »
Choix de Lettres du 17ᵉ siècle, 1 vol. in-16.	2 50
Choix de Lettres du 18ᵉ siècle, 2ᵉ éd., 1 vol. in-16.	2 50
Conseils sur l'art d'écrire (*Principes de composition et de style*), 4ᵉ éd., 1 vol. in-16.	2 50

NOUVELLE BIBLIOTHÈQUE LITTÉRAIRE

HOMMES ET LIVRES

ÉTUDES MORALES ET LITTÉRAIRES

PAR

Gustave LANSON

MAÎTRE DE CONFÉRENCES SUPPLÉANT A L'ÉCOLE NORMALE SUPÉRIEURE

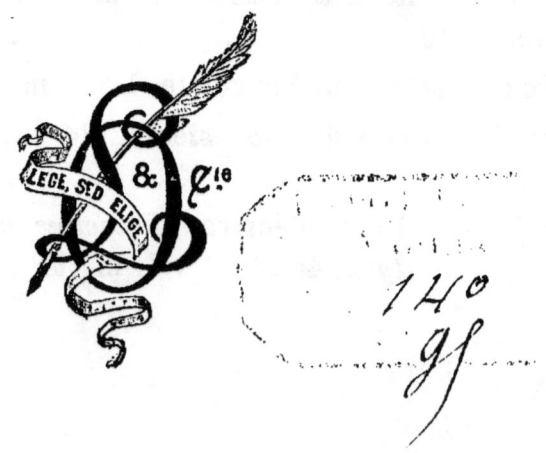

PARIS
LECÈNE, OUDIN ET Cie, ÉDITEURS
15, RUE DE CLUNY, 15
—
1895

Tous droits de traduction et de reproduction réservés

AVANT-PROPOS

Deux des morceaux que l'on va lire ont paru dans la *Revue des Deux-Mondes ;* quelques autres, dans la *Revue Universitaire* et la *Revue d'histoire littéraire ;* le plus grand nombre dans la *Revue Bleue*. Une seule est inédite : l'étude sur la *Parodie dramatique* au xviiie siècle.

Le présent avant-propros n'est pas destiné à mettre après coup dans ce recueil une unité factice : il ne faut point chercher de liaison entre les divers articles qui le composent ; le hasard des livres nouveaux les a presque tous suscités les uns après les autres, sans qu'ils aient autre chose de commun que certains goûts de l'auteur.

Par le titre : *Hommes et livres*, j'ai voulu indiquer et surtout distinguer les deux préoccupations principales qui ont dirigé le développement de ces études. Toutes les fois que je me suis trouvé en présence d'une œuvre que l'intention de son auteur destinait à donner au public un plaisir littéraire, j'ai pris le *livre* pour matière et n'ai voulu regarder l'*homme* que par rapport au livre. Au contraire, les écrits qui sont proprement en dehors de la littérature, comme sont un journal traduit de l'allemand, des lettres demi-italiennes, et même certaines correspondances bien françaises, m'ont paru être de ces pièces à travers lesquelles l'intéressant était de voir les *hommes*, de les *attraper* dans leur individualité physique et morale.

Cette distinction, si je ne me trompe, a une réelle importance en matière d'histoire littéraire ; une question capital de méthode y est engagée.

Lorsque l'on dit que l'objet de l'histoire et de la critique littéraire, bien entendus, doit être en fin de compte la description des *individualités* éminentes que toute recherche des causes ne détermine que partiellement, que le mouvement général de la littérature doit être tracé avec soin, plus encore pour faire apparaître ce qu'elles ont ajouté et transformé que ce qu'elles ont reçu, et qu'enfin la beauté essentielle des chefs-d'œuvre est presque toujours dans les apports du tempérament individuel en ce qu'il a de plus réfractaire à l'analyse, je crois qu'on a raison, et ce sont ces idées que j'ai quelquefois tâché de rendre (1). Mais beaucoup de personnes prennent le change sur ce mot d'*indivi-*

---

(1) *Histoire de la Littérature française*, Avant-propos.

dualité et croient qu'il s'agit tout simplement de retourner au procédé de Sainte-Beuve. Or, c'est plutôt le contraire.

Le mérite propre de Sainte-Beuve est ici hors de cause. C'est un des trois ou quatre maîtres de la critique en notre siècle ; et l'on ne vit jamais plus de curiosité d'esprit, plus de souplesse, de pointe et de finesse. Mais on peut dire, sans le diminuer, que sa méthode, qui fut à son heure un progrès, serait un recul aujourd'hui si l'on prétendait y revenir.

Après les recherches encore vagues de Villemain, qui faisait de la littérature l'expression de la société, qui établissait des liens un peu flottants et lâches entre les grands courants sociaux et les grandes œuvres littéraires, Sainte-Beuve donna une ferme assiette à la critique, en la faisant reposer sur l'étude biographique : dans l'individu vivant, il trouvait l'intermédiaire réel et nécessaire par lequel les influences sociales de tout genre atteignent, suscitent et modifient les œuvres de poésie ou d'éloquence.

Mais, entraîné par son admirable intuition de moraliste, et par son sens impérieux de la vie, Sainte-Beuve en est venu à faire de la biographie presque le tout de la critique. Et ainsi je veux qu'il ait fait une « histoire naturelle des esprits », je veux qu'il ait déployé le plus rare talent d'historien moraliste : je veux même qu'il ait donné une collection d'études, et, comme disait Taine, de copieux « cahiers de remarques », qui seront des aides précieux pour tous les esprits curieux d'acquérir une exacte intelligence des œuvres littéraires : en réalité, pendant qu'il formait ces dossiers d'anatomie morale, il abandonnait la besogne de la critique littéraire ; et même, on peut dire que, si l'on prétendait, sur l'exemple de Sainte-Beuve, la réduire au genre d'études où il s'enfermait, Sainte-Beuve en aurait faussé gravement la méthode.

Car, au lieu d'employer les biographies à expliquer les œuvres, il a employé les œuvres à constituer des biographies. Il n'a pas traité autrement les chefs-d'œuvre de l'art littéraire qu'il ne traitait les mémoires hâtifs d'un général ou les effusions épistolaires d'une femme ; toute cette écriture, il la met au même service, il s'en fait un point d'appui pour atteindre l'âme ou l'esprit : c'est précisément éliminer la qualité littéraire. Je comprends que dans les lettres de Madame, mère du régent, ou dans des souvenirs du général Joubert, on cherche surtout Madame et le général Joubert : mais il y a un autre usage à faire des écritures de Boileau, de Bossuet, de Voltaire, quand on veut réellement faire une étude de littérature. Je comprend aussi que dans le bagage de Mlle de Scudéry on mette à part les lettres, pour y prendre plaisir au contact vivant d'un esprit : mais vraiment, ne serait-ce pas une aberration du sens littéraire que de donner tout l'*Esprit des lois* pour un *Journal de voyage*, de Montesquieu, comme si ce n'était pas l'*Esprit des lois* qui donnait valeur au nom de Montesquieu et aux notes même insignifiantes qu'il avait pu ramasser à travers l'Europe ?

Encore une fois, Sainte-Beuve a bien fait ce qu'il a voulu faire : mais il ne faut pas généraliser sa méthode ni surtout l'estimer une méthode complète et suffisante de connaissance littéraire. L'homme, dans ses études, masque l'œuvre ; l'œuvre se subordonne à l'homme, et c'est le contraire qui est juste : pour obtenir la série des actes ou états réels d'un esprit, il décompose, dissout les œuvres d'art auxquelles ces actes ou états ont servi. Il est bien remarquable que, dans ce beau *Port-Royal*, qui est une magistrale tentative de restitution historique, une plus heureuse encore et plus précieuse tentative de restitution psychologique, les œuvres de nos grands écrivains n'interviennent que comme pièces d'une enquête et pour constituer le dessin des états mentaux de chaque individu. Pour qui fait métier strictement de littérature, le jansénisme se subordonne à Pascal, Pascal se subordonne aux *Provinciales* et aux *Pensées* ; toute recherche historique ou psychologique doit aboutir à procurer une explication plus complète de ces deux maîtresses œuvres. Or, voyez ce que vous trouverez dans les sept volumes de Sainte-Beuve : Pascal tient tout le livre III, vingt et un copieux chapitres. C'est bien, semble-t-il. Mais examinons de plus près : de ces vingt et un chapitres, onze sont consacrés aux *Provinciales*, trois, pas un de plus, aux *Pensées*. N'est-il pas évident par cette disproportion que l'écrivain règle son développement sur l'intérêt historique et biographique des matières ? Les *Provinciales* ont été un livre d'actualité, l'instrument et le centre d'une polémique considérable ; voilà pourquoi elles obtiennent presque quatre fois plus de place que les *Pensées*. Et des trois chapitres parcimonieusement mesurés à ce dernier ouvrage, deux sont consacrés aux éditions qu'on en a faites. Restent une cinquantaine de pages, en tout, qui sont données à l'étude intrinsèque de l'œuvre, où le plan seul de Pascal est recherché avec insistance : et, vraiment, ce n'est pas assez.

Une autre remarque que l'on a faite souvent sur les *Lundis*, nous conduirait à la même conclusion : prenez les tables de ces *Lundis*, et voyez combien sont rares les articles sur les grands écrivains, quelle multitude au contraire de causeries sur toutes sortes de gens dont le caractère commun est d'avoir écrit peu ou beaucoup, mais toujours en amateurs, jamais avec l'intention de créer une œuvre littéraire, femmes, magistrats, courtisans, généraux, princes, etc. Et lorsqu'il s'applique dans ses *Lundis* aux grands écrivains, n'évite-t-il pas soigneusement d'aborder de front les grandes œuvres ? ne les prend-il pas presque toujours par quelque biais, poussant de leur côté quelques pointes rapides, mais dirigeant sa principale attaque vers le portrait de l'homme, et choisissant pour moyens principaux les écrits secondaires qui font partie, si je puis dire, de la vie familière plutôt que de la création artistique de l'auteur ?

Partir d'où Sainte-Beuve était parti, était excellent : mais il fallait n'en pas rester là. Il avait donné une base solide aux études littéraires en ressuscitant l'individu, en donnant l'exemple de cette rare qualité : *le sens de la vie*. Avec cela, on pouvait former une critique qui ne se perdrait point dans le vague oratoire ni dans la logique abstraite. C'est ce que Taine, puis M. Brunetière ont fait : le premier, en poussant sa recherche au delà de l'individu, en déterminant l'individu par la *race*, le *milieu*, le *moment*, anéantissait à vrai dire l'individu, qui n'était plus qu'un faisceau de phénomènes accidentellement formé par le concours des trois ordres de causes générales. Mais, du même coup, il remettait chaque chose en sa place : et comme dans sa *Philosophie de l'art*, il eût trouvé absurde de n'employer les tableaux de Rembrandt ou les statues de Michel-Ange qu'à retrouver quels individus furent dans la vie réelle Rembrandt et Michel-

Ange, pareillement il utilisa la biographie et la psychologie de Shakespeare ou de Racine pour expliquer les drames de l'un et les tragédies de l'autre. Il replaça et maintint au premier plan, comme objet supérieur et constant, de l'étude critique, les œuvres littéraires, conçues, ainsi qu'il faut, comme des œuvres d'art, qui doivent l'existence à leurs auteurs, mais qui, enfin, se sont détachées de leurs auteurs, et, sinon vivent, du moins existent par elles-mêmes, dans leur unité, identité personnelles.

M. Brunetière est venu ensuite avec cette théorie de l'évolution des genres dont le nom même emporte un avantage considérable : il propose bien les *œuvres*, et non autre chose, comme objet d'étude (1). Rectifiant ou complétant la théorie de Taine, M. Brunetière a gagné, ce me semble, trois points essentiels ; parmi les causes que Taine confondait sous ce mot de *moment*, il a isolé celle que constituent les œuvres littéraires déjà existantes pour les esprits qui, les connaissant et en recevant l'impression par un état général du goût, s'appliquent à la création d'autres œuvres littéraires. Il est fatal que les œuvres faites

---

(1) Il va sans dire que je ne donne pas ceci comme une exposition des idées de M. Brunetière. Il n'a pas besoin d'interprète ni de champion. Mais partant des résultats que je considère comme acquis par ses études, j'en déduis quelques idées que j'estime importantes et vraies.

déterminent — partiellement — les œuvres à faire : elles sont nécessairement conçues comme modèles à suivre, ou à ne pas suivre. En un temps on tâche à les reproduire, en un autre à en prendre le contrepied. Il s'établit ainsi un courant perpétuel qui passe des œuvres aux esprits pour revenir des esprits aux œuvres : et comme on ne considère que la somme des influences reçues des œuvres et renvoyées dans les œuvres, il est vrai de dire qu'il y a une transmission perpétuelle de force par laquelle sont assurées et la continuité et l'évolution des genres littéraires.

Mais, en second lieu, il n'est pas vrai de dire que toute œuvre d'art, toute forme de goût soient absolument déterminées par les conditions antérieures qu'on peut analyser. La part faite à tout ce qu'on peut expliquer, il y a parfois des résidus inexplicables. C'est ici que reparaît l'individu. Dans la chaîne de l'évolution, il se pose soudain, ajoutant — on ne sait pourquoi ni d'où — quelque chose à son hérédité, quelque chose que ni éducation, ni pression du *milieu*, ne saurait abolir ou transformer : je n'étends, bien entendu, aucune de ces idées hors de la littérature ; ce n'est pas mon affaire ; et je ne préjuge rien non plus des connaissances de l'avenir ; je parle comme actuellement un esprit raisonnable doit parler, selon l'expérience amassée jusqu'à nous. Aujourd'hui donc, certains individus apparaissent comme des *centres* où se sont rencontrées des séries de phénomènes jusque-là parallèles ou divergentes : par exemple la série *jansénisme* a rencontré dans Racine la série *tragédie*. Il en est résulté une modification de la tragédie : des causes étrangères à la littérature introduites dans un système littéraire, et transformées en idées littéraires, ont produit une perturbation dans l'évolution d'un genre. Mais, d'autres fois, il est actuellement impossible, et l'on ne peut même pas prévoir s'il sera jamais possible de déterminer d'où certains individus tirent ce qu'ils ajoutent au genre défini avant eux, la force par laquelle ils l'altèrent, l'agrandissent ou l'embellissent. Tout ce qui arrive à ces individus est transformé par eux d'une manière inexplicable pour nous, augmenté avec une puissance inexplicable pour nous. Dans l'évolution de la tragédie au XVIIe siècle, il faut bien marquer deux points et comme deux *nœuds* principaux où agissent fortement deux causes qu'on ne peut en fin de compte appeler autrement que Corneille et Racine.

C'est donc alors qu'on revient à l'individualité : mais aussi on ne peut plus se méprendre sur la portée du mot. La définition de *l'individualité* est l'objet où l'analyse littéraire doit aboutir : elle consiste à marquer les caractères de l'œuvre littéraire, tous ceux qu'on explique par des causes littéraires, historiques, sociales, biographiques et même si l'on peut, psychologiques, mais tous ceux aussi qu'on ne peut expliquer et qui constituent l'irréductible originalité de l'écrivain. Dans ce travail, jamais on ne détache sa vue de l'œuvre : on revient à l'homme toutes les fois qu'il le faut, on n'y reste pas, on ne s'y perd pas. On se représente l'unité vivante, agissante, d'un esprit, pour résoudre toute les difficultés où la logique abstraite s'aheurterait comme à d'insolubles contradictions. Mais on n'oublie jamais que l'on est chargé de définir une œuvre d'art, non un individu réel, et l'on fait son métier en face de Racine comme on le ferait en face de Raphaël. Ainsi l'individualité que l'on poursuit, où l'on s'arrête, c'est celle qui se trouve dans l'œuvre, qui y correspond, qui la constitue, et rien de plus.

Aucune connaissance ne s'obtient que par abstraction : dans les sciences pures, une fois les éléments de la connaissance constitués dans l'abstrait, on peut ne jamais donner un regard à la réalité, du moins aux réalités intégrales, confuses, et scientifiquement inconnaissables. Même en usant de la méthode expérimentale, l'esprit opère par une suite ininterrompue d'abstractions. Là où la connaissance scientifique est impossible, comme en littérature, il faut résoudre continuellement l'abstrait en concret pour s'ssurer qu'on tient un objet solide, et ce n'est que par d'agiles retours incessamment faits vers la réalité vivante, qu'on vérifie ses hypothèses et ses raisonnements ; de rapides intuitions de l'inconnaissable individuel doivent exciter ou accompagner toutes les notions que nous construisons. Mais, enfin, à ne regarder que l'essentiel, ce n'est point tout l'homme, toute la vie, toute l'activité de l'individu réel, que la critique et l'histoire littéraires embrassent. S'il m'était permis d'user d'une notation analogue à celle que l'on a récemment appliquée à la sociologie, je dirais que, pour connaître comme il faut la littérature, nous devons nous efforcer de détacher et de considérer le *phénomène littéraire :* tout le reste n'est qu'un appoint, un secours, ou un amusement.

Enfin, et c'est le troisième point que M. Brunetière me paraît avoir établi, on ne saurait se soustraire, en critique littéraire, à la nécessité de *juger* les œuvres. C'est-à-dire que l'on ne poursuit pas indifféremment la connaissance de tout ce qui est. On n'étudie l'évolution de la tragédie, que parce qu'il y a certaines tragédies qui possèdent un caractère éminent de beauté : pour les mieux connaître et comprendre, nous nous intéressons à cent autres qui les ont précédées, reliées ou suivies, et qui, directement, par elles-mêmes, seraient absolument dénuées d'intérêt. On décrit l'œuvre de Racine plus complaisamment que celle de Pradon : la raison en est uniquement dans la différence des jugements esthétiques que nous portons sur les deux œuvres. Il y a des genres qui évoluent pendant des siècles sans rencontrer un chef-d'œuvre : il y en a d'autres où les chefs-d'œuvre se multiplient en peu d'années. On ramasse donc très légitimement en quelques mots l'évolution stérile des premiers, et l'on met les autres au large : ce serait un contresens littéraire de faire autrement. Mais qu'est-ce que tout cela encore sinon de faire dominer dans nos études la considération de l'individualité ? Dès qu'on accorde quelque autorité aux valeurs d'art, aux jugements esthétiques, il n'y a plus définition d'espèces, mais description d'individus. L'espèce qui paraît supérieure, au xviie siècle, est celle où l'on trouve quelques individus supérieurs : ce n'est pas la tragédie qui est un genre supérieur à l'épopée ou au roman, c'est Corneille et Racine (vus dans leurs œuvres, bien entendu) qui valent mieux que M. et Mlle de Scudéry.

Gardons-nous d'être trop *simpliste* dans le choix d'une méthode pour nos études littéraires. Il y a de tout dans la littérature ; et il faut avoir de tout dans l'esprit pour la connaître comme il faut. Méthode scientifique, sens esthétique, intuition de la vie, tout sert. C'est précisément pour cela que l'éducation littéraire, bien comprise, est peut-être celle qui annonce le mieux le développement complet de l'intelligence : elle en fait jouer toutes les facultés, elle assouplit tout, fortifie tout, et n'en laisse atrophier aucune, comme elle n'en porte aucune à s'hypertrophier.

Voilà qui nous éloigne beaucoup du modeste recueil que j'offre aujourd'hui au public ; c'est « bien du bruit pour une omelette. » Mais la question peut-être valait la peine d'être examinée, d'autant qu'il semble bien qu'une certaine confusion règne aujourd'hui à ce sujet dans l'esprit de beaucoup de lettrés : ils ne voient pas tous bien nettement et le lien et la nécessité des trois grandes étapes que la critique littéraire a faites en notre siècle, ni le progrès réalisé en chacune d'elles par la constitution de méthodes de plus en plus exactes et rigoureuses.

Enfin, pour appliquer toute cette théorie au présent volume, on y verra la raison par laquelle je me suis toujours dans certains articles attaché aux œuvres, et toujours dans les autres aux hommes : de ceux-ci, on n'avait point d'écriture littéraire ; et par conséquent, ils ne pouvaient servir au travail littéraire que par leur individualité psychologique, dont la considération aide à recomposer *l'atmosphère* intellectuelle, morale et sociale dans laquelle ont éclos et évolué les œuvres de la littérature.

GUSTAVE LANSON.

Juin 1895.

HOMMES ET LIVRES

ETUDES MORALES ET LITTÉRAIRES

ÉTUDIANTS ET MOEURS UNIVERSITAIRES DU XVIe SIÈCLE

Félix et Thomas Platter à Montpellier

(1552-1557 — 1595-1599.)

On ne se doute guère à Paris des passions qu'a déchaînées en province le projet de loi sur la constitution des Universités, de l'anxiété avec laquelle les villes qui possèdent actuellement des Facultés attendent le vote des Chambres, des efforts qu'elles tentent chacune de son côté, pour trouver leur avantage particulier dans ce vote. Paris est bien à l'aise pour prendre les choses de haut, et ne regarder que la théorie pure, l'intérêt général de la science et des études; il est naturel qu'ailleurs on soit moins désintéressé et plus préoccupé de savoir en quels lieux, sous quels noms de villes se réaliseront ces Universités idéales dont on se promet de si beaux effets. Et tout aussi naturellement on se passionne d'autant plus qu'on a conscience d'être plus menacé par le projet de loi. Voilà pourquoi l'on ne saurait, ici, avoir idée de ce qui s'est remué d'influences, noué d'intrigues, crié de réclames, tenté de séductions, chaque ville voulant arracher l'assurance officielle ou officieuse de n'être pas sacrifiée au bien public.

Dans cette ardente rivalité, la ville de Montpellier mène campagne avec un mélange original d'adresse et de fierté. Elle met sa coquetterie à faire briller sa vitalité : elle rappelle quel centre et quel foyer d'études elle a été pendant des siècles, en célébrant les fêtes commémoratives de la fondation de son Université. Elle prouve que ce qu'elle fut, elle l'est encore, en montrant le palais que ses étudiants se sont donné. Et c'est encore une bonne façon de faire valoir les titres de la cité, que vient de prendre a Société des bibliophiles de Montpellier : elle a publié les notes de voyage de deux étudiants bâlois (1) qui, au milieu et à la fin du XVIe siècle, sont venus y étudier la médecine, et en ont remporté de quoi devenir chez eux des personnages assez considérables. La science trouve son compte à cet acte de patriotisme local, qui nous remet sous les yeux un coin de l'ancienne France et un moment de la civilisation universelle.

---

(1) *Felix et Thomas Platter à Montpellier. Notes de voyage de deux étudiants bâlois, publiées d'après les manuscrits originaux appartenant à la bibliothèque de l'Université de Bâle.* 1 vol. in-8°. Montpellier, chez C. Coulet, 1892. La traduction est de M. L. Kieffer, professeur au lycée de Lyon.

I

Les deux frères Platter firent leurs études à Montpellier à près d'un demi-siècle d'intervalle. Thomas avait trente-huit ans de moins que Félix. Leur père était un de ces âpres et forts travailleurs comme il y en eut alors, vrais soldats de fortune de la Renaissance, qui, partis de rien, durement, obstinément, pâtissant, luttant, héroïques de patience et d'ardeur à l'étude, faisaient leur chemin par l'érudition et l'enseignement, ainsi qu'en d'autres temps on faisait par les armes ou par l'Église ; les plus obscurs, les moins chanceux finissaient au moins par élever leur famille, par l'asseoir dans un rang honorable, et des enfants de paysans, ou moins encore, faisaient souche de bonne bourgeoisie. Après bien des essais, bien des traverses, Thomas Platter, l'ancien chevrier, était devenu gymnasiarque de la ville de Bâle. Il avait un fils unique : comme de juste, il voulut que ce fils montât plus haut que lui et haussât la famille encore d'un degré. Il décida d'en faire un médecin : un bon et noble métier, bien considéré, qui n'était exercé que par des gens de familles riches et bien apparentées. L'honnête maître d'école rêvait de voir son Félix aller à cheval par les rues, comme tous ces vénérés médecins, que l'enfant fut dressé tout petit à admirer et à envier. Mais il jugea sensément que, n'ayant ni fortune ni alliances, ni protection d'aucune sorte, son fils ne devait compter, pour percer, que sur son mérite et sa science ; il l'envoya donc où se formaient depuis des siècles les plus habiles et renommés médecins : il l'envoya étudier à Montpellier.

Félix combla les espérances paternelles. Il travailla et réussit. Il s'acquit, dans sa ville natale, une bonne et grande renommée : il fut homme de savoir et de progrès ; la bonne doctrine qu'il avait prise chez lui lui permit de renouveler la pratique et l'enseignement de la médecine en son pays. Il avait le goût des sciences naturelles, des collections, un herbier que Montaigne admira. Il s'était marié tout jeune, en revenant de France, avec une jeune fille dont la pensée ne l'avait pas quitté pendant ses cinq années d'étude et de voyages : une vraie idylle allemande. Mais au bout de quinze ans de mariage, il n'avait pas d'enfants. Cela ne faisait pas le compte du bonhomme Platter : n'ayant point notre individualisme insouciant et léger, il ne lui convenait pas d'avoir « trimé » toute une longue vie d'homme, d'avoir péniblement, lentement gagné de la considération, du renom, un rang, d'avoir fait de son fils un savant notable, et d'avoir porté sa famille à la force du poignet au niveau des meilleurs bourgeois de sa ville, pour que ce nom de Platter s'éteignît après deux générations, et que tout ce travail, cet âpre effort fussent en pure perte et soudain anéantis. Puisque son fils ne lui donnait pas d'héritiers, il en donnerait à son fils : c'était son affaire de continuer la race, à défaut de ceux à qui, selon la nature, incombait ce devoir. Et le bonhomme, qui était veuf, se remaria à soixante-treize ans ; et il se comporta si bien qu'il fit six enfants pour assurer la durée de son nom ; puis, délivré de l'inquiétude qui assombrissait ses vieux jours, ce vaillant ouvrier des besognes humaines s'endormit sereinement dans la paix du

Seigneur. Ce fut ainsi que quarante-trois ans après le premier, un autre Platter vint s'inscrire à Montpellier sur les registres de la Faculté de médecine.

De ce cadet, il n'y a pas grand'chose à dire : c'est un bon esprit allemand, exact, solide, laborieux, un esprit moyen, sans originalité ni puissance, point trop crédule, point trop critique, un peu bavard, prolixe et minutieux, un de ces observateurs sans caractère, qui trouvent moyen de décrire scrupuleusement ce qu'ils voient sans avoir une *impression*, un de ces narrateurs sans âme, qui, précisément pour cela, n'atteignent pas l'âme des choses.

Félix est plus intéressant. Sa narration, candide comme lui, et qui garde jusqu'au bout je ne sais quelle enfantine naïveté, fait sourire d'abord et finit par charmer. On songe aux premières lignes de *Gil Blas*, quand il nous conte son départ de la maison paternelle : ironie à part, c'est la même réalité familière, la même abondance de menus et précis détails :

Le dimanche 9 octobre (1552), mon père m'enveloppa deux chemises et quelques mouchoirs dans une toile cirée ; il me remit, pour le voyage, quatre couronnes d'or, qu'il eut la précaution de coudre dans mon pourpoint, et trois couronnes en monnaie. Il m'avertit qu'il avait emprunté cet argent, comme aussi celui qui avait servi à payer le cheval. Il me fit cadeau d'un écu valaisan, frappé sous le cardinal Mathieu Schinner ; je le rapportai à la maison plusieurs années après ; ma mère me donna aussi une couronne. Enfin mon père me fit les recommandations les plus sévères ; je ne devais pas me faire illusion sur ma qualité de fils unique ; il avait beaucoup de dettes, quoique son bien en couvrît le montant : je devais étudier avec zèle, afin d'arriver à bien posséder mon art... Il me promettait, d'ailleurs, de ne pas m'abandonner.

Et puis le dernier souper de famille où la mère sert

un lapin rôti et une caille, où est convié le père de la douce Madeleine que cet enfant de quinze ans s'est déjà destinée pour femme ; à cette paisible scène d'intérieur, la peste met soudain un cadre tragique. Elle mêle une sombre inquiétude à l'attendrissement de la séparation. Le 10 octobre, Félix fait ses adieux à sa mère, « qui pleurait et pensait ne plus le revoir ». Et après avoir failli se rompre le cou dans un escalier, grâce aux éperons dont ce cavalier novice avait armé ses talons, le voilà en route, maître Thomas lui faisant un bout de conduite. Quand il fallut se séparer, le digne maître d'école *tendit la main* à son fils et lui dit : *Félix, va...., va...* : jamais *vale* tout entier n'arriva à sortir de sa bouche, et Félix continua sa route le cœur gros. Je parlais de *Gil Blas* ; mais il y a dans ce récit une intimité attendrie, qui pourrait évoquer encore l'idée des *Confessions* : cet obscur Bâlois du xvie siècle, qui ne ressemble guère au grand Genevois du xviiie, est pourtant bien en quelque manière son compatriote : il a le don des émotions ingénues et profondes, à l'occasion des petites choses de la vie quotidienne.

Ce n'était pas peu de chose que d'aller en ce temps-là de Bâle à Montpellier ; ni les fatigues ni les dangers ne manquaient. On attendait ou l'on saisissait l'occasion de marchands français revenant des foires d'Allemagne, ou d'autres voyageurs suivant au moins en partie le même itinéraire, pour faire le chemin en compagnie. La troupe se grossissait souvent en route, au hasard des rencontres : on se sentait plus en sûreté, plus on se voyait en nombre. Il s'agissait d'abord de gagner Genève. Là, si les compagnons s'arrêtaient, on prenait une autre voie, on cherchait des gens qui eussent affaire à Lyon : à Lyon, de nouveau, on s'enquérait des voyageurs pour Montpellier. Ainsi le petit Félix, monté sur un petit bidet, atteignit Montpellier le 30 octobre. Dans ces vingt jours, il avait connu toutes les peurs : l'égarement à la nuit, dans les mauvais chemins, au milieu des bois ; l'hôtellerie louche où l'on s'endort l'épée nue à portée de la main, d'où l'on déguerpit en hâte et sans bruit pour échapper aux bandits qu'un valet a entendus concerter une embuscade; la rivière grossie par les pluies, où les gués sont devenus impraticables, en sorte qu'il faut attendre plusieurs jours que les eaux aient baissé. Il n'était pas très brave, et ne fait pas difficulté d'avouer, sans y mettre de point d'honneur, qu'il a tremblé de tous ses membres. Il était neuf aux perversités de ce monde : avec autant d'étonnement que d'indignation, il inscrit dans son journal la passeuse qui refuse de lui rendre sa monnaie, l'hôtelière qui, en récitant ses patenôtres, enfle malhonnêtement la note. D'autres dangers aussi effrayaient, d'autres perversités scandalisaient sa jeune âme calviniste : la diabolique séduction des femmes de France, et surtout l'impudente coquetterie des filles d'auberge. Mais ici il était vaillant et prêt à la défense : il ne se laissait pas embrasser, en dépit de l'usage, quand il mettait le pied à terre à la porte d'une hôtellerie, et il ne fallait pas non plus qu'une servante, à la fin du dîner, vînt lui offrir une grosse poire pour la manger en son honneur ; avec une prudence admirable en ce jeune âge, il repoussait toutes les avances de ces coquines, les poires comme les baisers.

Dans le récit que Félix nous fait de son premier voyage, il y a une page exquise de sensibilité pénétrante. Il est à Avignon, tout seul, sans une âme à qui parler, à l'auberge du *Coq*, « mauvais gîte », où il ne trouve que « des bateliers avec de larges chausses et des bonnets bleus ». Le voilà mourant de peur, incapable de fermer l'œil de la nuit. Il se lève le matin, à l'aube, tout abattu, l'âme oppressée surtout du sentiment de sa solitude dans cette grande ville inconnue où il se trouve perdu :

Je fus pris, écrit-il, d'une si irrésistible envie de retourner chez moi dans ma patrie, que je m'en allai à l'écurie trouver mon petit cheval et lui jetai les bras autour du cou en éclatant en sanglots. La pauvre bête, qui se trouvait aussi seule et hennissait plaintivement après d'autres chevaux, semblait partager le chagrin de notre commun abandon. Je me rendis de là sur un rocher qui surplombe le Rhône, et me plongeai dans mes tristes pensées. Je me crus abandonné du monde entier ; j'accusais maître Michel (1) d'être parti pour Montpellier sans moi ; et, dans mon chagrin, je déchirais plusieurs beaux sachets parfumés que j'avais achetés en route pour les envoyer à mes parents, et j'en semai les débris dans le fleuve. Mais Dieu vint à mon aide. J'entrai dans une église. C'était un dimanche, et les sons de l'orgue, unis aux chants, calmèrent un peu ma douleur. Je retournai à l'auberge, et après un triste repas, ne sachant que devenir, je me jetai sur mon lit, où, contre mon habitude, je tombai dans un profond sommeil. Vers le soir, j'allai assister aux vêpres, pour entendre un peu de musique; et je m'assis tristement dans un coin.

Avais-je tort tout à l'heure de penser à Rousseau ? La solitude fera longtemps l'impression la plus démoralisante sur cette âme trop tendre. Deux mois après son arrivée à Montpellier, la veille de Noël, maître Cathalan, l'apothicaire, étant allé avec tout son

---

(1) Le chirurgien Héroard, avec qui il faisait route depuis Genève.

monde à la messe de minuit, et lui, en sa qualité de
calviniste, étant resté à la maison, quand il se voit
seul dans cet immense logis, la peur le prend : il se
réfugie tout en haut de la maison, dans une sorte de
guérite en planches, et là, s'étant enfermé soigneusement, il lit à la lueur de la lampe, dans un vieux
Plaute, la comédie d'*Amphitryon*. N'est-ce pas encore
un tableau charmant que cette mélancolique et nocturne lecture ?

Mais il faut passer sur le récit que Félix nous fait de
son séjour à Montpellier : il est sérieux et grave, ce
qui ne l'empêche pas de *chiper* les raisins et le vin de
maître Cathalan (encore un trait qui rappelle *les Confessions*), ni de jouer du luth et d'aimer la danse. Il
garde, en devenant savant, sa fraîcheur enfantine
d'impressions, celle qui lui fait remarquer avec joie
les jacinthes en fleur dès le mois de janvier aux
environs de Montpellier, celle aussi qui lui fait consigner dans son journal le souvenir de certaines *chausses vertes* et des autres habits qu'il étrenne, ou l'accord
qu'il fait avec un cordonnier pour avoir des souliers
neufs tous les dimanches. D'imagination assez calme
en face du monde extérieur, il est très sensible aux
couleurs, aux formes, au pittoresque des costumes, et
les note volontiers, chez les autres comme chez lui. Il
est très soigneux, et signale à la postérité le gredin de
compagnon qui lui souille son manteau de boue. Très
économe, il trouve fort mauvais que de la peau destinée aux fameuses chausses vertes, le tailleur ait volé
de quoi faire un sac à sa femme : nouvelle preuve de
l'humaine corruption, triste à découvrir pour une âme
candide !

Le journal se termine comme il a commencé, et nous

laisse la même impression de sensibilité toute naïve, tout intime, et par là pénétrante. Il oublie toutes ses peines, en arrivant en vue de Bâle, en découvrant de loin les deux tours de la cathédrale. Il décharge ses pistolets, désormais inutiles, contre le mur d'un jardin : le détail, s'il était médité, serait charmant, pour traduire le sentiment de bien-être et de sécurité qui inonde l'âme du voyageur, quand enfin il se sent chez lui, ayant fini de rouler et de risquer. Il entre par la porte de Spalen, il prend la rue des Tanneurs, la place des Carmes, la rue de l'Hôpital : le voilà chez son père.

« Devant la porte, — présage heureux, — se trouvait un homme à la recherche d'un médecin pour lui faire examiner de l urine. » Il sonne, personne : c'est dimanche. La servante est au prêche, le père à la campagne, la mère chez une voisine. « Mais bientôt elle accourut tout essoufflée et me serra dans ses bras, en fondant en larmes. Je la trouvai pâle et vieillie. Elle portait, comme c'était alors la mode, un tablier vert à bavette montante et des souliers blancs. » Arrêtez-vous à cette bonne femme en tablier vert et à souliers blancs ; regardez-la : elle est exquise vraiment, et digne encore de Rousseau. Arrivent le père, les voisins, toute la rue : on trouve Félix grandi ; et nous pouvons le croire, il a vingt et un ans ; il y a cinq ans qu'on ne l'a vu.

Et voici la conclusion de toute l'histoire : « Je sus plus tard que la servante de Dorly Becherer, la sage-femme, pour être la première à l'annoncer à ma future, avait couru si vite chez maître Franz, et crié si fort en entrant dans la maison, que Madeleine en avait été toute saisie. Mes anciens camarades, informés de mon arrivée, s'étaient empressés de me venir voir. Nous dinâmes ensemble ; après quoi je les accompagnai à la *Couronne*. Madeleine me vit passer dans la rue encore revêtu de ma cape espagnole et s'enfuit. » Ces deux mots ne valent-ils pas n'importe quelle rencontre des deux fiancés et n'importe quelles paroles ? Et ici, — ces rapprochements n'ont rien d'abusif, — n'y a-t-il pas cette sorte d'*humour*, d'ironie affectueuse et bonne qu'on aime tant chez G. Elliot, ou parfois chez notre Daudet ? Ce n'était pas un écrivain raffiné que le docteur Félix Platter, et il ne calculait guère ses effets ; mais c'était en vérité une honnête nature, une âme tendre, un esprit simple, et nos réalistes, si durs, si méprisants, auraient profit à lire ces notes candides et nues, vides d'intention littéraire, encore que ce ne soit pas précisément à eux que la société des bibliophiles de Montpellier ait songé en les publiant.

II

Si la grâce de ce *Journal* vient d'un sentiment profond des choses de la vie intime et familière, il prend de l'intérêt et de la portée par la banalité objective de ces mêmes choses. Il n'arrive rien d'extraordinaire à cet étudiant bâlois, et son cas est des plus communs ; ses émotions, ses impressions n'ont rien de compliqué, ni de rare en nature. Et voilà justement ce qui fait de Félix Platter un type. Des centaines, des milliers de garçons dans tous les pays de l'Europe, s'en allaient ainsi loin de leur famille, aux Universités de France, ou d'Allemagne, ou d'Italie, pour étudier en médecine, ou en droit, ou en théologie, les uns studieux et rangés, d'autres légers et libertins, ou querelleurs, certains destinés à l'estime, à la fortune, à la gloire ; d'autres, fruits secs, bons à courir les aventures, avant de finir en quelque hôpital, épuisés de vice et de misère; d'autres enfin présentant toutes les combinaisons et tous les contrastes de l'intelligence et du caractère, des talents et des passions.

Ils étaient des centaines et des milliers qui s'établissaient dans un mariage honorable, dans un bon et solide état, fixés pour la vie dans la sédentarité bourgeoise, après avoir, entre leurs quinzième et vingt-cinquième années, couru les grands chemins de leur pays et d'une partie de l'Europe. C'était là pour le tiers état une éducation qui remplaçait les camps et les campagnes où se formaient les âmes des gentilshommes. A cette école de la vie errante et libre, loin de la famille, incessamment aux prises avec les dangers, les fatigues, et surtout les responsabilités, les caractères se trempaient : le bourgeois étroit et pusillanime, ce « mollusque » ridicule que nos écrivains se sont plu à peindre, ne pouvait guère exister, et dans les professions les plus pacifiques, dans la plus plate sécurité de la vie bourgeoise, il y avait souvent des hommes, de mâles esprits capables de décision et d'action.

En ce temps où l'éducation des enfants préoccupe à si juste titre les esprits clairvoyants qui aperçoivent les intérêts vitaux de la patrie, il n'est pas inutile de jeter un regard sur les conditions dans lesquelles nos aïeux trouvèrent la solution du problème ; nous y apercevrons les origines de la crise actuelle. Quand il n'y avait en France que Paris et Montpellier où un médecin pût s'instruire, quand on n'avait le choix qu'entre quatre ou cinq villes pour étudier le droit, et quand, d'où que l'on vînt, il fallait venir à petites journées, à cheval, exposé à tous les hasards des grands chemins ; quand, pendant les études, il fallait passer quatre ou cinq années à se gouverner, à penser seul pour soi, à répondre seul de soi, non sans nouvelles assurément ni sans secours pécuniaires, mais sans la protection, sans la direction morale de la famille, alors la question de l'éducation ne se posait pas.

La force des choses faisait l'éducation des âmes pendant que les esprits s'instruisaient. Songez à ce petit Platter, à cet enfant de quinze ans arraché, du jour au lendemain, aux tendresses, à la chaleur, à la joie de la vie familiale, jeté tout d'un coup sur les routes, ayant à se défendre lui-même, le pauvre innocent que sa longue rapière embarrasse plus qu'elle ne le rassure, à se guider lui-même, lui qui ne sait rien du monde, à garder son corps, sa bourse, et son cœur, des brigands, des hôteliers et des filles d'auberge. Par quelles transes, quels désespoirs, quelles indignations il passe, on l'a vu ; mais en vingt jours il voyage, il est trempé. Quand il arrive à Montpellier, il saura se débrouiller et se conduire. Et il ira ainsi jusqu'au bout de ses années d'Université, croissant en expérience et en force, mais, notons-le, sans se corrompre et sans se faner. Notons-le bien aussi : d'aucune façon ce n'est un être exceptionnel ; ce qu'il est, ce qu'il fait, la moyenne, la majorité le sont et le font. Où il s'améliore et se préserve, mille autres s'amélioreront et se préserveront. La meilleure sauvegarde, c'est la responsabilité incessamment sentie ; l'oisiveté, l'oisiveté morale, l'inquiétude d'une activité sans objet, d'une volonté sans devoir, voilà le vrai danger dans la première jeunesse. Et ces séparations douloureuses avaient encore un bon effet : on ne craignait pas de parler morale, entre parents et enfants ; et le père ne faisait pas l'effet d'un ennuyeux prêcheur, et le fils sentait l'instante réalité de cette morale, l'efficacité des préceptes, la nécessité de la pratique. Quand le bon maître d'école avertit son fils de bien travailler, d'être rangé et actif, et qu'il n'a à compter que sur lui, Félix ne saurait s'y tromper : ce n'est pas le sermon banal d'un père qui croit de son rôle de débiter de la morale, c'est un avis prudent, salutaire, expression fidèle des nécessités vitales, sûre lumière à travers les obscurités et l'inconnu de l'avenir. Soyez sûrs que s'il n'avait pas eu le pied à l'étrier, s'il avait entendu les mêmes choses à la table de famille, à la bonne lueur de la lampe, avant de se coucher dans un bon lit, tout alangui des chaudes affections domestiques il n'eût pas trouvé le langage du père Platter de moitié aussi juste.

On se plaint aujourd'hui que l'éducation des enfants soit au-dessous de leur instruction ; on se plaint qu'il n'y ait plus de caractères et que les maîtres n'en forment pas, en même temps qu'ils font des bacheliers, des avocats et des médecins. C'est une conséquence aussi de la force des choses et des conditions actuelles de la vie scolaire. Les centres d'instruction se sont multipliés, et surtout ils se sont rapprochés, par les chemins de fer. L'enfant, le jeune homme ne se sentent jamais isolés, perdus dans le vaste monde ; ils ne subissent plus de ces rudes pressions qui appellent et développent toutes les énergies intimes. Ils n'ont plus à faire effort pour nager tout seuls : ils peuvent se laisser couler doucement à fond, à peu près sûrs d'être repêchés à temps. Partout la protection de la famille peut les suivre, les soutenir, les dispenser de vouloir et de s'évertuer. Les communications rapides et sûres, la police meilleure et plus exacte, ont à peu près supprimé les fatigues et les dangers. Ainsi tout ce qui facilite l'instruction, affaiblit l'éducation; et mieux on s'instruit aujourd'hui, moins on s'élève. D'autant que le progrès des méthodes inspirant confiance aux familles, une erreur funeste s'est répandue, favorisée par certaine mollesse, et détrempe des âmes chez les parents mêmes : on donne ses enfants à instruire, et on se croit dispensé de les élever La famille abdique ; et, voyant le mécanisme ingénieux et compliqué des machines à distribuer la science, elle croit ou feint de croire que l'éducation va avec l'instruction, que son concours est inutile, et que donnant des enfants, on lui rendra des hommes, sans qu'elle s'en mêle.

Il se produit ici quelque chose d'analogue à ce qui se passe dans l'éducation du corps. Les conditions matérielles de la vie étaient assez dures jadis pour qu'on ne s'occupât point du corps : la vie le trempait. Mais il est arrivé que les progrès de l'industrie, le développement du bien-être et du luxe ont supprimé de la majorité des existences la dépense d'activité physique nécessaire pour tenir le corps en bon état. Après beaucoup de temps, on s'est aperçu que notre civilisation n'obligeait plus les corps des enfants à se développer comme il fallait : on a pris le parti d'organiser la gymnastique et les jeux.

Il faudra en venir là pour l'éducation morale. Puisque les conditions naturelles de la vie sont telles que les caractères ne s'y forment ni ne s'y trempent, il faudra recourir aux moyens artificiels. Dans bien des familles, les enfants s'élèvent déjà plus durement, et on les laisse partir pour tous les sports sans trop redouter les rhumes, refroidissements et accidents : il faudra aussi renoncer à tenir leur moral dans du coton et débarrasser leur volonté des lisières qui l'empêchent de se fortifier. C'est une méthode à trouver. Mais il est temps de remédier à cette grande maladie des caractères de notre temps : la « veulerie ».

I

Le journal de Félix, et celui de Thomas, qui reprend ici ses avantages, s'ajoutent heureusement à la collection, qui ne sera jamais trop riche, des mémoires où des voyageurs étrangers ont consigné leurs observations et leurs jugements sur notre pays.

Ces deux loyaux garçons, incapables de hâblerie, n'ayant souci que de dire ce qu'ils ont vu, sans intention d'étonner ni d'amuser, seront d'intéressants témoins à entendre pour les rédacteurs d'histoires locales. Leurs récits abondent en renseignements sur nos villes du Midi, aspect, mœurs, richesses, travaux et jeux, monuments, et déjà, du reste, on les a mis à profit dans plus d'un ouvrage. Mais l'histoire générale ne doit pas les ignorer tout à fait; ils peuvent lui fournir. sinon quelques idées nouvelles, du moins quelques traits, qui ne sont jamais inutiles, pour illustrer d'importantes idées. Les deux frères ont visité Avignon, et nous le décrivent en détail. En voyant ces palais de cardinaux, ces églises et chapelles où se gagnent assez d'indulgences pour tous les péchés du monde, ces bals, ces danses, ces jeux, ces comédies, ces mascarades qui se croisent dans les rues en carnaval avec des processions saintes, mascarades où sont figurés en costumes somptueux des apôtres et des saints, en voyant ce luxe, cet éclat, cette joie, ces femmes parées qui donnent au calme Thomas l'éblouissement d'un Olympe païen, on comprend mieux ce qu'a été Avignon pendant deux ou trois siècles de notre vie nationale ; et le rôle de cette ville, souvent trop négligé par les historiens, reparaît à nos yeux. Depuis qu'un roi français y a installé la papauté, jusqu'à la fin de la Renaissance, Avignon a été comme un coin enfoncé par l'Italie en notre pays, ou, si l'on veut, un poste avancé d'où les mœurs, l'esprit, la civilisation d'au delà des monts ont plus facilement rayonné non seulement dans notre Midi, mais jusque dans le cœur de la France du Nord. Ces Romains, ces Florentins, seigneurs, prélats, poètes, qui gémissaient de la captivité de Babylone, venaient pourtant en Avignon, ne fût-ce que pour essayer d'en arracher le chef de l'Église. Et nos Français les y rencontraient ; ou bien d'Avignon ils se laissaient aller à pousser quelque pointe dans le royaume, parfois jusqu'à Paris. Sans Avignon, Pétrarque n'eût pas entretenu les relations qu'il eut avec nos lettrés, ni partant exercé l'influence qu'il exerça sur le premier éveil de l'humanisme en notre pays. Au XVIe siècle, Avignon n'avait plus ses papes ; il continuait, sans ses cardinaux-légats, d'être une ville italienne, une porte ouverte en France à la civilisation raffinée, riche et joyeuse de l'Italie, un éblouissement pour les rudes et simples esprits du Nord.

Le demi-siècle qui sépare les voyages des deux frères a mis aussi entre leurs relations des différences curieuses, d'autant plus que leurs idées, leurs sentiments, leurs croyances ont plus de conformité, et que c'est le mouvement même de l'histoire qui s'enregistre dans le contraste de leur récit. Félix voit et note, avec une simplicité douloureuse, les exécutions des *luthériens* (car les noms de huguenots et calvinistes ne sont pas encore inventés), les prêtres, artisans, paysans, les femmes mêmes qu'on roue, tenaille, brûle pour crime d'hérésie. La répression est si dure, que la viande et les œufs sont défendus, en carême, sous peine de mort ; on brise même, à l'entrée du carême, toute la vaisselle qui a servi à cuire la viande. Et Félix, qui apprend d'un camarade à faire cuire des œufs au-dessus de sa lampe, sur un papier beurré au préalable, risque sa vie dans cette gaminerie, malgré les privilèges des étudiants allemands. Viennent les guerres de religion ; vient Henri IV avec son édit de paix et de tolérance. Thomas visite alors le Midi, et nous voyons les tristes fruits, la triste revanche des atrocités décrites par Félix. Maintes églises, maintes abbayes sont dévastées, détruites ; les clochers jetés à bas ; les plus fervents chefs-d'œuvre du moyen âge, les plus fins bijoux de la Renaissance, mutilés par la foi exaltée de ceux qui ont souffert ; l'*idolâtrie papiste* en maint endroit persécutée, vexée, moquée. En dépit de tous les édits royaux, les protestants règnent dans Montpellier. Les catholiques sont exclus des honneurs municipaux, de la garde de la ville ; ils entrent à la messe de minuit entre deux rangs de soldats huguenots, qui font la haie, mousquets en main et mèche allumée. Assister à la messe, une fois par curiosité ou flânerie, c'est apostasie, dont on ne se relève que par une rétractation en forme, une entière humiliation. Et, pour achever de venger les martyrs, quand de bons chanoines veulent recueillir la dîme, des gens de Montpellier, à cheval et masqués, tombent sur leurs gens, enlèvent leur blé : le roi ne peut leur faire justice de leurs pillards ; c'est piété, pour ces huguenots, de dépouiller des chanoines. Quelques menus faits de ce genre, dans leur précision sèche, nous feront mieux comprendre le caractère de ce temps, la nature et les effets des passions religieuses.

Mais, sans nous égarer à travers les notes des frères Platter, regardons ce qu'ils nous disent de leurs études, de leurs camarades, de leurs maîtres; aussi bien cette peinture des mœurs universitaires au XVIe siècle donne-t-elle à leurs écrits leur principal attrait. Voilà donc Félix heureusement arrivé à Montpellier, et installé chez maître Cathalan, *maran* (Maure) de race, apothicaire de métier, qui le nourrit et l'héberge en échange de son fils, pareillement hébergé et nourri chez le gymnasiarque de Bâle; c'est par de tels échanges que de pauvres gens peuvent envoyer leurs fils étudier au loin, sans trop se grever. Le premier soin du nouvel étudiant sera de se mettre en relations avec ses compatriotes, c'est-à-dire avec les Allemands, assez nombreux à Montpellier pour être dotés de privilèges spéciaux dont ils abusent parfois. Mais ils ne tiennent que d'eux-mêmes le privilège singulier d'être les seuls ivrognes qu'on rencontre dans la ville, sauf quelque pauvre diable qui a voyagé outre-Rhin et en a rapporté quelque teinture d'hérésie avec le goût immodéré du vin. A chaque Allemand qui arrive ou qui passe, étudiant ou soldat, on festoie et l'on boit sec ; avec chaque Allemand qui part, on boit le coup de l'étrier, et on l'accompagne jusqu'à un village voisin, riant et chantant le long des routes; à la fin de l'étape, en quelque auberge, on réitère les adieux, qui consistent à boire toute la nuit.

Notre étudiant s'empresse aussi de choisir un parrain, qui est le docteur Saporta, et de se faire inscrire sur les registres de l'Université. Les cours étaient nombreux :

quatre dans la matinée et quatre l'après-midi. Félix entendit l'illustre Rondelet ; il eut aussi pour maître Jean Schyron, qui avait présidé vingt et des années auparavant le baccalauréat de Rabelais : il était alors très vieux, « et fit un jour dans ses chausses en pleine chaire ». Aussi les étudiants avaient-ils pris l'habitude d'aller déjeuner pendant son cours.

Les cours étaient nombreux : je veux dire qu'il y avait beaucoup de professeurs. Mais chaque professeur faisait le moins de cours possible. « Ils couraient après la clientèle. » Aussi les étudiants finirent-ils par se fâcher. Ils se rassemblèrent en armes devant les collèges, « et partout où ils trouvaient des camarades assistant à un cours, ils les invitaient à se joindre à eux ». Félix, l'étudiant modèle, ne voulait pas lâcher le cours de Saporta ; bon gré, mal gré, il dut se mutiner aussi. « On se rendit à l'hôtel du Parlement. Un procureur, désigné par nous, se plaignit, en notre nom, de la négligence que les professeurs mettaient à faire leurs cours et réclama notre ancien droit d'avoir deux procureurs, autorisés à retenir les appointements des professeurs qui ne les feraient pas. On fit droit à notre réclamation. » Et, cinquante ans plus tard, en effet, du temps de Thomas, « quand le professeur veut toucher son traitement, qui s'élève annuellement à deux cents couronnes de France, et qui lui est payé par la Cour des comptes royaux, il doit se faire accompagner par quelques étudiants, y compris un de leurs quatre conseillers, pour attester que les cours ont été faits régulièrement et avec soin ».

Les pauvres professeurs en voyaient de dures parfois. Il leur faut finir leur leçon au gré des étudiants. « Dès qu'ils en ont assez, ils commencent à faire tapage avec les plumes, les mains, les pieds ; et pour peu que le professeur fasse la sourde oreille, ils se mettent à faire un tel vacarme qu'il lui est impossible de continuer. » Mêmes habitudes à Toulouse, à la Faculté de droit : on invective le professeur, s'il prétend continuer ; on l'applaudit, on l'acclame, s'il se résigne à cesser. Au reste, ces légistes de Toulouse sont plus turbulents, plus indisciplinés, plus ennemis de la paix et de l'ordre que les étudiants en médecine de Montpellier ; il n'est mauvaise farce, tapage, rixe, friponnerie même dont ils ne soient coutumiers. Les humanistes n'étaient pas plus favorisés. On se souvient des doléances de Muret sur la grossièreté scandaleuse de ses auditeurs, et qu'on alla jusqu'à lui lancer des pommes dans sa chaire. Voilà ce qui se passait, en pleine Renaissance, dans les Universités les plus florissantes, aux cours des professeurs les plus illustres. Il ne faut pas, du reste, prendre les choses trop au tragique. Les mœurs étaient encore grossières. Cette jeunesse à tête chaude n'en avait pas moins la passion de savoir. Tout en ne leur ménageant pas le tumulte, elle savait aussi s'enthousiasmer des professeurs qui avaient du zèle et du talent.

Outre la requête au Parlement contre les professeurs qui ne font pas de cours, le journal de Félix nous offre un trait qui met bien en lumière l'ardeur de ces étudiants à s'instruire. Elle les jette dans des entreprises fort risquées. Au temps de Félix, l'ancien règlement sur les dissections est encore en vigueur. Un roi de France, jadis, avait octroyé à la Faculté de Montpellier un cadavre par an ; cela parut insuffisant à ceux qui voulaient acquérir la science de l'anatomie. Aussi, que faisait-on ? On allait déterrer les corps dans les cimetières. L'honnête Félix prit part à ces expéditions, puisqu'il n'y avait pas d'autre moyen de s'instruire. Il partait à la nuit close avec quelques camarades ; on gagnait le couvent des Augustins, où l'on buvait jusqu'à minuit dans la cellule d'un certain frère Bernard, « gaillard déterminé », qui se déguisait pour guider la bande. Après minuit sonné, l'épée à la main, on allait au cimetière du couvent de Saint-Denis, on grattait la terre avec les mains, à l'endroit où l'on avait enseveli un mort récemment et où elle n'était pas encore tassée. Le difficile était de faire entrer en ville cette étrange contrebande. La première fois, on envoie le portier de ville acheter du vin, et l'on fait passer en son absence le cadavre d'une femme qui avait les pieds tournés en dedans. Cinq jours après, malgré la surveillance des moines qui avaient découvert le vol fait dans leur cimetière, on enlève un étudiant et un enfant ; mais on n'ose risquer de nouveau la même ruse avec le portier : on fait passer les cadavres et l'on passe ensuite sous la porte, par un trou qui se trouve dans la terre. Une troisième fois, on déterre une vieille femme et un enfant, et l'on en fait l'autopsie dans la cellule du frère Bernard, « car il ne fallait plus songer à les faire entrer secrètement en ville ».

Du temps de Thomas, les gens studieux ne sont plus contraints à courir ces aventures dangereuses. Les séances d'anatomie sont assez fréquentes, dans une salle faite exprès ; et les dissections sont à la mode ; il y vient de beau monde, des dames élégantes, rougissantes et attentives, ou qui se masquent parfois pour mettre leur pudeur à l'aise.

Une foule d'autres détails des deux journaux, et principalement de celui de Thomas, achèvent de restituer devant nous la vieille Université de Montpellier, avec tout le peuple de ses médecins et de ses étudiants. Nous y voyons le professeur en renom faire ses visites, escorté par les rues et chez les malades d'une bande d'élèves ; et chaque professeur tient à honneur d'avoir le plus gros cortège. Nous y voyons la pompe bruyante et coûteuse des promotions au doctorat, les sérénades de trompettes, fifres et violons données à tous les docteurs, chirurgiens et apothicaires, la promenade du candidat par la ville, à cheval, à grand fracas de trompettes ; le burlesque châtiment infligé au médecin de contrebande ou marchand d'onguent qui a été pris exerçant et vendant en ville, contrairement aux ordonnances : « Les docteurs et étudiants ont le droit, sans autre forme de procès, de le placer à rebours sur un âne, avec la queue à la main en guise de bride, et de le promener par toute la ville, au milieu des huées et des cris de la populace qui le couvre de boue et d'ordures de la tête aux pieds. » Nous voyons enfin le bachelier nouvellement promu se transporter dans les villes et villages de la région pour y exercer la médecine au moins pendant six mois (Thomas se fixe à Uzès et s'y fait une bonne clientèle), puis revenir à Montpellier pour y faire le cours réglementaire. Ainsi Thomas est averti par lettre officielle et dûment scellée d'avoir « à expliquer et commenter publiquement au collège le livre de Galenus, *De arte parva*, sur l'art médical ». Ce fut, du reste, l'affaire de trois séances, les 5, 6 et 19 octobre, « en présence d'un grand nombre de licenciés, bacheliers et étudiants en médecine, comme ils l'ont tous certifié en apposant leur signature sur mon diplôme de parchemin ». Mais le bon Thomas ne nous en fait pas accroire ; il nous dit ingénument le secret de ce nombreux auditoire : « La leçon faite, nous allions tous chez le pâtissier où je leur payais une collation, afin qu'ils fussent d'autant plus exacts à mon cours et me donnassent leur attestation. » On conçoit au reste que ces leçons d'un simple bachelier ne fussent qu'une formalité, et que l'attrait de la collation réunît plus sûrement les auditeurs que l'utilité du cours. Mais l'exercice dans une localité des environs comme l'usage de suivre un maître dans ses visites étaient de sages règlements pour donner aux étudiants la pratique avec la théorie : c'était, tant mal que bien, l'équivalent de la fréquentation de l'hôpital et des années d'internat.

Tout cela, en somme, donne la sensation d'un enseignement actif, fécond, vivant; et si l'on savait déjà que pour les études médicales Montpellier était la rivale de Paris, et, — pourquoi ne pas le dire ? — une rivale souvent supérieure, non plus laborieuse, sans doute, mais d'une activité plus intelligente, d'une curiosité plus libre, plus originale, plus hardie, une rivale animée, à travers son respect réel pour la tradition, d'un esprit remarquable de progrès, si l'on savait tout cela, il n'était pas sans intérêt de voir les gens à l'œuvre, et les formes diverses et pittoresques de la vie revêtir l'idée qu'elles expriment. On peut connaître l'organisation des Universités d'autrefois, sans se soucier de ces deux petits huguenots de Bâle : quand on les a écoutés, on a *vu* l'Université de Montpellier, on y a *vécu*. Et j'ajouterai qu'on lui souhaite de renaître.

L'ÉRUDITION MONASTIQUE AUX XVIIᵉ ET XVIIIᵉ SIÈCLES

Les Bénédictins de Saint-Germain-des-Prés.

Le nom de Bénédictin éveille dans les esprits l'idée d'un labeur intellectuel acharné, et quand on veut donner à entendre l'immense effort d'une vie de savant, l'absolu désintéressement uni à l'activité continue, pour caractériser un Littré, on ne trouve qu'un mot : c'est un Bénédictin. Qui furent donc ces étranges moines à qui nous demandons encore des exemples de dévouement à la science? Qui furent-ils, et qu'ont-ils fait? C'est ce qu'on sait moins, et si l'on a peur de le chercher dans leurs livres, d'un caractère bien technique et spécial, c'est ce qu'on peut trouver dans les débris de leur volumineuse correspondance conservée aujourd'hui à la Bibliothèque nationale. Ces débris sont une collection formidable encore d'épais in-folio dont M. Emmanuel de Broglie a tiré quatre aimables volumes (1), un peú trop abondants en morceaux bien écrits et en développements filés à l'ancienne mode, mais

---

(1) *Mabillon et la Société de l'abbaye de Saint-Germain-des-Prés à la fin du* xviiᵉ *siècle*, 2 vol. in-8°. Plon, 1888. — *Bernard de Montfaucon et les Bernardins*, 2 vol. in-8°. Plon, 1891.

qui sont, en somme, d'un tour spirituel et d'un vif intérêt. On découvre, en les lisant, certains coins peu connus de l'ancienne France, dont rien dans la société contemporaine ne saurait donner l'idée.

I

Représentons-nous autour de la vieille église romane magnifiquement décorée, dont le trésor était fameux, les vastes bâtiments délabrés et froids de l'abbaye de Saint-Germain-des-Prés, principale maison des Bénédictins de la réforme de Saint-Maur, les cellules nues, les couloirs silencieux, l'immense réfectoire orné de vitraux anciens.

Tout y respire la sévérité de la règle et la pauvreté monastique. La maison apparaît comme dressant au milieu du siècle occupé de profanes pensées la pure image de la vie chrétienne. Mais si l'on entre dans la bibliothèque bien exposée et bien aérée, ou dans le chartrier muni de portes en fer et de grilles aux fenêtres, si on lit ce règlement minutieux qui oblige le bibliothécaire et le gardien des chartes à ouvrir les fenêtres par un temps sec, à balayer, essuyer, épousseter, faire la chasse aux vers et aux souris, à classer, cataloguer, inventorier leurs collections et leurs dépôts, si l'on voit de quelle sollicitude sont couvés, soignés, conservés les 50,000 volumes et les 70 000 manuscrits que possède l'abbaye, alors on devine qu'avec l'esprit du Christ, un autre esprit, un esprit tout moderne, anime ces bons religieux, et que jeûner ou prier n'est pas la grande, ou du moins la seule affaire de leur vie. Leur existence s'écoule entre leur église et leur bibliothèque : et dans celle-ci ils entrent avec un esprit religieux comme dans celle-là.

Un saint qui était un terrible homme, et qui, depuis qu'il avait été touché de la grâce, excommuniait en tout repos de conscience les gens assez mal avisés pour le contredire, M. de Rancé, abbé de la Trappe, ne croyait pas que les moines fussent faits pour autre chose que le travail de la terre, le chant au chœur et l'oraison dans la cellule. Il leur interdisait l'étude comme la prédication et l'enseignement. Ce n'est pas qu'il se défiât particulièrement de la science, comme mortelle à la foi. Mais il estimait que déchiffrer le grimoire des chartes, composer de gros livres, non plus que régenter des classes ou monter dans des chaires, ce fût vivre selon l'esprit des grands ascètes fondateurs d'ordres, qui s'étaient enfuis au désert, pour être seuls et pauvres, pour souffrir et pour aimer. Et puis il craignait que des moines auteurs eussent des âmes d'auteurs : il voyait l'indocilité, la présomption et l'envie déraciner en eux les vertus monastiques d'humilité, d'obéissance et de charité.

Il est vrai qu'en ce temps-là nombre de religieux morts au monde menaient grand bruit par le monde. Sans parler des jésuites que leur institution jetait dans le siècle pour le diriger, on ne voyait que théatins, jacobins, carmes, feuillants, moines blancs, gris ou noirs, déchaussés ou chaussés, enseignant, écrivant, disputant, faisant les savants et les beaux esprits, glorieux comme des poètes, aigres comme des grammairiens. Les communautés de femmes s'en mêlaient : l'abbesse de Malnoue faisait des vers précieux; celle de Fontevrault traduisait Platon. Et sans relâche, de tous les couvents essaimaient à chaque saison des nuées de réguliers qui s'en allaient par les diocèses, missionnaires, prédicateurs, directeurs, bruyants, impérieux, indociles, et faisant enrager évêques et curés, qui sentaient leurs ouailles échapper à leur autorité. Voilà pourquoi Bossuet, génie pratique et mesuré, souhaita l'impression du livre *de la Sainteté et des devoirs de la vie monastique* : c'était l'ordre que le moine fût en silence dans sa cellule, et M. de Rancé avait raison de l'y rappeler. Mais ces deux grandes âmes naïves, éprises de la rude loi du Christ, n'avaient pas prévu que d'interdire le travail intellectuel aux moines, c'était les livrer aux risées de la foule et les dépouiller à ses yeux de leur utilité sociale, qui faisait leur raison d'être. Le monde railleur et positif, qui n'entendait rien à la vie intérieure, s'imagina que M. de la Trappe donnait raison à Rabelais : il trouva piquant d'entendre un saint proclamer que le vrai moine, fidèle à l'esprit de son institution, c'était le mendiant crasseux, ignorant et paresseux, qui vivait pour manger et dormir, tandis que celui qui, sous sa robe, gardait un cœur et des goûts d'honnête homme, était un moine indigne et réprouvé.

Le livre de Rancé fut un rude coup pour les Bénédictins : d'autant qu'en ce temps-là, du moins, l'étude n'y faisait pas tort à la règle. On y priait autant qu'on y travaillait et d'une aussi vive ardeur. On y travaillait avec un esprit chrétien, pour servir l'Ordre et l'Église, et pour trouver la vérité qui est Dieu. On n'y connaissait ni l'orgueil ni l'envie ; les moindres esprits se subordonnaient aux meilleurs, les plus jeunes aidaient leurs anciens, les plus obscurs apportaient leur pierre à l'édifice, où leurs noms ne seraient pas inscrits, les plus illustres dérobaient parfois les leurs à la gloire, et faisaient seulement savoir au public que leur œuvre avait été composée « par deux religieux de la congrégation de Saint-Maur ». Ils voulaient rester de bons moines en devenant de grands savants. Et voilà qu'on les obligeait de choisir : ils ne se résignèrent pas à ce sacrifice, et chargèrent dom Jean Mabillon de démontrer qu'il n'était pas plus contraire à la perfection monastique de débrouiller de vieux textes que de défricher des solitudes. Ce choix était décisif : Mabillon pouvait ne rien écrire, son nom gagnait la cause, et dès qu'on l'avait mis en avant, M. de la Trappe était réfuté.

II

Car dom Jean Mabillon était un illustre érudit, et c'était un saint. Il aurait labouré la terre, qu'il n'aurait pas été plus humble, plus détaché, plus pur. Quelle que fût sa vocation, il avait attendu sans impatience jusqu'à trente-deux ans que ses supérieurs lui commandassent de s'appliquer au travail : il pratiqua l'obéissance jusqu'en suivant son goût. Avant cela, il avait fait la classe aux novices; il avait été portier et cellerier, il avait montré aux visiteurs le trésor de Saint-Denis, toujours zélé et toujours content, dans le plus bas comme dans le plus ennuyeux emploi. Une seule occasion, paraît-il, mit en défaut sa soumission. Le trésor de Saint-Denis contenait un miroir qu'on prétendait avoir appartenu à Virgile : dom Jean, dans sa conscience déjà éveillée de critique, souffrait d'être obligé de montrer un monument apocryphe. Un jour, il laissa tomber le miroir qui se cassa. Je ne suis pas sûr qu'il ne l'ait pas fait exprès : et ce serait un des gros péchés de sa vie.

C'était le plus modeste des hommes ; il n'aspirait qu'à être oublié. Il écoutait beaucoup et parlait peu. Lorsqu'un grand personnage venait à l'abbaye, il se perdait dans la presse, parmi l'obscure foule des moines. Estimé des ministres, présenté au roi, en commerce avec des cardinaux, honoré de brefs du Saint-Père, il n'en conçut pas un mouvement d'amour-propre, ni un souffle d'ambition. Il ne demanda rien pour lui, et il était si persuadé de n'être rien, que les autres n'avaient même pas l'idée de l'employer à solliciter pour eux. On l'eût bien étonné si on lui eût demandé sa protection.

Nature aimante et douce, jamais il ne railla ni ne se fâcha. Quand on songe à ce qu'étaient les érudits du vieux temps, à leurs polémiques plus injurieuses que celles des poètes et des théologiens, on admire Mabillon de n'avoir eu de dispute avec personne. Il fut pourtant attaqué sur ses *Saints de l'ordre de saint Benoît*, sur sa *Diplomatique*, et sur sa *Lettre contre le culte des saints inconnus*. Il se défendit, car il ne fallait pas que la vérité fût étouffée. Mais, à force de douceur, il contraignait ses adversaires à la politesse. Il ne lui échappa jamais un mot qui fût dicté par une passion personnelle ou qui touchât les personnes. Il réfuta M. de Rance, riposta à sa réplique avec tant de ménagement, de respect, de charité, qu'il put venir terminer l'affaire à la Trappe dans une embrassade cordiale. Tout le monde, à l'abbaye, n'était pas de si douce humeur ; son ami et compagnon dévoué, Michel Germain, tête chaude de Picard, s'en allait faire une scène, chez lui, à Adrien de Valois, un savant hargneux qui avait attaqué *la Diplomatique*. Pour Mabillon, nulle critique ne le fâchait : il avait en lui un principe d'inaltérable paix. Il était humble, et louait la Providence de lui ménager des contradictions pour compenser les louanges par où le monde essayait de le surprendre. Sa modestie subit le plus grand assaut en obtenant le plus grand triomphe que puisse rêver un savant : le jésuite Papebrock, dont il ruinait toutes les idées dans sa *Diplomatique*, déclara qu'il n'avait rien à répondre, et que les principes de son adversaire étaient inébranlables. Mabillon prit cet aveu plus en chrétien qu'en érudit : loin d'en tirer avantage, il s'inclina devant un tel acte d'humilité.

D'un tempérament délicat, presque toujours incommodé il vivait durement : point de viande à ses repas, point de feu dans sa cellule. Sa piété était ardente, et on ne prenait pas seulement son avis sur un point d'érudition ou l'authenticité d'une charte : plus d'une conscience inquiète recourait à lui comme à un maître de la vie intérieure. Jamais il ne se dispensa d'aucun exercice : et il occupait sa place au chœur, comme s'il n'eût eu autre chose à faire que de chanter les offices. Mais comme il n'avait pas de moments perdus en sa vie, comme tout ce qui n'était pas donné à la prière était employé au travail, il trouva le temps de faire une œuvre prodigieuse. Il y avait dans ce corps débile une source inépuisable d'énergie. « Il se levait ordinairement dès deux heures du matin, et il continuait ses études jusqu'à l'heure du dîner, sans autre interruption que celle de la prière et de la sainte messe et de l'office divin. Le reste de la journée n'était pas moins rempli, et il poussait son application quelquefois bien avant dans la nuit, sans vouloir se donner aucun relâche. »

En ce temps-là, où presque tout était à faire dans les sciences historiques, où l'outillage même était à

créer, on ne pouvait comme aujourd'hui faire le métier
de savant en chambre ; il fallait aller trouver les documents où le hasard les avait déposés : il fallait aller
fouiller le mystère des bibliothèques et des chartriers.
C'est ainsi que Mabillon passa une partie de sa vie sur
les grands chemins. Il parcourut la Flandre, la Normandie, la Champagne, la Lorraine, l'Alsace, la Tou-
raine, l'Anjou, la Bourgogne. Deux fois même il sortit
de France, avec commission d'acheter des livres et des
manuscrits pour le roi : il visita la Suisse et la Bavière
et plus tard l'Italie. Il s'en allait avec un compagnon,
dom Germain ou dom Ruinart, chacun avec son paquet
à la main, à pied le plus souvent, parfois à cheval. Le
soir, au bout de leur étape, il y avait toujours un couvent : bien accueillis partout, leur arrivée était une
fête pour les maisons bénédictines, si nombreuses
alors dans tous les pays catholiques. En cas de nécessité absolue, ou en pays hérétique, ils allaient à l'auberge : mais Dieu sait ce qu'étaient les auberges d'Allemagne et d'Italie. En Allemagne, on n'avait guère fait
de progrès depuis Érasme. Un bon accueil, — l'hôte et
l'hôtesse tendent la main droite aux voyageurs et leur
souhaitent cordialement la bienvenue, — une stricte
justesse dans l'addition, mais des salles empuanties de
tabac, infectées de mouches dont il faut disperser à
coups de fouet les épaisses nuées : un pain noir et
plein de son, des mets odieusement poivrés et épicés,
des lits incommodes où l'on étouffe, voilà l'auberge
d'Allemagne ; et c'est pis en Italie, où l'on est de plus
écorché. On couche deux dans un lit grouillant de
puces et de punaises, qu'on paye 30 francs pour une
nuit. On a beau être moine, voué par état à la patience
et à la mortification : on se révolte. Non pas assuré-

ment Mabillon, mais le pétulant Michel Germain, qui consigne dans ses lettres chaque nouveau méfait des hôteliers.

Nos voyageurs sont peu sensibles au pittoresque : comme presque tous leurs contemporains, ils n'estiment rien de plus beau qu'une large plaine bien cultivée, et traversent les Alpes et les Apennins sans y voir autre chose que « d'affreux rochers ». Mais une vieille église romaine ou gothique, un livre d'Évangiles écrit par ordre de Charles le Chauve, un manuscrit du *Roman de la Rose* orné de miniatures, voilà les rencontres qui excitent leur enthousiasme ; ce sont leurs impressions de voyage à eux. A peine arrivés dans un couvent, dans une ville, ils courent aux bibliothèques, aux archives, explorent les livres, les manuscrits, les registres, les chartes, cataloguent, copient fiévreusement, infatigablement : tout joyeux quand ils ont pu, quelque part, couvrir « une rame de papier ». Et toujours ils ont du regret, ils soupirent tristement de tout ce qu'ils laissent derrière eux. Leur curiosité pourtant ne se limite pas aux vieilles écritures. Tout ce qui dans le présent est vestige, ou tradition, ou monument du passé, les attire. Et voilà nos deux savants qui s'en vont, dans leur robe noire de Bénédictins, écouter l'office luthérien, ou voir célébrer dans une synagogue la fête des Tabernacles.

Mais soudain ces érudits de large esprit, qui attestent la gravité des cérémonies d'un culte hérétique, nous rappellent qu'ils sont des moines, et moines de cœur comme d'habit. Ils ne manquent pas de noter soigneusement si le couvent qui les reçoit suit la règle plus ou moins sévèrement : et il n'y a pas de charte portant le sceau d'Othon qui leur soit plus douce à voir qu'une maison de Bénédictins où l'on ne mange pas de viande. Dom Jean Mabillon, pour être vraiment un des pauvres de Jésus-Christ, mendie parfois son pain à la porte d'un monastère.

A le rencontrer, on n'imaginerait pas qu'avec ce moine noir qui récite en marchant l'*Itinerarium* (ce sont les prières ordonnées pour les temps de voyage), c'est la science et la critique qui font leur chemin dans le monde. On dirait plutôt d'un de ces pèlerins pieux qui, dans la simplicité de leur foi, s'en allaient d'un bout à l'autre de la chrétienté pour visiter les sanctuaires renommés.

Dom Jean Mabillon, nous dit Ruinart, avait coutume dans ses voyages, lorsqu'il commençait à entrer dans quelque pays, d'en saluer les saints titulaires par quelque prière qu'il récitait à ce sujet. Mais lorsque, approchant de quelque lieu, il apercevait l'église du principal patron ou du saint à qui il allait rendre ses vœux, il descendait ordinairement de cheval, et il se mettait à genoux pour s'acquitter plus religieusement de cet exercice de piété qu'il s'était prescrit à lui-même dès ses premières années.

Il faut entendre le biographe nous conter la visite que Mabillon fit à Clairvaux, où il avait des documents à recueillir pour ses *Annales de l'ordre de saint Benoît*. Le jour qu'il doit arriver à la solitude sanctifiée par la pénitence de Bernard, son âme s'exalte dans un transport de dévotion : dès le matin, « il ne fait autre chose pendant tout le chemin que de chanter des hymnes et des cantiques »; et quand, au débouché d'un bois, la fameuse abbaye se découvrit à ses yeux, il se jeta à bas de son cheval et se prosterna pour prier. Puis il fit le reste du chemin à pied, malgré son grand âge et ses infirmités, toujours priant, récitant et chantant. Pendant tout le séjour qu'il fit au monastère, il n'interrompit point ses exercices de piété, disant chaque jour la messe sur le tombeau de saint Bernard « et avec le calice même dont le saint s'était servi ».

Soyez sûr, au reste, que la science n'y perdait rien : dans cette âme gravement chrétienne, l'enthousiasme de l'érudit s'écoulait en ravissements de piété ; entre une prière et un office, il trouvait le temps d'être à la bibliothèque, aux archives : un savant athée n'aurait pas fait plus de copie. Et la grâce qu'il demandait à Dieu par l'intercession du saint nous révèle combien intime, au fond du cœur, était l'union de la science et de la foi : il priait qu'il lui fût accordé de conduire les *Annales* de son Ordre jusqu'à la mort de saint Bernard ; Dieu lui accorda d'imprimer quatre volumes et de laisser, en effet, la suite toute prête jusqu'au terme qu'il avait marqué dans son désir.

A soixante-dix ans passés, il voyageait encore et travaillait comme un jeune homme, et il ne relâchait rien de ses austérités.

Quand on lui remontrait que son âge, sa santé, ses services lui permettaient d'accepter quelques petits adoucissements, comme une cellule plus commode : « Tout cela, répondait-il, ce sont les subtilités de l'amour-propre. » Il tomba un 1er décembre, tandis qu'il allait à Chelles, à pied, sans compagnon.

On le rapporta à Saint-Germain-des Prés. Pendant trois semaines, il attendit la mort avec sérénité, se faisant lire les Écritures, prenant congé de tous ses amis par un mot affectueux, par un conseil salutaire. Il exhorta dom Thierry Ruinart à aimer la vérité. *Deus veritatis.* « Soyez vrais en tout : *sinceri filii Dei.* C'est une grande grâce que l'amour de la vérité ; on l'obtient par les gémissements et la prière. » Ce grand critique mourait en repos dans la certitude paisible où il avait vécu que l'esprit critique est un don de Dieu. Mais comme on lui disait qu'il devait avoir confiance, ayant si bien servi l'Église : « Ne parlons pas de cela, répliqua-t-il vivement ; humilité, humilité, humilité ! » Ainsi finit, le 26 décembre 1707, un verset de psaume aux lèvres, ce très doux et très docte religieux, *suavissimus et doctissimus Pater*, comme l'appelait le cardinal Néris : aimable et touchante figure, comme on n'imaginerait pas qu'il y eût en ce temps d'aigres controverses et d'incrédulité grandissante, qui ne laissaient guère de place dans l'Église entre le fanatisme et la corruption. Et quand, dans la vie de ce moine, faite pour être écrite de la plume naïve d'un hagiographe des anciens âges, on lit qu'il fut académicien, ce titre nous choque comme un brutal anachronisme.

III

Dom Bernard de Montfaucon, la plus grande gloire de l'abbaye avec Mabillon, est, lui aussi, un bon religieux qui se fait réveiller pour matines et qui dit sa messe. C'est un catholique soumis, inflexiblement orthodoxe, sans complaisance pour les jésuites, sans haine pour les jansénistes. On s'adresse à lui comme à un ecclésiastique de morale sévère, pour empêcher un jeune Allemand de « céder aux allèchements de Paris » : et je trouve qu'il rendit bon compte du précieux dépôt qui lui était confié.

Mais avec tout cela, Montfaucon est de son temps ; il a quelque chose de plus libre, de plus émancipé, de moins monacal que Mabillon. Ses travaux mêmes ont un caractère plus profane. Il ne s'enferme pas dans la littérature sacrée et dans l'histoire ecclésiastique. Il amasse des matériaux pour l'histoire de la société laïque et pour l'archéologie grecque et romaine. Il fait œuvre d'antiquaire, et l'on ne peut assigner un but pieux à ses recherches, faites pour satisfaire les esprits curieux, qui, sans autre souci, veulent seulement connaître le passé. C'est le temps du reste où les Bénédictins élargissent le champ de leurs travaux, et font choix de leurs sujets en purs savants, et non plus en chrétiens. Les uns prennent l'histoire des provinces, un autre celle de Paris. Tel commence le recueil des historiens de France, tel l'histoire littéraire de la France. Il n'y a plus de religieux dans ces livres que le *dom* qui précède les noms des auteurs. Les laïques, les athées de l'Académie des Inscriptions continueront ces publications, sans qu'un changement de plan, de méthode ou de ton décèle la qualité nouvelle des rédacteurs.

La vie de Montfaucon est aussi moins ascétique: Voilà un moine qui fait des parties de campagne à Suresnes, à qui l'on chante l'inepte chanson du jour et qui y rit de bon cœur, qui cause vers et théâtre, et décide un peu à tort et à travers sur Pindare et sur Boileau, sur Bussy et sur La Bruyère. Moine d'une espèce nouvelle, qui ferait bonne figure dans un salon : au courant de tout, causant de tout, avec une verve intarissable, il mène grand train la conversation et l'anime de ses saillies.

Il se fait centre volontiers, et préside dans sa cellule comme une mondaine qui tient cercle. Il est dominateur et exubérant. La silencieuse humilité du Père Mabillon n'était pas son fait : il était né près de Toulouse, il était gentilhomme, et il avait fait la guerre sous M. de Turenne. Dom Bernard n'arriva jamais à dépouiller « le sire de Roquetaillade », un cadet du pays de Comminges, qui n'était pas endurant, et qui se battait en duel à dix-sept ans. « Il est un peu chaud », disait doucement Mabillon, un jour que son confrère, dans une grosse colère, menaçait de brouiller l'abbaye avec M. de Reims : le prélat, collectionneur sans scrupules, retenait des médailles adressées de Rome à Montfaucon, et Montfaucon voulait à toute force ses médailles. On l'avait vu à Rome se mettre les jésuites à dos, lui qui n'était pas suspect de jansénisme, par sa vivacité à défendre l'édition bénédictine de saint Augustin; il dut quitter la ville, mais en partant il se donna le soulagement d'écrire à un Romain qu'il s'en allait « à cause de la facilité qu'ont certains hommes à mentir ». Il ne faisait pas bon médire de ses ouvrages : le Père prenait sa bonne plume, et, sans s'arrêter à de vains scrupules d'humilité ni de charité chrétiennes, relevait vertement les gens qui, « animés de je ne sais quel esprit », attaquaient son *Antiquité figurée* « d'une manière qui choque toutes les bienséances ». Il savait en appeler « au lecteur habile et équitable », faire valoir sa peine et sa science, dénoncer l'envie et l'injustice, et, tout comme de plus modernes, pousser le grand argument de la vente, qui en effet allait à merveille ; car les dix-huit cents exemplaires de la première édition furent écoulés en deux mois, succès inouï pour un ouvrage in-folio qui devait avoir dix volumes.

Sans être ambitieux ni intrigant, il accepta comme choses toutes naturelles la réputation et le crédit qui lui vinrent par ses ouvrages. Il ne songea pas un instant à se dérober à sa gloire, et très simplement, mais très décidément, il joua son rôle de grand et influent personnage. Mabillon, petit paysan champenois, n'avait personne à pousser, ne tenait à rien. Un gentilhomme, surtout quand il vient des bords de la Garonne ou de l'Aude, a toujours une famille ; et, fût-il Bénédictin, de sa cellule il les protège et les fait avancer. Dieu sait ce qu'il se trouva de Roquetaillades et de Montfaucons entre Toulouse et Tarascon, quand il fut avéré que le Père dom Bernard, en faisant de gros livres, s'était mis bien en cour ! Il avait trois frères et sept sœurs : les neveux, cousins et petits-cousins étaient légion. Il faut demander un changement de garnison pour l'un, de l'avancement pour l'autre, le commandement d'un navire pour un troisième qui est marin ; pour deux vieilles demoiselles, le payement des arrérages d'une pension ; un bureau de poste pour une veuve née Montfaucon, dont notre Bénédictin n'a jamais ouï parler. Et chez tous ces quémandeurs, c'est toujours le même refrain : « Vous, mon Père, qui pouvez tout », ou « Vous, mon Père, qui n'avez qu'un mot à dire à MM. tels ou tels qui peuvent tout ». Comment ne pas croire, en effet, à la puissance du Père Montfaucon, quand tout Montpellier sait comment M. de Villarzel est devenu tout d'un coup un personnage, au cercle de « Mᵐᵉ l'intendante », lorsqu'un hasard eut fait connaître sa qualité de neveu de dom Bernard ? Le Père n'est pas fâché qu'on l'emploie, écrit toutes les lettres, fait toutes les démarches qu'on lui demande ; dans son infatigable complaisance, ne s'en va-t-il pas un jour retirer de chez le prêteur sur gages les habits d'un petit officier ?

Il fait ses affaires aussi bien que celles des autres. Il sait cajoler les collectionneurs, leur décocher à point une louange, les entretenir dans l'espoir que leur cabinet serait mentionné dans ses livres en bonne place, et il s'en fait des collaborateurs ardents. Il y a en lui un mélange d'énergie fiévreuse et de simple habileté qui fait penser à Voltaire. Il s'entend comme personne à lancer un livre, une souscription. Le prospectus de ses *Monuments de la monarchie française* avait étonné le public, en un temps où l'on méprisait, avec toute la sécurité de l'ignorance, l'art du moyen âge, où l'histoire ne faisait point de différence entre Clovis et Louis XIV, et n'était d'un bout à l'autre qu'un perpétuel anachronisme. L'idée de faire connaître les mœurs et la civilisation de la France, depuis les origines de la monarchie, par des reproductions exactes des principaux monuments de chaque siècle, églises et palais, costumes, armes, objets et instruments de toute nature, cette idée-là ne pouvait être goûtée d'abord par des esprits habitués à ne faire attention qu'aux naissances et mariages des princes, et aux batailles qu'ils avaient perdues ou gagnées. La souscription ne partait pas. Montfaucon prit vite son parti. Il obtint une audience du roi, lui soumit son travail, et se retira ayant fait de Louis XV le premier souscripteur et le patron de l'ouvrage. Dès lors, ce fut à qui s'inscrirait, prônerait l'entreprise. Évêques, intendants, gouverneurs se mirent avec un zèle inusité au service de la science, se firent les agents et les correspondants du Père Montfaucon, lui envoyèrent toute sorte de dessins et de documents. Huit ans après l'envoi du prospectus, le cinquième volume in-folio paraissait. Et cela sans préjudice d'autres travaux qui n'étaient guère moins considérables.

Mais aussi le rude travailleur que ce dom Bernard, avec

sa belle santé et cette sorte d'entrain, de joie extérieure que donne la vigueur physique ! L'infatigable liseur, depuis qu'en son enfance il avait trouvé dans un vieux coffre des livres que les rats commençaient à ronger ! Que n'avait-il pas lu ? « Tous les auteurs grecs et latins de l'antiquité profane, tous les écrivains ecclésiastiques des quatre premiers siècles, tous les historiens de la monarchie française, les principaux de ceux des autres nations qui ont écrit en latin, en italien ou en espagnol, tous les voyageurs, les meilleurs ouvrages des savants sur l'histoire ancienne et moderne, et tout ce qui concerne les beaux-arts. » Il avait appris le grec, le latin, l'hébreu, le syriaque, le copte, l'arabe. Pendant son séjour à Rome, il portait son dîner dans la bibliothèque vaticane, et, « dès la pointe du jour jusqu'au soir », ses compagnons et lui lisaient, collationnaient, copiaient. A soixante-dix-huit ans, un visiteur, qui pénétrait dans sa cellule, le trouvait « enfoncé dans la lecture de vieux manuscrits grecs nouvellement arrivés et reçus à la Bibliothèque nationale ». Il composait, écrivait avec la même furie qu'il dépouillait et lisait. Jusqu'à son dernier jour, il travailla « treize ou quatorze heures par jour ». C'est lui qui nous le dit ; on le disait de Mabillon : notez la nuance.

Et voilà comment, en un demi-siècle, dom Bernard de Montfaucon publia quarante-quatre in-folio, sans compter le menu fretin des in-4°, in-8° et in-12. A quatre-vingt-quatre ans, il vint, toujours vif et gaillard, lire à l'Académie des inscriptions, dont il était membre, le plan d'une nouvelle partie de la *Monarchie française* ; deux jours après, le 19 décembre 1741, une apoplexie foudroyante l'abattait brusquement.

IV

Autour de Mabillon et de Montfaucon, dans un espace d'environ quatre-vingts ans, que de noms illustres l'on rencontre, et que de physionomies originales, depuis Luc d'Achery, le mélancolique ascète, jusqu'au fougueux et inconstant Thuillier, depuis l'aimable Ruinart jusqu'à cet entêté Breton de dom Lobineau, dont tous les Rohan firent le siège pendant des années sans en pouvoir tirer un certificat d'existence pour leur aïeul Mériadec, et qui laissait traîner dans ses lettres des lambeaux de Rabelais! Et puis il y a ceux qu'on pourrait appeler les Bénédictins du dehors, tous ceux, Français ou étrangers, luthériens, anglicans, jansénistes, gallicans ou jésuites, qui travaillent à défricher quelque province de la science ; chaque dimanche, après vêpres, ils affluent à l'abbaye. De Du Cange à Fréret et de Baluze à Sainte-Palaye, les érudits qui résident à Paris ne manquent guère une de ces réunions ; un intérêt essentiel les y attire ; car, avant l'Académie des Inscriptions, puis en concurrence avec elle jusque vers le milieu du xviii° siècle, l'abbaye est comme le bureau central de l'érudition. C'est là qu'on trouve les nouvelles scientifiques de tous les pays ; c'est là, dans la rareté et l'insuffisance des journaux spéciaux, qu'on peut se tenir au courant des travaux, des découvertes, des publications qui se font par toute l'Europe. Nulle part ailleurs on ne trouvait cette abondance et cette exactitude d'information.

Les Bénédictins la devaient à leur vaste correspondance. Il n'y avait point de diocèse de France, de ville en Hollande ou en Italie, ni de paroisse d'Allemagne, d'où quelqu'un d'eux ne reçût de lettres ; il en venait jusque d'Espagne et de Constantinople; sans compter celles que les Pères eux-mêmes, dans leurs voyages, adressaient à l'abbaye, et qui ne sont pas les moins intéressantes de la collection. Il y a de tout dans ces lettres : érudition, littérature, morale, politique, anecdotes mondaines; à mesure que l'on avance, il y a moins de sécheresse, moins de gravité, plus de vagabondage des yeux et de la pensée; enfin, là même s'établit en souverain ce grand maître du xviiie siècle, l'esprit.

Mais ce n'est pas par l'agrément littéraire que vaut la correspondance des Bénédictins. Elle nous fait pénétrer dans le monde des érudits, des bibliothécaires et des collectionneurs : monde bizarre et mêlé, où ne manque pas même l'érudit crasseux, mal peigné et sauvage, tapi dans ses bouquins comme le hibou dans son trou; ni l'aventurier, espion et bigame, qui fait de la science aux heures de répit que la justice lui laisse. Elle nous permet de suivre et d'embrasser le mouvement scientifique dans toute son étendue, d'un bout à l'autre de l'Europe. Selon que les Bénédictins ont plus ou moins de correspondants dans un pays, on peut affirmer que les études y fleurissent ou dépérissent. Il ne leur vient guère plus de lettres d'Espagne que de Turquie. L'Italie, au contraire, dans sa décadence littéraire, garde toute sa curiosité, toute son activité intellectuelle ; en terre papale comme chez la république de Venise. et à Naples comme en Toscane, l'histoire ecclésiastique et l'archéologie sont cultivées avec passion : ni les correspondants ne manquent aux Bénédictins, ni la matière à ces correspondants.

Mais c'est la France qui nous intéresse surtout; et la

France nous présente un spectacle inattendu. Il n'y a point de province qui n'ait sa capitale intellectuelle; et ces villes, Caen, Toulouse, Dijon, Nîmes, Montpellier, glorieuses de leurs antiquaires et de leurs érudits, des bibliothèques et des cabinets de leurs citoyens, sont des centres de haute culture, où la vie de l'esprit est intense. Nous le savions pour quelques-unes; les correspondances bénédictines nous font voir qu'il en est ainsi dans tout le royaume, et que la province stupide, ignorante, matérielle, n'y est qu'une rare exception. Ce n'est pas là du tout la France que nous représente la littérature du temps. Mais la littérature depuis longtemps est centralisée à Paris, et renfermée dans l'éloquence et dans la poésie; Parisienne et mondaine, elle n'a que railleries pour la province, et de l'érudition ni soupçon ni souci. La province, pour Molière, c'est Pourceaugnac, les Sottenville et le cercle de la comtesse d'Escarbagnas : La Bruyère met d'un côté « les provinciaux et les sots », de l'autre les honnêtes gens, qui sont à Paris et dans la cour. D'autre part, l'érudition, pour Molière, c'est Vadius et tous les pédants en *us* ; pour La Bruyère, c'est un lent abrutissement sur d'inutiles niaiseries, comme de chercher si Artaxerce Longue-Main avait la main droite ou la main gauche plus longue. Pendant presque un siècle, de 1660 à 1750, nos gens de lettres ignorent ce qui se fait dans les sciences historiques, et dans l'archéologie chrétienne ou même païenne. Ni la littérature de l'âge précédent, encore engagée dans l'érudition d'où le XVI° siècle l'a tirée, ni celle de l'âge suivant, curieuse d'un passé qu'elle déteste, n'auront cette ignorante indifférence. Et les érudits payent les littérateurs de retour. Michel Germain connaît Mlle de Scudéry; Voltaire va visiter dom Calmet.

Mais Boileau ne connaît pas le Père Mabillon, son confrère pourtant à l'Académie des Inscriptions, et les lettres de nos pieux Bénédictins nous parlent plus de Crébillon fils que de Racine.

A quelles causes faut-il attribuer ce divorce fatal à la littérature comme à l'érudition ? Il est d'autant plus étrange, que le roi, la cour, le grand monde, pour qui les gens de lettres écrivent, sont loin de mépriser les œuvres de l'érudition. Mais c'est que ces travaux, qui n'ont rien à voir avec la littérature d'alors, intéressent souvent la politique. L'âge féodal dure encore; l'ordre européen est fondé sur ces vieilles chartes que déchiffrent nos moines. C'est une affaire d'État et une question de patriotisme, que d'empêcher Muratori de consulter une charte d'Othon, qui autoriserait certaines revendications de l'empereur ou d'un prince italien. Si personne ne peut avoir communication de certain manuscrit du mont Cassin, c'est que le cardinal Casanate l'a confisqué comme gênant les prétentions de la Cour de Rome. Aujourd'hui, ces parchemins poudreux ne sont que de l'histoire; avant la Révolution, ils avaient de l'actualité. Et puis, dès qu'on est prince, ou duc, ou gentilhomme, on a des archives, on sait ce que c'est qu'un diplôme, on attache du prix à la date d'un vieux titre, au sceau qui le scelle : la hiérarchie sociale, les rangs, les préséances, les privilèges sont fondés là-dessus et en dépendent encore en partie. Il suffit d'avoir une généalogie, pour respecter la paléographie. Mais nos grands écrivains de cette école classique qui domine après 1660 sont des bourgeois, et j'y trouve une raison de leur mépris pour les recherches érudites et les documents d'archives. Ils n'entendent rien à la politique : c'est l'affaire du roi et de ses ministres. Ils n'ont pas de prétentions nobiliaires ; pour le monde, et pour ne point payer la taille, ils se font reconnaître pour nobles ; du reste, ils ne recherchent guère leurs origines, et se font eux-mêmes tout ce qu'ils sont. Encore s'ils étaient d'Église ! mais ils sont, même les plus pieux, d'esprit trop essentiellement laïque, pour s'arrêter au moyen âge ecclésiastique. Ils sont d'éducation trop latine, et trop les héritiers de ce Ronsard qu'ils renient, pour être curieux du moyen âge littéraire : avant François Ier, ils n'aperçoivent que Trajan, et la tradition qu'ils continuent passe par-dessus douze ou quinze siècles d'histoire. Enfin, ils sont trop « honnêtes gens », trop enclins à « ne se piquer de rien », trop attentifs à n'avoir « point d'enseigne » dans le monde, pour goûter les études spéciales, même quand elles les mènent à l'admirable antiquité.

Il est fâcheux que notre littérature classique, pour ces raisons et pour d'autres, n'ait eu aucun contact avec l'érudition ; plusieurs des défauts qu'on lui reproche auraient été évités, s'ils pouvaient l'être. Elle eût été plus nationale et plus populaire, sinon d'esprit, au moins de forme. Mieux que *Clovis* et *la Pucelle*, une vie de saint, publiée dans sa barbarie savoureuse par Ruinart ou Mabillon, eût révélé à Boileau la beauté poétique du christianisme ; dom Bouquet aurait fourni à nos tragédies des héros plus voisins de nous et plus touchants par suite que les Sémiramis et les Œdipe. En histoire, nous aurions eu autre chose que d'indignes compilations et des morceaux de vaine rhétorique ; et Fénelon, en 1715, après tous les chefs-d'œuvre du grand siècle, n'aurait pas constaté que nous n'avions pas une histoire de France qui fût seulement médiocre.

Je ne sais, à vrai dire, si le tour de notre imagination en eût été changé, et j'en doute. Plus exacts, s'ils avaient profité des travaux des érudits, nos historiens n'auraient peut-être pas eu plus de couleur. Et, sauf la haine du moyen âge, *l'Essai sur les mœurs* me représente l'histoire telle que les Bénédictins pouvaient donner moyen de l'écrire, tant que durait le goût classique. Entre Voltaire et Thierry ou Michelet, ce n'est pas Montfaucon que je trouve, c'est Chateaubriand. Il ne dépendait pas des Bénédictins de susciter des Thierry et des Michelet : ils étaient par trop dénués d'imagination et de sens littéraire ou poétique ; et si les littérateurs ont eu tort de les ignorer, il faut avouer qu'ils n'ont rien fait pour les attirer, et qu'ils auraient eu fort à gagner eux-mêmes dans leur fréquentation. Peut-être au contact des poètes auraient-ils appris à faire sortir la vie et la beauté des vieilleries dont ils faisaient l'inventaire. Grands hommes incomplets, ils ont été des critiques et des antiquaires, non pas des historiens ni des artistes. Nos Bénédictins participent en cela de l'esprit classique ; tout leur métier se réduit à un exercice purement intellectuel, à des actes de raisonnement et de jugement ; leur tâche est finie quand ils ont prononcé sur la réalité d'un fait ou l'authenticité d'un monument. De susciter en nous une vision représentative du fait, une émotion caractéristique du monument, ce n'est pas leur affaire. Ils s'arrêtent où commencent l'histoire et l'art. Et voilà pourquoi ces rudes travailleurs ont entassé des montagnes d'in-folio sans laisser un petit livre.

Et cependant je ne puis m'empêcher de trouver qu'on les oublie injustement dans nos histoires de la littérature. Au moins, puisqu'on prétend aujourd'hui restituer les « milieux », on pourrait leur donner une place dans la peinture de cette société dont la littérature est à la fois l'effet et l'expression. Mais ce qu'on appelle restituer le milieu pour le xviie siècle, c'est parler de l'hôtel de Rambouillet ou de Versailles, et, pour le xviiie siècle, des salons. Comme s'il n'y avait eu dans l'ancienne France que la société polie et la cour ! Comme si toute l'activité intellectuelle de la nation s'était concentrée en deux groupes ! La société de Saint-Germain-des-Prés, avec ses figures originales de moines érudits, ne vaudrait-elle pas la peine d'être au moins esquissée en passant. N'y a-t-il pas eu là, à un moment, une forme d'esprit peu commune et d'autant plus intéressante à connaitre ?

Au reste, cette étude tient plus qu'on ne pense à la littérature ; le divorce de celle-ci avec l'érudition n'a été que passager chez nous. Ce lourd amas de matériaux préparé par les Bénédictins a rendu possible plus d'un chef-d'œuvre littéraire. Songeons que de *l'Antiquité expliquée* de Montfaucon sortira d'un côté l'archéologie, et de l'autre l'histoire de l'art, et que ce laborieux antiquaire a déterminé le mouvement qui, développé par Caylus, par les savants de l'Académie des Inscriptions et les artistes de l'Académie de peinture, aboutira en art à David, en littérature au *Voyage d'Anacharsis*, et, ce qui vaut mieux, à la poésie de Chénier, puis à la prose de Courier. Combien d'œuvres, et des plus belles, dans la littérature du xixe siècle, relèvent de l'histoire et de l'archéologie ! Or ce sont les grands travaux d'érudition du xviie et du xviiie siècle qui ont donné la première impulsion à ces études. Quelque illustres noms que présente la science laïque, les Du Cange, les Baluze, les Fréret, les Fourmont restent isolés chacun dans leur étude ; rien ne saurait se comparer à la formidable production dont ces moines barrent dès l'entrée toutes les avenues de la science. Histoire de l'Église, histoire de France, histoire littéraire, histoire de la civilisation, à quelque branche qu'on s'attache, on les rencontre d'abord et l'on ne fait rien sans eux. Celui qui raconte les premiers siècles du christianisme se trouve en présence des *Actes authentiques des martyrs* de Ruinart ; pour le développement du dogme, les éditions bénédictines des Pères, Augustin, Athanase, Chrysostome, Origène, sont des chefs-d'œuvre de critique historique autant que d'exactitude philologique. Aux historiens de notre nation, dom Bouquet offre son précieux recueil ; dom Vaissette, dom Lobineau, leurs histoires du Languedoc et de Bretagne ; dom Félibien, celle de Paris : sans parler de dom Calmet, le Bénédictin lorrain qui met en ordre les Annales de sa province, ou des Blancs-Manteaux, qui, à la fin du siècle, éditeront Bossuet. Feuilletons *la Gaule chrétienne* ; toute l'histoire du royaume s'y trouve faite, diocèse par diocèse. A l'homme d'imagination, au poète qui voudra *voir* les hommes et mettre sous les noms inexpressifs l'originalité des physionomies individuelles, Montfaucon offre dans ses *Monuments* inachevés de *la Monarchie française* toutes les figures des rois et des princes ; il donne le moyen, il indique surtout la voie pour ne plus habiller tous les siècles à la dernière mode.

Si l'on songe à ce que fut l'Église dans le moyen âge, au rôle politique et intellectuel qu'elle a joué, on concevra qu'il n'est pas indifférent non plus que Mabillon ait raconté les *Annales* ou dénombré *les Saints de l'ordre de saint Benoît*. Comment peindre la civilisation du oyen âge, sans en représenter l'activité philosophique ? Et dès lors il faut courir au *Saint Bernard* de Mabillon, au *Lanfranc* de Luc d'Achery. Enfin, quoique la prodigieuse fécondité poétique du moyen âge n'ait été connue que de nos jours, l'histoire littéraire de la France, commencée par les Bénédictins, sera toujours une des bases de l'étude de notre littérature. D'un point de vue plus général, Mabillon par sa *Diplomatique*, Montfaucon par sa *Paléographie grecque* et son *Catalogue des manuscrits*, ont légué à leurs successeurs une méthode et des instruments de travail ; ils leur ont mis en main l'outil pour faire plus et mieux qu'eux.

Le mérite des Bénédictins, c'est que, ne travaillant pas pour la réputation ni le profit, ils entamaient des œuvres capables de consumer plusieurs vies humaines ; ils savaient qu'eux disparus, l'Ordre restait et fournirait toujours des travailleurs pour achever le sillon qu'ils auraient commencé à tracer. Ainsi ont-ils pu concevoir et mettre en train ces collections prodigieuses, dont nul savant laïque n'aurait osé former la pensée, et que même l'Académie des Inscriptions, qui les continue encore aujourd'hui, n'aurait peut-être pas eu l'audace d'entreprendre. On aura beau dire que ce n'est pas de la littérature : il n'importe. Ces ouvrages, qui ne sont souvent que des éditions et des compilations, plus souvent aussi rédigés en latin qu'en français, ne sont peut-être pas des monuments littéraires ; ce sont du moins des événements littéraires, à la date où ils apparurent. Il y a là un immense effort intellectuel, dont les fécondes conséquences ne sont pas encore épuisées aujourd'hui, et je ne comprends pas que l'histoire littéraire puisse n'en point tenir compte.

Dites-moi pourquoi on nomme religieusement Saint-

Réal ou Vertot, et pourquoi l'on omet paisiblement Mabillon et Montfaucon. J'admets qu'il y a un siècle on se fit une conception un peu étroite et mondaine de la littérature; on pouvait la resserrer dans la morale, l'éloquence et la poésie, dans la littérature de mode ou d'agrément, qui n'exige, pour être goûtée, ni effort ni préparation, celle qui plaît aux dames et dont on cause dans les salons. Mais aujourd'hui où nos plus exquis ou puissants écrivains, où nos poètes mêmes nourrissent leur talent d'érudition et de critique, où l'on tombe d'accord que la littérature exprime l'âme d'un siècle ou d'une race, et que son développement représente l'évolution intellectuelle d'un peuple, comment ne pas faire place dans nos histoires littéraires à l'érudition historique, ainsi qu'à la philosophie religieuse ou scientifique? Il est inadmissible qu'on ne fasse pas à toute l'œuvre des Bénédictins, prise en bloc, l'honneur qu'on fait à un *Régulus* ou à un *Mahomet II*, qui n'ont vraiment pas plus de caractère esthétique et sont loin d'avoir la même valeur dans l'histoire des idées. Qu'on s'y prenne comme on voudra, c'est affaire de goût et d'art ; mais il ne faut pas passer cette œuvre-là tout à fait sous silence.

V

Elle le mérite encore à un autre titre. Elle est le résultat d'un accord entre la science et la foi, accord trop parfait pour n'être pas singulier, et qui peut-être ne se représentera jamais. J'ai dit combien ces moines furent pieux et soumis ; on sait quelle fut la sévérité de leur critique. De dire comment ils pouvaient rester ce qu'ils étaient en faisant ce qu'ils faisaient, je ne m'en charge pas. J'entends bien que Dieu étant la source de la vérité, *Deus veritatis*, comme disait Mabillon mourant, on peut chercher le vrai dans la science avec un cœur pieux. Mais la difficulté n'est pas avec Dieu : entre le catholique et son Dieu, il y a l'Église, à qui il doit une absolue croyance et soumission. Et dès lors peut-il chercher avec indépendance ? En fait, les résultats obtenus par les méthodes scientifiques peuvent être orthodoxes ; en droit, le savant est un insoumis ; et laisser à l'autorité de l'Église la décision de la vérité, c'est renoncer à la critique. Il est vrai pourtant, à n'en pas douter, que chez nos Bénédictins, la docilité de la foi n'entrava jamais la liberté des recherches, et qu'ils unirent la science qui doute à la piété crédule. On pourrait essayer de l'expliquer en remarquant avec quelle prudence, sans y songer peut-être, ils circonscrivent leurs études. D'abord ils sont moins théolologiens et philosophes qu'historiens et philologues ; ils préparent l'histoire ecclésiastique, corrigent les vies des saints, les œuvres des Pères ; dans la tradition si touffue, s'ils élaguent parfois, ce sont des rameaux parasites, des détails non essentiels. Ils recherchent la vie extérieure de l'Église, les faits ; ils touchent peu au dogme, et pour exposer seulement. Ils évitent surtout l'écueil où se sont brisés tous les exégètes, Richard Simon en tête ; ils n'abordent pas l'étude des deux Testaments, terrible matière où la plus légère application de la critique, fût-ce pour changer une lettre, risque d'ébranler les fondements de la foi. En ne touchant pas à l'Écriture, nos Bénédictins évitent d'être obligés de poser la question formidable où apparaît l'irréductible opposition de l'Église et de la science : cette question, c'est la possibilité du miracle et de la révélation. Et quand ils élargissent le champ de leurs recherches, leur activité dérive vers les études profanes, où rien ne se rencontre de nécessairement pernicieux pour la foi, l'histoire politique, sociale ou littéraire, l'archéologie, la philologie grecque ou latine, etc.

Mais il ne faut rien exagérer : ces moines ont mis le pied plus d'une fois sur des terrains brûlants ; Ruinart diminuait la troupe sacrée des martyrs, touchait hardiment à la pathétique légende des persécutions, d'où l'Église avait tiré tant de prestige, retranchait aux prières des fidèles des noms invoqués depuis douze siècles et qui avaient fait des miracles. Mabillon dénonçait le scandale et l'imprudence du culte des saints inconnus ; il remontrait à l'Église romaine qu'en laissant ériger en reliques tous les ossements déterrés des catacombes, c'étaient souvent des païens qu'on exposait à l'hommage confiant des humbles. Et Rome s'inquiétait parfois : Ruinart était attaqué ; la congrégation de l'Index demandait des explications à Mabillon, qui maintenait son opinion avec une inflexible douceur. Mais les inquiétudes de l'Église s'apaisaient facilement; d'un sourire elle renvoyait ses enfants à leurs travaux. Et ce qu'il y a de plus merveilleux encore que la tolérance de l'Église, c'est l'attitude de ces rudes démolisseurs de légendes, qui avaient pendant des cinquante ans pratiqué cette laborieuse investigation de la vérité, et que rien n'empêchait de l'écrire quand ils l'avaient trouvée : comme au bout de toutes leurs hardiesses ils se trouvent humbles et crédules de cœur, doucement agenouillés devant leur mère l'Église dans une paisible assurance d'avoir travaillé pour elle ! Il y a là quelque chose, un état d'esprit que le choix plus ou moins circonspect des sujets n'explique pas suffisamment.

Les Bénédictins profitaient d'un avantage de leur temps. Les entreprises de l'exégèse religieuse, les analyses de la philosophie n'avaient point fait éclater encore l'essentielle incompatibilité de l'esprit chrétien et de l'esprit scientifique. La contradiction théorique était latente : or l'humanité s'embarrasse moins qu'on ne pense des contradictions ; elle en vit, et, pourvu qu'elles ne soient pas réduites en formules qui les rendent présentes à la conscience, l'impossibilité logique qui en découle ne crée jamais une impossibilité pratique. L'esprit chrétien et l'esprit scientifique pouvaient vivre ensemble dans les mêmes cœurs et se fondre sans s'altérer, tant que leurs principes demeuraient intérieurs et inexprimés. Les Mabillon et les Ruinart suivaient en paix les deux voies de la science et de la foi, sans se demander si elles se rencontraient ou divergeaient à l'infini ; ils faisaient en bons ouvriers leur double besogne de chrétiens et de savants, fidèles à la règle et à la méthode, cherchant les résultats plutôt qu'analysant les essences, employant la religion et la critique à rectifier leur œuvre et leur vie, et non à faire de la métaphysique. Depuis, l'exégèse, dans son développement, s'est heurtée à l'antinomie que je signalais plus haut. La philosophie a mis à nu les conditions et les bases de la recherche scientifique ; l'opposition intime de la science et de la foi nous crève trop les yeux pour que nos intelligences puissent accorder entre elles dans la pratique ces deux choses théoriquement inconciliables. Aussi, qu'arrive-t-il ? De grands érudits, qui jadis seraient demeurés en paix dans l'Église, la quittent avec scandale. Celui qui se sent né pour chercher la vérité par sa raison se débarrasse de la croyance comme d'une entrave, et celui qui croit posséder la vérité par la foi n'ose manier hardiment le dangereux outil de la critique. La science se défie de l'Église ; l'Église a peur de la science. Et quand l'Église ne limiterait pas par son impérieuse autorité les recherches de ses fidèles, ceux-ci trouveraient dans leur conscience timorée assez d'entrave pour les retenir ; ils ne sauraient avoir, comme nos Bénédictins, l'indépendance absolue dans la parfaite soumission. Ce qui était possible il y a deux siècles n'est plus possible aujourd'hui. Sera-ce possible de nouveau quelque jour ?

ANTOINE DE MONTCHRÉTIEN ET LA LITTÉRATURE FRANÇAISE AU TEMPS DE HENRI IV

Il faut remercier M. Funck-Brentano et M. Petit de Julleville de nous avoir rendu Montchrétien (1). L'homme et l'œuvre expriment nettement une époque distincte de notre vie sociale et de notre activité littéraire. Si l'histoire de la littérature ne peut plus se contenter aujourd'hui d'être une collection de monographies et comme une galerie de portrais isolés chacun dans son cadre, si elle doit représenter le mouvement continu, la lente évolution des idées et des formes, on ne saurait donner trop d'attention aux écrivains qui font la transition d'un siècle à l'autre, aux ouvrages qui sont la fin de quelque chose et le commencement d'autre chose. Et si c'est aux environs de 1600, — non plus tard, — que se forme cet esprit général qu'on nomme l'esprit classique, qui ne voit combien pren-

(1) *Traicté de l'Œconomie politique*, dédié en 1615 au Roy et à la Reyne mère du Roy par Antoyne de Montchrétien, avec introduction et notes, par Th. Funck-Brentano. Paris, 1889. — *Les Tragédies de Montchrétien*, nouvelle édition, avec notice et commentaire, par L. Petit de Julleville, professeur à la Sorbonne. Paris, 1891. — E. Faguet, *la Tragédie au XVIe siècle*, ch. xi, Antoine de Montchrétien. Paris, 1883.

nent d'importance les écrits, même médiocres, qui
nous aident à connaitre l'état des idées et du goût sous
le règne de Henri IV? Or c'est à quoi Montchrétien,
qui, du reste, n'est pas médiocre, est éminemment propre, et je veux profiter de l'occasion qu'il m'offre de
remettre en lumière une période trop souvent négligée
de notre histoire littéraire.

Elle s'étend, durant une vingtaine d'années, depuis
la pacification du royaume jusque vers la fin de la
Régence. Entre le XVIe siècle et le XVIIe siècle, entre la
Renaissance et l'âge classique, paraissent des œuvres
composites, parfois plutôt confuses que complexes,
mêlant des façons de sentir et des formes de style qui
ne sont pas du même temps, tantôt retenant plus du
passé et tantôt découvrant plus de l'avenir, correspon-
dant bien toutefois à un état défini de l'esprit public,
et, dans leur disparate intime comme dans leur diversité mutuelle, accusant certains caractères constants et
communs qui se font aisément reconnaître. Mais on ne
s'y arrête guère : quand on étudie les prosateurs,
on passe, je devrais dire, on saute de Montaigne et
d'Amyot à Balzac et à Voiture. Pour les poètes, on
prend Régnier et Malherbe, qui apparaissent seuls
dans leur originalité propre, plus différents, plus inconciliables qu'ils ne furent réellement, parce qu'on les
détache du fond qui les reliait en fondant leur plus
violent contraste. Régnier même ne tient plus à rien :
n'étant plus du XVIe siècle et pas encore du XVIIe, il
est comme suspendu en l'air, et tout grand poète qu'il
est, semble une pièce si peu nécessaire de notre
histoire littéraire que M. Nisard avait pu tout d'abord
oublier d'en parler. Quant à Malherbe, il échappe vite à
son temps pour fonder l'avenir : il en est pourtant par

quelques-unes de ses pièces, d'un style moins tendu, plus fraîches que fortes de couleur et qui servent de transition entre le pétrarquisme mignard de ses premiers essais et la sévérité classique de ses chefs-d'œuvre Quand on veut être complet, si on nomme Olivier de Serres, du Vair, saint François de Sales, d'Urfé, Montchrétien, Bertaut, c'est pour les jeter les uns dans le xvie, les autres dans le xviie siècle, ou les parquer chacun en son genre, sans remarquer qu'ils forment un groupe distinct par des tendances et des qualités communes. Et c'est faute d'avoir constitué ce groupe. qu'on se trouve embarrassé de rencontrer, dans la période suivante, Maynard et Racan, ces deux retardataires, disciples de Malherbe, qui lui ressemblent si peu, mais qui ressemblent tant aux contemporains dont son originalité l'écartait.

Dans toutes les œuvres des écrivains que j'ai nommés, je vois l'esprit français rentrer en lui-même et se reposer, après le vigoureux élan que lui ont imprimé les humanistes et Ronsard pour l'enlever violemment à la hauteur des œuvres antiques, après les convulsions aussi des passions politiques et religieuses qui lui ont fait courir tant d'aventures et suivre tant de nouveautés. Le temps des enthousiasmes fougueux, des luttes forcenées et des hautes ambitions est passé : l'esprit français, un peu las et recru, ne renonce pas à son idéal; en littérature, en politique, en religion, il s'apaise, il désarme ; il sent de nouveaux besoins d'ordre et de stabilité, il se soumet aux autorités légitimes et accepte les compromis nécessaires. Docile et déposant ses haines, il laisse la main du roi amalgamer et fondre les partis. Renonçant à retrouver l'Évangile et la religion des apôtres, il reste catholique : ne prétendant plus ressusciter l'âme grecque ou latine, il redevient Français. Mais ses ardeurs littéraires comme sa fièvre religieuse lui ont profité : il a rajeuni sa croyance aux sources vives de l'Écriture, élargi son goût au contact de la pure beauté des œuvres antiques. Il retourne doucement à son naturel, fortifié à jamais, et pourtant un peu alangui encore de son immense effort. Il s'abandonne et savoure le plaisir nouveau de ne pas se contraindre : de là cette composition un peu lâche, cette abondance diffuse, ce jaillissement intarissable et paisible de pensées, et cette limpidité unie, cette largeur étale du style fluide et lent. L'imagination renonce à la force et se repose dans la grâce : c'est une absence de tension, un éclat aimable et doux, une nonchalance qui cherche plus la variété que l'intensité des tons. Il y a quelque chose de suranné et de charmant, de vieillot et de jeune dans toutes les œuvres du temps : œuvres d'un esprit qui n'est pas mûr, mais dont la jeunesse s'est un peu surmenée. Le fond est sain et robuste, mais il reste des excès passés un peu de lassitude molle dans les attitudes et comme quelques rides sur un jeune visage. Il reste aussi des anciens commerces quelques affectations passées en habitude, un peu trop de goût pour les broderies de la rhétorique et les fleurs de l'érudition : mais ces atours trop peu simples sont portés avec tant de simplicité qu'ils ont presque l'air d'un négligé. Laissez faire le temps, le repos et la bonne constitution : toutes les traces d'excès et de fatigue imprimées sur ce beau et vigoureux naturel s'effaceront. Déjà le gain est sensible ; l'esprit français, en se détendant, ne se ramène pas à ses anciennes limites ; à force de s'étirer, il a grandi ; à force de se guinder, il s'est haussé. Il s'est développé, épanoui, enrichi. S'il se plaît encore aux digressions, il sait où il va pourtant, et il y va sûrement, encore que paresseusement, s'arrêtant plutôt que s'égarant en chemin. Il se souvient encore abondamment des anciens et se fleurit de ses souvenirs : mais il a passé le temps des simples décalques; il pense selon sa matière, sans trop s'inquiéter de ce qu'on a pensé avant lui, et note les émotions intimes qui naissent en lui du contact des choses. Comme il est jeune, il a des fusées d'imagination : il a des élans de tendresse et des vivacités de sentiment qui se fondent souvent en mélancolie rêveuse et en douceur attendrie ; car il a trop vécu, trop pensé, et le bouillonnement intérieur se dépense maintenant en contemplations, en regrets et en aspirations plutôt qu'en actes. Mais le bon sens est sur le point de couper cette fièvre, et l'activité pratique va dissiper les rêves morbides : déjà il incline à la logique, à l'analyse ; il s'oriente vers l'éloquence, et l'observation morale prend la place de l'effusion lyrique.

Voilà les caractères que je retrouve à des degrés divers, plus ou moins nets ou mêlés selon la diversité des tempéraments et la nature des ouvrages, chez tous les écrivains, poètes ou prosateurs, qui se placent entre la Ligue et Richelieu, qui sont venus après la Pléiade et avant l'hôtel de Rambouillet. Nous les apercevrons chez Montchrétien dans deux des plus exquises combinaisons qu'ils aient formées : la poésie de ses *Tragédies* et la prose de son *Traité d'économie politique*.

I

Toute la littérature au temps de Henri IV, Malherbe comme Régnier, du Vair comme d'Urfé, François de Sales comme Olivier de Serres, aspire à la tranquillité, à la concorde, au travail, contient l'activité politique dans l'obéissance, et le zèle religieux dans l'orthodoxie. A cette clameur pacifique, Montchrétien mêle sa voix : ceux qui ont lu sa biographie ne s'y attendraient guère. Bretteur, aventurier, « bandolier », et même faux monnayeur, voilà les traits dont ses ennemis l'ont dépeint, et que la naïveté des biographes, bonnes gens, hommes de cabinet, point du tout turbulents ni batailleurs, a presque toujours retracés. Assurément, Antoine de Montchrétien, sieur de Vatteville, ou, disent les malveillants, Antoine Montchrétien, fils d'un apothicaire de Falaise, sans fief ni héritage, fut un inquiet et remuant personnage. Auteur de tragédies et dédiant ses vers aux dames de Caen, assommé un beau jour par trois hommes, pourfendant un autre jour en duel légitime le fils d'un hobereau, exilé et courant le monde, fondateur d'aciéries sur les bords de la Loire, armateur, économiste, suivant la cour et le conseil du roi, gouverneur de ville, chef de bandes huguenotes et courant la campagne normande jusqu'à ce qu'il soit surpris dans une auberge où il a dîné avec six ou sept compagnons, et qu'un coup de pistolet l'abatte sur l'escalier à quarante-six ans : tous ces accidents font une vie bien désordonnée, toutes ces qualités un caractère bien incohérent. Mais il ne faut pas s'arrêter aux apparences : Montchrétien est moins

équivoque et moins mauvais diable qu'on ne croirait
d'abord. Qui n'eut des duels et qui n'a fait la guerre
civile peu ou prou en ce temps-là ? Malherbe avait porté
la croix de ligueur, et poussé, dit-on, Sully l'épée dans
les reins avant d'être le « grammairien à lunettes et en
cheveux gris » qu'on sait : chez Montchrétien, le poète
préceda le bandolier. Ce fut un tort, d'autant qu'il se
fit tuer, et n'eut pas le temps de vendre sa soumission,
ce qui l'eût réhabilité. Mais, après tout, il fut de son
temps, et le résume en lui. La bigarrure de cette vie
où se mêlent la poésie, les duels, les entreprises industrielles, les spéculations économiques, la guerre civile,
ce décousu des actes, mais aussi cette variété d'apti-
tudes représentent bien la société d'alors, son agitation
confuse, mais féconde. Les cadres sont tracés, mais
chacun ne se repose pas encore à sa place, et nul n'est
enfermé dans sa condition ou dans sa vocation. Les
esprits universels ne se brisent pas contre les caté-
gories sociales : tous les génies peuvent s'épanouir,
tous les efforts se développer en tous les sens. Le
temps n'est pas venu aussi où les poètes ne seront
que poètes ; il n'y a pas encore de gens de lettres Ce
n'est point un métier, ni même une profession de
faire des livres, et il n'y a guère que Ronsard, qui, à
l'imitation des antiques Orphées, s'établisse poète
parmi les hommes de son temps, investi à ce titre d'une
fonction spéciale et sacrée. Comme il n'y a point de
classe qui ait pour exercice de mettre des pensées par
écrit, de toutes les classes sortent des écrivains, par
goût ou par occasion, par divertissement ou pour l'utilité publique. Mais le talent littéraire vient par surcroît, donnant à l'homme sa place dans l'estime publique, non dans la hiérarchie sociale. Malherbe n'est

qu'un « gentihomme de Normandie » qui fait des vers mieux qu'homme du monde. Quand Montchrétien fait des tragédies, c'est un talent qu'il développe, non une carrière où il entre. Après cela, il a mainte aventure, il suit vingt routes et jamais ne semble se souvenir qu'il ait été poète : mais un jour, s'occupant de commerce, il prend sans y songer sa plume de poète et répand l'éloquence et la grâce à profusion dans un traité d'économie politique.

Habitués que nous sommes au fonctionnement mécanique de nos sociétés régulières, où chaque pièce, c'est-à-dire chaque individu, a sa forme immuable et son jeu uniforme, Montchrétien, par l'extérieur de sa vie, nous fait l'effet d'un brouillon : regardons l'œuvre, et l'homme intérieur nous paraîtra animé d'un esprit d'ordre et de paix. Ce soldat des guerres de religion est sans fanatisme, à tel point qu'on ne sait guère si ce capitaine calviniste était réellement calviniste. La tradition le veut, et M. Petit de Julleville s'y range (1). M. Funck-Brentano en fait un catholique, sans en donner de preuve bien concluante. Serait-ce donc un tiède, ou un libertin, qui ferait la guerre religieuse par ambition ou par politique? Il y a là un petit problème qu'il faut essayer d'éclaircir en passant. On peut hésiter en lisant les tragédies : un poète qui prend pour sujet la mort de la catholique Marie Stuart, et qui lui fait maudire « la folle opinion d'une rance hérésie », sans donner aux interlocuteurs protestants un mot contre le papisme, peut-il n'être pas catholique? Mais quand il ménage avec tant de soin Élisabeth, quand il fait venir les anges, les

---

(1) Les témoignages du temps cités par M. Petit de Julleville (*Notice*, p. XXIX) ne me paraissent pas du tout décisifs.

vierges et les rois à l'entrée du Paradis pour recevoir Marie et qu'il omet les saints, quand il écrit *l'Avis au lecteur* de la tragédie de *David*, où semblent résumés les chapitres de Calvin sur la pénitence et la justification, ne faut-il pas conclure qu'il est protestant? Ce qui apparaît évidemment, c'est qu'il est profondément chrétien. Toute son œuvre respire la plus vive piété. Il traite la tragédie avec un esprit fort religieux, et l'estime chargée, même dans les sujets païens, d'enseigner le mépris des choses du monde, de faire éclater « les jugements admirables de Dieu, les effets singuliers de sa providence, les épouvantables châtiments des rois mal conseillés et des peuples mal conduits ». C'est la doctrine du *Socrate chrétien* et du *Discours sur l'histoire universelle :* « En tous les actes, nous dit-il, Dieu descend sur le théâtre et joue son personnage si sérieusement qu'il ne quitte jamais l'échafaud que le méchant Ixion ne soit attaché à une roue. » Dans le traité d'économie, le nom de Dieu revient à chaque page : il propose la crainte de Dieu comme un frein capable de réprimer les fraudes commerciales, et recommande au roi les entreprises coloniales en vue d'évangéliser les sauvages.

Il est donc hors de doute qu'il eut la ferveur et la foi ; mais deux passages du *Traité*, auxquels on ne s'est pas arrêté jusqu'ici, établissent nettement qu'il était catholique, au moment où il le composa. Que veut dire, autrement, cette réflexion, que la France a conservé la gloire « du vrai christianisme, quoique les autres prétendent (1) » ? Or la France était catholique. Mais elle

---

(1) Page 322. Il parle du devoir qui incombe à la France de convertir les sauvages, de leur porter l'Évangile. Un protestant

était aussi gallicane, et Montchrétien l'est aussi. Ne disant pas un mot du maintien de l'édit de Nantes, il recommande vivement au roi de respecter et de soutenir *les droits de son Église gallicane* (1). Il prend position nettement, comme on le voit, entre les huguenots et les ultramontains. D'où vient donc qu'il n'ait pas manifesté plus souvent sa croyance? qu'avec tant de zèle, il recommande au roi avec tant d'indifférence ses « sujets de l'une et l'autre religion, comme si en cette matière tout lui était égal? C'est qu'il aspire à la pacification religieuse. On a dit qu'il était intolérant : oui, il l'est pour l'impiété, mais il tolère l'hérésie. Il est de ce parti modéré qui s'est rallié autour d'Henri IV, qui, suivant la belle parole du chancelier de l'Hôpital, veut abolir ces noms détestables de huguenots et de papistes, pour ne garder que ceux de chrétiens et de Français. Qu'on se souvienne qu'il présenta son traité au garde des sceaux du Vair, homme pieux, s'il en fut, mais également pacifique et tolérant. Montchrétien pense comme lui, comme Malherbe, qui maudit la rébellion plus que l'hérésie, comme tous les écrivains d'alors, qui, chacun en son genre, chantent l'hymne de la paix et du travail. Il ne voit que Dieu et l'État : Dieu, qui veut des cœurs charitables; l'État, qui a besoin de bras laborieux. De là le peu de place que tiennent dans son œuvre toutes les opinions qui divisent, tous les mots qui décèlent le fanatisme et la haine.

réclamerait-il des missions catholiques? *Les autres*, dont il parle, sont non pas les Hollandais ou Anglais protestants, mais les Espagnols, catholiques d'autre façon que les Français, et qui emploient leur inquisition (p. 213) même contre des catholiques français.
(1) Page 341.

Tout le *Traité d'économie politique* est une condamnation énergique de l'esprit de faction et d'anarchie : à chaque page sont maudits les troubles qui ruinent le commerce et paralysent l'industrie ; ce ne sont que plaintes sur les schismes et les ligues qui engendrent les « éversions d'états », et pressants appels à l'autorité royale pour qu'elle abolisse « cette méchante et damnable pratique des armes » employées à autre fin que le service de l'État Et j'avoue qu'on peut être embarrassé de concevoir comment cet apôtre passionné du développement pacifique de la prospérité nationale put en arriver à prendre les armes et à troubler le royaume ; comment ce catholique (car il n'y a pas apparence qu'il se soit converti) fit campagne pour les huguenots, démentant toutes ses maximes, sans avoir même l'excuse de la fureur sectaire ? Pour débrouiller le personnage, il suffit encore une fois de le replacer dans son milieu. Ses contradictions sont celles de ses contemporains qui ont vu la Ligue et qui verront Richelieu. Après les temps de troubles et de discordes civiles, quand le besoin d'union, de stabilité et d'obéissance se fait sentir, il n'est pas rare de voir les hommes y tendre par les mêmes voies où les avaient poussés les passions contraires, par la violence et le désordre, par les coups d'état d'en haut et les émeutes d'en bas. On veut sortir de l'anarchie, et l'on emploie des procédés anarchiques. C'est que les habitudes nous mènent, et les formes de notre activité ne se renouvellent pas aussi facilement que notre volonté : nous savons changer de fin plus vite que de moyens. Montchrétien fit comme Sully, le restaurateur de l'agriculture et du commerce, qui en 1610 braquait sur Paris les canons de l'Arsenal et disait « aux bons Français de songer à eux ». Qu'il y ait eu de l'ambition ou de l'orgueil dans sa conduite, je n'en doute pas. Mais, tous les motifs intéressés mis à part, il faut se dire que le sentiment de la légalité n'était pas bien vivace en ces âmes-là, et qu'il semblait tout naturel de faire la guerre aux ministres du roi quand ils semblaient faire, selon le mot du même Sully, « une faction contraire à celle de la France ». Et dès lors doit-on s'étonner que Montchrétien ait fait la guerre civile pour les huguenots laborieux et bons commerçants contre les favoris frivoles et cupides, qui n'avaient cure du commerce ni de l'industrie nationale ? C'était un moyen de rappeler sa doctrine au pouvoir central, et une chance, en cas de succès, de la voir mettre en pratique. Notre économiste se fit « bandolier », comme il entamerait de nos jours une polémique dans les journaux ou bien interpellerait le ministre à la Chambre : chaque époque a ses usages.

II

Si l'inspiration chrétienne, monarchique, pacifique de Montchrétien apparaît mieux dans son œuvre que dans sa vie, je trouve encore quelque désaccord, bien que moins sensible, entre les deux parties de cette œuvre : il y a plus du passé dans ses vers, plus de l'avenir dans sa prose.

Mais d'abord il faut bien entendre que les tragédies de Montchrétien n'intéressent pas l'histoire du théâtre. Avec elles finit quelque chose, qui, à vrai dire, n'a jamais vécu, la tragédie érudite et artificielle des Jodelle et des Garnier, œuvre toute littéraire, et point du tout théâtrale, poème, et non drame. Et même cette période préparatoire de la fondation du théâtre classique est déjà close. Quand ce jeune Normand, qui n'a souci que du beau style, écrit des tragédies destinées à être lues ou tout au plus récitées dans quelque hôtel par lui-même et ses amis, il retarde, et se place en dehors de la voie que suit la poésie dramatique : ce qu'il fait ne sert à rien, ne mène à rien. Car la vraie tragédie était déjà née : encore brute, à peine littéraire, aux mains du vieux Hardy, elle avait pour elle d'être un drame, une image mobile de la vie, un conflit de passions et de caractères toujours en action ; dans son style rude et barbare, elle contenait les chefs-d'œuvre de l'avenir.

En revanche, les tragédies de Montchrétien marquent dans l'histoire de la poésie et de la langue. Il faut prendre tous ces tragiques de l'école de Ronsard, comme des écoliers qui, les yeux fixés sur les grands modèles, essaient d'en copier de leur mieux le tour et la forme extérieure. Souvent par leur âge même, ils ne sont que des écoliers, et c'est au sortir du collège, l'esprit tout gonflé d'enthousiasme et de souvenirs classiques, qu'ils composent leurs tragédies sans savoir ce que c'est que le théâtre. Montchrétien a vingt ans quand il écrit sa *Carthaginoise* ; à vingt-cinq ans, il avait fait toutes ses pièces, sauf une ; passé vingt-neuf ans, il ne donne plus, que je sache, une pensée à la tragédie. La forme dramatique, dont il use, n'est qu'un cadre, où il assemble au gré de sa fantaisie des morceaux brillants de poésie et de style. N'y cherchez de vie ni de vérité d'aucune sorte. Ce lettré ne sait rien des mœurs antiques : le moyen âge n'était pas plus naïvement ignorant. Ne vous étonnez pas qu'on annonce « le grand-duc Lelius », ou la « belle dame »

Sophonisbe, qui du reste est une beauté « noire ». Vous verrez venir en « coche » le prince Ptolémée, gouverneur d'Alexandrie ; et quand s'évanouira la vieille Cratésiclea, vous entendrez une demoiselle spartiate demander du « vinaigre ». Hector est beau comme un chevalier Bayard, quand, revêtu « d'un harnois flamboyant », portant « salade en tête »,

> Et le panache horrible enté sur son armet,

il pique son destrier de l'éperon et s'avance contre Achille « la lance en arrêt ». Tel apparaît le capitaine Urie, avec son « morion » empanaché, autour duquel dans la bataille tournoie « mainte grenade » : tels, les soldats de Syphax

> Vestent le corselet, prennent la hallebarde,

et sortent en bel ordre contre le « scadron colonel » de l'armée romaine.

Il n'y a pas davantage de dessin ou d'analyse des caractères : je vois s'entre-choquer des maximes, s'équilibrer des couplets ; je ne sens nulle part des passions en conflit, des âmes en contact, des sentiments en mouvement. Les personnages se déclarent sans s'expliquer, et, s'il faut évoluer, ne savent que faire volte-face brusquement et pivoter sur place. Un vers suffit à la transformation d'une âme. Où est le psychologue qui écrira le *Traité d'économie ?* L'auteur, trop jeune, n'avait-il pas encore acquis son expérience ? n'est-ce pas plutôt que le genre, ou mieux l'exercice de la tragédie, tel qu'il le concevait d'après ses maîtres, ne comportait aucun emploi de l'observation psychologique ? Le vrai drame se passe dans la coulisse, entre les actes et les scènes. Il s'agit bien d'action ou d'analyse ! Faire de la poésie, voilà toute la prétention de l'auteur. Un sujet tragique n'est à ses yeux qu'une succession de *thèmes* poétiques. Chaque situation, chaque état moral n'est qu'un *motif*, selon la nature duquel il écrira une élégie, un discours, une ode, un hymne, une suite de sentences, une *méditation*, parfois même un sonnet. Le monologue, si fréquent, se distribue en strophes, et prend le mouvement lyrique : le dialogue se rythme en couplets mesurés et revêt l'apparence d'un chant amébée. Une telle œuvre relève de la rhétorique et non de l'art dramatique. C'est un écolier qui s'étudie à développer une matière, à paraphraser un texte : ici il traduit, là il imite; ici il plaque une heureuse réminiscence, là il étend un beau lieu-commun. La gloire, la mort, l'amour, la vie champêtre, tout ce qui défrayait nos vers latins de collège, emplit sa poésie. Il sait amplifier par énumération, au début d'*Aman ;* par répétition, en variant le ton et l'expression, dans *Hector*, où s'égrènent comme un chapelet une vingtaine de maximes, enfilées bout à bout autour de la même idée :

> Il vaut mieux, bien faisant, vivre un jour seulement,
> Que durer un long siècle et vivre oisivement.

De place en place, je reconnais les plus célèbres vers de Virgile ou d'Horace, une allégorie du *Phèdre* de Platon, les images fameuses des livres saints. Enfin, ce sont tous les procédés qu'un écolier intelligent et laborieux emploie dans ses compositions. Avec Montchrétien, notre poésie fait sa rhétorique : cela est sensible.

Heureusement, elle l'achève, et comme dans des devoirs d'élève se sont dessinés les premiers traits du talent d'un About ou d'un Taine, de même, tout n'est pas réminiscence et pastiche dans ces tragédies de collège. On ne peut dire où finit l'imitation, où commence l'originalité : ce qu'il y a de sûr, c'est que dans l'imitation éclôt l'originalité. La jeune poésie sort de l'œuf. Oubliez que ce sont des tragédies ; disloquez, démembrez ces actes et ces scènes. Ce ne sont pas des tableaux de la vie humaine, ni des portraits historiques : c'est une âme de poète qui s'ouvre. David, Marie Stuart, Hector, donnent l'air, si vous voulez : la chanson est de Montchrétien. Et la chanson est charmante, souvent : Montchrétien est un de nos derniers et plus exquis lyriques, avant le règne du bon sens éloquent.

Que de traits pittoresques, que de fraîches images, que de tendres accents, que de strophes mélodieuses éclatent à chaque page de ces prétendues tragédies ! C'est Marie Stuart, racontant son enfance malheureuse,

> Comme si dès ce temps la fortune inhumaine
> Eût voulu m'allaiter de tristesse et de peine,

et tant d'autres vers délicieusement soupirés, auxquels M. E. Faguet, dans sa pénétrante étude sur la *Tragédie au XVIe siècle*, ne s'est pas trompé. Il l'a justement caractérisé : Montchrétien est un élégiaque. Toutes les situations tragiques tournent naturellement pour lui en élégies ardentes ou molles. Élégie, la plainte d'Andromaque après la mort d'Hector ; élégie, le début de *David* où le vieux roi, consumé d'amour pour Bethsabée, déplore le tourment qui sèche son corps et

> L'importune longueur des douloureuses nuits.

Élégie encore, les trois derniers actes de l'*Ecossaise*, depuis la plainte de la reine sur sa misérable existence, jusqu'aux lamentations du chœur sur tant de beautés abolies par la mort. Mais là, nous rencontrons le genre où Montchrétien est supérieur : c'est la poésie religieuse. J'ai dit combien il était profondément chrétien, il n'est pas étonnant que ses plus heureuses inspirations lui viennent de sa foi. Rien de plus suave, de plus touchant, de plus admirable que la prière de Marie Stuart se préparant à mourir :

> Voici l'heure dernière en mes vœux désirée,...
> Où l'esprit se radopte à sa tige éternelle,
> Afin d'y refleurir d'une vie immortelle.
> Ouvre-toi, Paradis !...
> Et vous, anges tuteurs des bienheureux fidèles,
> Déployez dans le vent les cerceaux de vos ailes,
> Pour recevoir mon âme entre vos bras, alors
> Qu'elle et ce chef royal voleront de mon corps...
> Humble et dévotieuse, à Dieu je me présente
> Au nom de son cher Fils, qui sur la croix fiché
> Dompta pour moi l'Enfer, la mort et le péché...
> Tous ont failli, Seigneur, devant ta sainte face ;
> Si par là nous étions exilés de ta grâce,
> A qui serait enfin ton salut réservé ?
> Qu'aurait servi le bois de tant de sang lavé ?...

Il faudrait citer le chœur gracieux qui suit, en l'honneur des Bienheureux,

> Possesseurs éternels des grâces éternelles.

Il faudrait citer toute la fin de *David*, et, après la parabole et l'invective énergique du prophète Nathan, la pénitence du vieux roi, qui paraphrase harmonieusement le psaume L. Il faudrait citer ces chœurs, qui sont des *méditations* chrétiennes, rêveries mélancoliques sur la vie et sur la mort, où les images semblent se détacher comme les feuilles d'automne et tomber coup sur coup avec un bruissement doux et triste.

Montchrétien lisait la Bible en poète et en chrétien : et tandis que la poésie païenne charmait son esprit, les psaumes et les prophètes s'insinuaient au plus profond de son cœur. De là la simplicité particulière, la vive spontanéité des morceaux que la Bible lui inspire : de là le charme pénétrant qui s'en exhale. A l'ordinaire, il détend, il attendrit le rude génie hébraïque, et substitue aux brusques éclats, à l'intense énergie des livres saints, l'égalité suave et les teintes douces de son style.

Ce n'est pas que les effets de vigueur manquent dans sa poésie. Il a eu la force ; et je citerais des couplets d'*Aman*, comme M. Faguet note des vers et des périodes dans l'*Écossaise* ou dans la *Carthaginoise*, qui sont d'une fière allure et d'un accent cornélien. Mais, à l'ordinaire, c'est à Racine que Montchrétien fait songer : à Racine écrivant *Esther* ou *Bérénice*, non *Bajazet* ou *Phèdre*. Il y a dans les grâces fluides de son style, dans la douce harmonie de son vers, quelque chose d'abandonné et de tendre, qui caresse les sens et va au cœur. Une teinte légère de mièvrerie et de pétrarquisme n'en détruit pas le naturel, et l'originalité jaillit en vives sources parmi les broussailles de l'érudition. La langue, un peu diffuse et languissante en sa douceur, est saine, nette, limpide : elle peut tout recevoir et tout dire, elle est prête pour les chefs-d'œuvre. Elle ne demande qu'à dépouiller sa mollesse fleurie : ce qui manque dans les tragédies de Montchrétien, — et non pas toujours, — un peu plus de sobriété, un peu plus d'intensité, c'est affaire au génie individuel de le lui donner. Déjà Régnier, déjà Malherbe l'ont fait : bientôt vont venir Corneille et Molière.

Cependant, à lire cette poésie, il semble souvent

qu'on soit encore loin de l'âge classique : et l'on se croirait parfois en pleine renaissance, au temps où Ronsard tâchait de dérober à la poésie antique l'écorce qui la revêt, sans la sève qui la nourrit. Cela tient au cadre artificiel où s'enferme l'inspiration de Montchrétien, à cette forme incomprise du drame, si dévotement et si maladroitement copiée. Mais surtout la chose s'explique par les qualités qui s'épanouissent dans cette forme : c'est l'imagination, la sensibilité, le lyrisme enfin, précisément tout ce qui allait à ce moment-là se trouver barré, arrêté, supprimé pour longtemps. Ce n'est pas qu'il ne soit possible de démêler, à travers les dernières floraisons du lyrisme, les germes de l'art qui poussera bientôt une si vigoureuse végétation. La spontanéité même de cette poésie, toute chrétienne d'inspiration et prête à rejeter son vêtement païen, est une nouveauté et une promesse. Je pourrais signaler quelques morceaux qui sont des réflexions morales, et des couplets qui ont le ton oratoire : il arrive à Montchrétien de raisonner au lieu de chanter et de moraliser au lieu de sentir. Telle lamentation est un discours, et tel chœur une épître.

Mais ces indices d'une imminente transformation apparaissent plus nombreux et plus nets dans la prose de Montchrétien.

III

Je laisse à juger aux économistes si vraiment le *Traité* de Montchrétien est, comme le veut M. Funck-Brentano, une œuvre de génie qui « renferme la doctrine la plus complète qui ait jamais paru », où « rien ne manque, depuis les définitions les plus élémentaires jusqu'à l'exposition des lois les plus vastes » ; où les vues de Richelieu, les créations de Colbert, la crise du xviiie siècle et le progrès du xixe siècle, tout l'avenir enfin de l'économie politique est prévu et signalé avec une miraculeuse netteté. Ce que je puis dire, c'est que je lis Montchrétien avec un plaisir que ses successeurs ne me donnent pas toujours, et qu'il n'est pas plus besoin d'être économiste pour goûter son livre que d'être théologien pour aimer les *Provinciales*, ou naturaliste pour prendre intérêt aux *Époques de la nature*. Qu'un traité d'économie politique soit une œuvre littéraire et une œuvre charmante, cela ne s'est vu, je crois, qu'une fois : le secret s'en est perdu depuis Montchrétien. Cet ouvrage si longtemps oublié le place au premier rang des prosateurs de son temps ; c'est un de plus remarquables monuments du style et du goût de l'époque.

J'y retrouve toutes les gentillesses et les curiosités dont le bon François de Sales était coutumier. Toutes les pages sont émaillées de noms antiques : c'est Platon ou Thalès, Trismégiste ou Agésilas, Pindare ou saint Paul, et Dante même, qu'on attendrait moins. Salomon invite le roi Louis XIII à protéger la soierie. Ici la mythologie, ailleurs la grammaire ou l'histoire naturelle, jettent un éclat baroque sur les raisonnements les plus sensés. La France doit s'appliquer à la marine parce que le nom des Gaulois, nos ancêtres, vient de l'hébreu *Galim* qui veut dire *navigateurs* : et du reste, elle y trouvera son profit, par ce temps de merveilleuses découvertes, en sorte que « chaque navire lui peut être un taureau pour ravir une Europe ». Ailleurs, je vois la France comparée à une « belle et pudique dame » qui jadis, dans sa simple parure faisant reluire la modestie et la continence, reculait les désirs de ses amoureux, tandis qu'aujourd'hui vêtue d'or et de perles, elle provoque les baisers et les caresses : c'est-à-dire qu'autrefois les étrangers restaient chez eux, et que maintenant ils viennent s'enrichir en France par le commerce qu'ils y font. Ce sont là minauderies d'un esprit enfantin à qui l'on n'a pas encore appris quelle grâce plus puissante a toujours la simplicité. En revanche, comme la jeune fantaisie de l'écrivain s'égaie en vives images ! Comme ce ne sont pas des artifices de style, mais des formes vivantes où se coule spontanément sa pensée ! Tous ses sens, ouverts sur le monde extérieur, ne sont pas lassés ni émoussés encore ; un monde de visions concrètes tourbillonne dans son esprit, qui n'est pas encore habitué à exclure les réalités sensibles pour contempler le pur abstrait. « Il y a, dit Montchrétien, de beaux et fort esprits en ce royaume plus qu'ailleurs. *Il ne faut que découvrir les raisins cachés sous le pampre.* » Les étrangers nous achètent la toile à voile : « S'ils ont des navires, *nous en avons les ailes* ». Ce n'est rien : et c'est tout. Sur la matière la plus sèche et la plus rebutante fleurissent incessamment les métaphores rafraîchissantes à voir : la grâce et la poésie recouvrent l'aridité des raisonnements, et l'on est tout surpris d'aspirer un parfum de nature et de verte campagne qui s'élève du milieu de l'économie politique.

Parfois quand Montchrétien dénonce les fraudes, les voleries, les extorsions dont le pauvre peuple est victime, il le fait avec une richesse de vocables pittoresques, une verdeur de locutions populaires, une franchise de verve, qui ont une haute saveur. Écoutez-le demander « qu'on étouffe comme un amas de chenilles ces petits traîneurs de sacs, coureurs de marchés, acheteurs de blés en herbe, maquignons de dîmes, épieurs du paysan, tricoteurs de paches (pactes) et monopoleurs de denrées, qui mettent la cherté partout où ils trafiquent et que l'on peut dire être les vrais hannetons qui dévorent toute la substance et nourriture de peuple ». Voyez-le peindre « ces coureurs affamés et piqueurs d'avoine qui vont faire leur chevauchée tous les ans par le pays, achètent des uns, disent aux autres si doucement : *Mon ami, si vous ne trouvez tant de votre marchandise en un tel temps, conservez-la-moi, vous savez bien à qui vous avez affaire, je la prendrai à tel prix* » ; et ces autres « dont les montures sont si usitées d'aller par tous les villages, qu'encore que leurs maîtres dorment, elles ne se fourvoient jamais, car ils ont affaire partout » ; et les marchands qui « brouillent » les vins à toute heure, « les frelatent, tracassent et changent du soir au matin », et les meuniers, fripiers, drapiers, orfèvres, droguistes, toujours occupés à inventer de nouvelles fraudes pour piper le public et ne pas lui donner la marchandise qu'il paie très cher. Il y a là cinq ou six pages d'une touche vigoureuse qui nous ramènent à Rabelais. Mais ailleurs, et souvent, quelle chaleur sérieuse, et, dans la familiarité naïve du style, quelle hauteur déjà et quelle noblesse ! Lisez l'éloge de la France, où l'amour de la terre française revêt une douceur virgilienne. Lisez l'apologie de l'agriculture, la plainte sur la décadence du labourage et la pauvreté du paysan. Lisez les généreux conseils qu'adresse au roi, dans son quatrième livre, cette ferme exhortation à gouverner pour le bien de l'État, à imposer partout l'autorité en respectant tous les droits.

Cette prose souple et facile, à laquelle ne manquent ni le nombre ni l'énergie, nous conduit à Balzac, qui la durcit et la condense, et se continue en Descartes, dont le style se distingue par la même spontanéité aisée quand le poids de la pensée ne l'écrase pas un peu, chez qui l'on retrouve cette phrase encore touffue et ces saillies d'imagination qui fleurissent les sévères déductions de comparaisons naïves Mais Descartes avait de plus les qualités originales de son génie, qui bientôt allaient devenir les qualités communes de l'esprit français : il avait l'enchaînement rigoureux des pensées, le raisonnement direct qui tend au but par la voie la plus courte, et du pas le plus égal. La sûreté du dessein et la sobriété du développement font encore défaut à Montchrétien. Il détermine sa matière ; il sait ce qu'il faut dire : il ne sait pas très bien quand il a dit assez, il glisse parfois de propos en propos hors de son sujet, et quand il s'en aperçoit, il n'y sait de remède que de sauter brusquement de l'idée qu'il tient à celle qu'il a lâchée par mégarde. Il a dénombré les parties de sa matière ; il n'en oublie aucune ; mais de dire pourquoi il met celle-ci avant celle-là, il ne le saurait, ni moi. Cependant, comme ce n'est plus la phrase encore un peu trouble et traînante d'Amyot, comme le style s'est clarifié, a pris une plus nette égalité, de même ce n'est plus la capricieuse allure et la fantaisie décousue de Montaigne : s'il n'y a pas cohésion et gradation des parties, le développement se groupe pourtant autour d'une idée centrale, ou s'étale toujours dans la direction du but. Tout n'est pas nécessaire encore, déjà plus rien n'est inutile.

Il serait oiseux de s'attarder à démontrer que Montchrétien, tout en semant les fleurs de l'érudition sur son chemin, a secoué le joug de l'antiquité. Le titre seul de son traité est un brevet d'originalité, il a créé la chose avec le nom. Ici, forme et fond, pensée et langue, tout est à lui. L'esprit français, dans cet ouvrage, marche sans lisières, et très délibérément, je vous assure. Dans ce libre exercice de la pensée personnelle, on peut aisément démêler quelques-uns des traits qui caractériseront l'époque suivante : l'esprit classique perce, et si l'on ne s'arrête pas à quelque apparence, on sent qu'il est près de tout dominer. D'abord, sous ce titre de *Traité*, Montchrétien n'a pas fait une exposition didactique de la science économique ; la théorie ne s'y présente pas toute pure, dans son enchaînement abstrait et sa nudité scientifique. L'auteur ne démontre pas seulement, il tâche de persuader, il choisit les faits économiques, il les assemble en vue de toucher le roi et la reine mère, et c'est cette pensée qui règle et dirige le développement ; c'est elle qui lui impose une sorte de rectitude et d'unité. En un mot, l'écrivain fait œuvre d'orateur, et écrit une suite de « Discours » sur l'économie politique. L'imagination règne dans le détail de style, et la vision concrète des choses colore les idées particulières ; mais le mouvement général est oratoire. L'expression est poétique, mais le développement est éloquent. Très éloquent même parfois, et rien ne manque à la beauté du morceau où Montchrétien somme les Français d'aller évangéliser les nations sauvages et de se souvenir des devoirs que leur impose le nom de chrétiens.

> Ne craignons point, afin de nous en rendre dignes, de forcer les ondes et les tempêtes pour aller faire connaître le nom de Dieu, notre Créateur, à tant de peuples barbares, privés de toute civilité, qui nous appellent, qui nous tendent les bras, qui sont prêts de s'assujettir à nous, afin que, par saints enseignements et par bons exemples, nous les mettions en la voie de salut. Serviteurs de Jésus-Christ, si, en nos misérables

jours, vous restez encore quelques-uns destinés à ce saint ouvrage, je vous appelle par la voix du Maître qui vous demande en sa vigne ; que le délai ne vous empêche et décourage : quoique vous veniez tard, vous aurez le salaire de tout le jour. La moisson est grande, et n'y a faute que de moissonneurs. Le hâle ni la soif ne vous fassent point appréhender de prendre la faucille : la vraie fontaine vous suivra partout. Ne vous épouvantez point pour la crainte de la mort : l'auteur de vie vous accompagnera toujours. Ne vous troublez point pour la longueur et difficulté du chemin, la voie qui de tous lieux mène au ciel étant en votre compagnie. Ne frissonnez point à l'aspect de ce grand abîme d'eaux, puisque celui qui marche à pied sec sur les ondes, comme sur un plancher ferme et solide, vous doit lui-même tenir et guider par la main.

N'est-ce pas la vraie éloquence ? Et cela ne vaut-il pas bien les brillantes figures du *Sermon pour l'Épiphanie ?* Mais je trouve là un autre caractère de la littérature classique : quand on veut persuader tout le monde, il faut s'appuyer sur des idées générales et des raisons universelles. La marque d'un génie oratoire, c'est de ne s'enfermer nulle part dans les raisons techniques. Montchrétien ne manque pas à cette loi : à l'appui des vérités économiques, il appelle ici la religion, là le patriotisme ; la charité, l'humanité, autorisent ses démonstrations. Et ce n'est pas artifice, ni procédé : c'est passion chez lui, émotion intime qui déborde de toutes parts à travers le système. Mais ces sentiments qui l'animent, crainte de Dieu, dévouement à l'État, amour du prochain, pitié du pauvre peuple, en même temps que des sentiments personnels, ce sont des idées générales et des idées morales : ainsi, ce qui était technique devient universel, et la morale commune est le véhicule qui porte la doctrine spéciale au fond des esprits.

3*

Ce n'est pas tout : dans le détail de son exposition, Montchrétien donne volontiers à ses raisonnements une base psychologique et fait reposer en dernier lieu la science économique sur l'expérience du cœur humain. Tout se fonde là-dessus. « La meilleure prise, dit-il, qu'on puisse avoir sur les hommes, c'est de connaître les inclinations, les mouvements, et les habitudes ; en les prenant par ces anses, on les peut porter où l'on veut. » S'il évite la sécheresse des abstractions, c'est qu'il voit partout des hommes : les formules de l'économie se réduisent pour lui à des faits psychologiques. La complexité des relations industrielles et commerciales résulte du simple jeu des instincts naturels : l'homme, tenant l'être de la nature, tâche à se donner le bien-être. L'égoïsme, l'intérêt est le ressort qui meut tout. « A ce centre se réduit le cercle des affaires; la nécessité du mouvement cherche ce point. » A d'autres les belles phrases et les grands mots ; on dit que la bonne conscience suffit seule à payer les belles actions. « Le loyer est grand, à la vérité, plein de contentement et de satisfaction à soi-même; mais les hommes sont hommes, et leur ennuie à la fin de bien faire quand ils n'en reçoivent autre récompense que le bien faire. » Tout le traité de Montchrétien fourmille de fines observations psychologiques. Il en est, dans le nombre, de bien imprévues et de bien piquantes. Savez-vous pourquoi « tout autant de chapeaux de laine, de poil de connin (lapin) ou de castor qui se portent en France sont façonnés de notre main » ? et pourquoi « les étrangers, si curieux de nous introduire leurs manufactures, n'ont point encore mis les doigts à celle-ci ? » Il va vous en dire la raison : « C'est que notre tête change trop souvent de forme, et qu'en ce seul point ils ne sauraient faire profit de notre inconstance ». Cela est juste autant que spirituel : ne voyons-nous pas encore aujourd'hui nos femmes, qui vont chez le tailleur anglais, ne connaître que la modiste française et parisienne? Mais si vous songez que notre littérature classique se caractérise éminemment par le goût et la science de l'analyse psychologique, l'instinct d'observation de Montchrétien, se faisant jour d'une façon si originale à travers les abstractions de l'économie politique, ne nous annonce-t-il pas l'approche imminente de l'âge classique?

Sur un point, pourtant, le *Traité d'économie politique* nous en éloigne plus qu'il n'y conduit, et c'est par là que je veux terminer. L'éclosion de la littérature classique s'est faite quand la société polie s'était constituée en France et réglait le goût comme les bienséances. Quelle relation existe entre la société polie et la littérature classique? Leur apparition simultanée fut-elle fortuite ou nécessaire? Ce n'est pas le lieu de le rechercher ici. Ce qui est sûr, c'est que la société polie fut le milieu où naquit la littérature classique, et en modifia par suite, dans une certaine mesure, la croissance et la forme. J'ai peur qu'on n'ait bien souvent exagéré les bons effets de cette influence, et M. Brunetière me paraît avoir touché bien plus juste, quand il a signalé les inconvénients qu'il y a pour la littérature à recevoir la loi des gens du monde et des femmes. Pour m'en tenir à Montchrétien, en son temps la société polie n'est pas encore constituée : la tragédie de *Pyrame et Thisbé* est à peu près la première œuvre où se manifeste son influence, et ce n'est guère qu'à partir de 1624 que l'hôtel de Rambouillet et les réunions précieuses exercent une sérieuse autorité sur le goût public. Je passe sur le tour d'esprit alambiqué et romanesque dont ce « grand monde purifié », comme disait Chapelain, infecta les lettres françaises : par lui, pendant une quarantaine d'années, pointes subtiles, grands sentiments, fadeurs galantes, charges burlesques, l'outrance en tous sens fut à la mode; et il fallut, pour nous en débarrasser, le bon sens de quelques bourgeois instruits par la simple antiquité. C'est ce public de courtisans et de dames, ce sont leurs poètes et leurs beaux esprits, qui sous la régence jetèrent la littérature dans l'imitation espagnole. Le groupe des contemporains d'Henri IV ne doit rien à l'Espagne ; ils en haïssent trop la politique pour en prendre le goût ; ils se souviennent de la Ligue. Montchrétien nous en fournit la preuve presque à chaque page de son traité. Je n'insiste pas non plus sur « l'épuration » violente que le beau monde fit subir à la langue si nette et si forte déjà de Montchrétien. Il ne s'agissait plus, comme avait fait Malherbe, de reconstituer la langue française dans sa vraie et naturelle intégrité, d'éliminer les éléments étrangers et les créations artificielles, en prenant pour règle l'usage du peuple et pour arbitres les « crocheteurs du port Saint-Jean ». Non; autre est le but de nos précieux, qui trop souvent ont fait la loi à l'Académie : ils veulent « dévulgariser » la langue, la purger de tout élément grossier et populaire, et ne s'avisent pas que de chercher à créer des expressions par elles-mêmes délicates et nobles, c'est aller contre le bon sens et le génie de notre langue, où toute dignité, toute beauté vient des choses. De ce goût asservi au « bel usage », qui insensiblement écarte la littérature de la nature et lui interdit d'exprimer la vie, trop vulgaire en ses manifestations, de ce choix exclusif des mots qu'un usage trivial ne déshonore pas est sorti le pseudo-classicisme du xviiie siècle et la soi-disant « langue noble », si pompeuse, si vague et si pauvre, qu'aucun de nos grands écrivains, n'a parlée, non pas même Racine, avec son élégance, ni Bossuet, avec sa sublimité.

Mais voici un effet plus curieux de l'assujettissement de la littérature au goût du monde : comme la langue fut appauvrie et la moitié de ses mots mis hors du bel usage, la littérature aussi vit son domaine circonscrit et diminué. Les préjugés ou l'ignorance des salons lui interdirent je ne sais combien d'ordres des connaissances humaines. Il fallait offrir aux « honnêtes gens », du moment qu'on n'écrivait que pour eux, ce qui leur était familier et correspondait aux besoins de leur cœur, à l'état de leur intelligence : de la morale, de la psychologie, et tout au plus, en outre, de la théologie, car le sentiment religieux était vif encore. De l'histoire, on ne prend que l'étude des caractères, le jeu des passions et des intérêts : on fait beaucoup de *Mémoires*, et pas une histoire. Ode ou églogue, tragédie ou comédie, poésie ou éloquence, dans tous les genres, sous toutes les formes, c'est l'étude de l'homme qui fait le fond et l'intérêt de l'œuvre. Les genres qui sont renouvelés ou créés, la *Fable*, les *Maximes*, les *Caractères*, le sont par ou pour l'analyse psychologique. Tout ce qui ne parle pas à ce monde de lui-même, de ce qui règle sa vie ou amuse son loisir, n'est pas un digne objet de l'activité littéraire : la comédie en dépérira, réduite à la peinture des ridicules mondains. Comme le *Dictionnaire de l'Académie* exclut, en 1694, tous les termes d'arts, de métiers et de sciences, de même toutes les matières des sciences, des métiers et des arts sont conçues comme étant, par essence, hors de la littérature. Tout le monde lira des écrits sur la grâce ou le quiétisme : on laissera aux commis et aux ministres le soin de lire, s'ils veulent, *la Dîme royale* de Vauban. Il ne viendra à l'esprit de personne que le talent littéraire puisse s'appliquer aux intérêts matériels, et qu'un beau livre puisse s'écrire sur les travaux vulgaires par où le menu peuple gagne sa vie. En 1615, cette influence ne s'était pas manifestée encore. La littérature était alors quelque chose de compréhensif ou d'universel; toute matière lui appartenait. Si les gens de lettres ne faisaient pas une classe dans la nation, il n'y avait pas non plus de sujets littéraires possédant, par définition, le privilège de recevoir la beauté de l'ordonnance et du style. Comme Ambroise Paré sur la chirurgie, comme Bernard Palissy sur « divers excellents secrets des choses naturelles », comme Olivier de Serres sur l'agriculture, Montchrétien écrivit sur l'économie politique. Cet humaniste, cet élève de Ronsard, ce poète des dames de Caen ne s'en fit pas scrupule, et il fit bien. Vingt ans plus tard, il n'y eût pas même songé. Puis un siècle s'écoulera, et la société polie s'engouera de science, de politique et de questions sociales. La mode réintégrera dans la littérature ce qu'elle en avait exclu; Fontenelle causera astronomie; Montesquieu jettera son style ingénieux sur la philosophie des lois; Buffon se fera reconnaître pour un grand écrivain dans une *Histoire naturelle*, et nos encyclopédistes apprendront aux dames l'économie politique. Alors, il ne sera plus permis d'écrire sur la théologie, sinon pour s'en moquer; mais les abbés spirituels offriront aux dames des livres traitant du commerce des blés.

LE THÉATRE FRANÇAIS
AU TEMPS D'ALEXANDRE HARDY

Étude sur les origines de la tragédie régulière.

En littérature, comme en toute chose, rien ne commence, rien ne finit : tout se transforme. Cette vérité a été longtemps méconnue. Pour simplifier l'exposition, et aussi par je ne sais quel besoin de dramatiser l'histoire littéraire et d'y machiner des coups de théâtre, on allait de grand homme en grand homme, de sommet en sommet. L'histoire littéraire n'était qu'une suite de créations prodigieuses. Cependant on commence à revenir à une plus saine appréciation des choses. On s'aperçoit que les grands hommes sont plus souvent au terme qu'au commencement d'un mouvement ; on étudie les obscures préparations comme les lentes décompositions des formes littéraires, et ces époques de transition, qui rendent les chefs-d'œuvre possibles, si elles ne les produisent pas.

Cette considération ou, si vous voulez, ce lieu commun justifie M. Rigal d'avoir écrit sept cent cinquante pages in-octavo sur le bonhomme Hardy (1).

---

(1) E. Rigal, *Alexandre Hardy et le théâtre français à la fin du* XVIe *et au commencement du* XVIIe *siècle*. 1 vol. in-8°, Paris, Hachette et Cie, 1889.

C'est une réhabilitation complète, mais une réhabilitation discrète, mesurée, conduite avec autant de goût que d'érudition ; et par-dessus tout une réhabilitation nécessaire.

Car « Alexandre Hardy, Parisien », n'était vraiment resté qu'un nom pour le public même lettré. Un misérable poète, le plus extravagant et grossier qu'on puisse imaginer ; et, d'autre part, un auteur considérable, qui a soutenu le théâtre français à ses débuts, voilà les deux notions contraires, vagues et sans preuves, par lesquelles « feu Hardy » était depuis deux siècles représenté dans l'intelligence d'un Français instruit. Cela revenait au fond à dire que s'il n'eût écrit que six ou sept de ses rapsodies, on n'en parlerait pas ; mais qu'en ayant fait six ou sept cents, l'énormité de son fatras lui assurait l'immortalité. Il était convenu surtout qu'on ne pouvait le lire, et, de fait, je crois que personne ne le lisait, pas même les critiques qui en parlaient. Illisible, le pauvre Hardy l'est bien, en effet ; seulement ce n'est pas sa faute. Je voudrais savoir si on lirait Corneille ou Molière dans de pareilles impressions. Hardy n'est ni Corneille ni Molière : il n'en a que plus besoin qu'on lui fasse un bout de toilette, afin de le présenter au public. Si ce n'est expressément pour décourager le lecteur, je ne sais au nom de quelle bizarre érudition le dernier éditeur de Hardy (1) a religieusement reproduit les fautes d'impression baroques, les contre sens manifestes de ponctuation des éditions originales : respecte-t-on les sottises du copiste dans un manuscrit grec ? Avec une impression cor-

---

(1) *Le Théâtre d'Alexandre Hardy*, publié par Stengel. 5 vol. in-12, Marburg et Paris (Le Soudier), 1883-1884.

recte, une orthographe discrètement rajeunie, et surtout les indications scéniques nécessaires pour rendre le texte intelligible, Hardy, je n'en doute pas, se ferait lire avec intérêt, et même — le mot n'est pas trop fort — avec agrément.

Il a manqué, à notre premier tragique, le génie, surtout le génie littéraire. Mais songeons, comme on l'a dit si justement, que le théâtre n'est de la littérature qu'occasionnellement, et par exception. Sans goût et sans style, Hardy est homme de théâtre ; il voit les choses en scène. Méchant écrivain, c'est un bon dramaturge. Et puis, qu'importe son mérite ? Son importance le dépasse, en tout cas, infiniment. Il est arrivé plus d'une fois chez nous que, dans l'évolution de l'art dramatique, les points importants, les points de jonction ou de bifurcation des grands courants ne sont pas occupés par des hommes supérieurs ni marqués par des chefs-d'œuvre : on a, au XVIIIe siècle, Nivelle de La Chaussée ; au XVIIe, Hardy. Comme le théâtre moderne avec La Chaussée, le théâtre classique commence avec Hardy. Voilà la source où il faut le prendre, si on veut en comprendre le caractère et le développement. Et, dans l'étude si approfondie de M. Rigal, l'intérêt essentiel, le résultat considérable, c'est qu'à propos de Hardy, il nous débrouille toutes les origines de l'art dramatique du XVIIe siècle. Il développe bien des obscurités et rectifie bien des erreurs. Son livre est la contribution la plus importante qu'on ait apportée depuis longtemps à l'histoire du théâtre en France, et il fournit une base solide à ceux qui essayeront d'expliquer exactement le système dont Boileau a donné les règles précises et Racine les modèles parfaits. Le sujet paraît épuisé : il est plus neuf qu'on ne pense, et l'on peut essayer de marquer avec plus de précision qu'on ne fait d'ordinaire, au moyen des faits produits par M. Rigal, les causes réelles qui ont imposé à notre tragédie sa forme originale.

I

La première opinion à laquelle il faut décidément renoncer, c'est qu'il y ait eu, pour la poésie dramatique, rupture complète et solution de continuité entre le moyen âge et les temps modernes. En 1548, dit-on, le Parlement interdit les mystères sacrés ; en 1552, Jodelle donne sa *Cléopâtre.* Le théâtre du moyen âge finit, et le théâtre moderne commence : il ne passe rien du premier dans le second. Théorie simple et commode, d'autant qu'elle dispense de recherches et diminue la peine de l'historien. Par malheur, les choses se sont passées tout autrement. D'abord, la tragédie du XVIe siècle n'était qu'un divertissement de lettrés. Récitée plutôt que jouée dans les collèges et les hôtels des princes, faite pour la lecture et non pour la représentation, c'est un poème, non un drame. Les Jodelle et les Garnier, n'ayant pas retrouvé dans leurs manuscrits de Sophocle ou de Sénèque la mise en scène du théâtre grec ou romain, n'avaient eu garde de penser à la partie matérielle de l'art. Il fallut bien s'en inquiéter, quand, après quarante années d'existence toute littéraire et artificielle, la tragédie se produisit sur un vrai théâtre, devant un vrai public. Il y eut là une question à résoudre : ou plutôt elle se résolut d'elle-même. On ne créa rien parce qu'il existait quelque chose :

il y avait un matériel tout prêt, des habitudes, des traditions, des conventions, qui enveloppèrent la tragédie, auxquelles elle s'adapta spontanément pour vivre comme à son milieu naturel. Les premiers comédiens de campagne qui, gênés par l'interdiction des mystères sacrés, renforcèrent leur répertoire appauvri de quelques tragédies imprimées, ne discutèrent pas la façon de mettre en scène ces pièces d'un genre nouveau. Ils revêtirent pour jouer *Didon* les costumes qui leur servaient dans la *Destruction de Troie*, et disposèrent leur décoration pour une *Mort de César* comme ils étaient accoutumés à faire pour une *Passion* ou un *Amadis*. Quand, ensuite, un jeune bourgeois de Paris, nourri de Ronsard et frotté de latin, Hardy, eut l'idée de donner à la troupe de Valleran Lecomte des tragédies composées expressément en vue de la représentation, il les disposa selon les exigences et les commodités de la mise en scène dont il avait l'idée : c'était celle qui avait servi de tout temps en France. Et quand Valleran, ses acteurs et son poète s'installèrent à l'hôtel de Bourgogne, en 1599, pour quelques mois d'abord, puis pour de plus longs séjours, jusqu'à ce qu'ils y firent, en 1628, un établissement définitif (1), les confrères de la *Passion*, que les sévérités du Parlement avaient enfin dégoûtés de jouer eux-mêmes, ne leur livrèrent pas seulement la salle et ses quatre murs : il est évident que les comédiens eurent la jouissance de l'ancien matériel, décors, cos-

---

(1) Voy. la curieuse *Esquisse d'une histoire des théâtres de Paris de 1548 à 1635*, par M. Rigal. Paris, Dupret, 1887. Il y débrouille l'histoire de l'hôtel de Bourgogne, et détruit la légende de ce second théâtre, qu'on prétend avoir existé dès 1600 au Marais, et qui ne s'établit qu'en 1629, et ailleurs qu'au Marais.

tumes, accessoires de toute sorte. Les tragédies, tragicomédies et pastorales de Hardy, toutes ces pièces d'un genre nouveau, se montrèrent aux Parisiens dans les mêmes décorations qui avaient servi aux confrères pour représenter leurs derniers mystères, « romans et histoires ». Ainsi la rupture n'est réelle qu'entre la tragédie littéraire et le théâtre du moyen âge : dès que la tragédie monte sur la scène, c'est-à-dire dès qu'elle est autre chose qu'un simulacre de drame, dès qu'elle est une réalité vivante, elle entre dans le grand courant qui, insensiblement, sans arrêt et sans lacune, a porté l'art dramatique du drame liturgique joué par les clercs pendant l'office aux expériences naturalistes de M. Antoine.

On s'étonne que les pièces de Hardy soient irrégulières : il serait bien plus étonnant qu'elles ne le fussent pas. On les dit extravagantes ou obscures : c'est qu'on n'en comprend pas la mise en scène. La tragédie a été jouée d'abord dans les décorations des mystères : voilà le grand fait qui éclaire tout, et le principe de l'évolution du théâtre classique. On ne saurait rien dire que de vague ou de faux, si l'on ne part de là. Ce qu'était cette décoration des mystères, on le sait de reste. Le fondement en était que tous les lieux où l'action devait se porter successivement, étaient figurés simultanément sur la scène (1). Sur ces vastes échafauds dressés en plein air, où se déroulaient pendant des jours et des semaines les interminables *Passions*, les spectateurs embrassaient d'une seule vue, disposées de gauche à droite, entre le Paradis et l'enfer, toutes les *mansions*, comme on disait, ou figurations simplifiées

---

(1) Voy. Petit de Julleville, *les Mystères*, ch. XI.

des lieux particuliers : Bethléem, le lac de Tibériade, Jérusalem, et je ne sais combien d'autres. Quand des troupes de comédiens commencèrent à parcourir les provinces, quand les confrères de la *Passion* dressèrent leur théâtre dans une salle d'hôpital ou d'hôtel, il fallut accommoder les poèmes à l'exiguïté et à l'étroitesse des scènes. Il fallut élaguer les drames touffus, resserrer l'action diffuse, éparse aux quatre coins du monde. Sur l'estrade de l'hôtel de Bourgogne, et à plus forte raison sur les tréteaux des troupes de campagne, on ne pouvait guère représenter à la fois que cinq ou six lieux différents. Ce fut le premier pas vers l'unité : notons-le, la liberté illimitée de l'art dramatique a cessé, en France, pour des causes toutes matérielles, le jour où, des larges places et du plein air, il a passé dans les granges, les jeux de paume et les salles fermées.

Voilà donc ce que Valleran, locataire des confrères, mettait à la disposition de la tragédie naissante : un système de décorations qui permettait à l'action de se promener sans cesse à travers cinq ou six régions aussi distantes qu'on voulait. Hardy mit Troie d'un côté du théâtre et le camp des Grecs de l'autre. Il fit paraître Didon dans son Palais, Enée sur son vaisseau : et l'on voyait ensemble le palais et le vaisseau. Aussi le lieu pouvait-il changer de scène en scène : la décoration était toute prête à recevoir les acteurs ; la peur de ralentir la représentation et de refroidir l'intérêt par de trop fréquents entr'actes ne contraignait pas le poète.

II

Il fallut plus de trente ans à la tragédie pour se dégager des formes du moyen âge, où elle avait dû se couler d'abord pour s'acclimater sur notre scène. Elle trouva enfin sa forme propre, après de longues indécisions et des tâtonnements successifs, par l'établissement des règles. Comment y arriva-t-on ? Il me semble qu'on ne se le représente pas très exactement d'ordinaire.

On donne trop d'importance à l'autorité d'Aristote. On dit que les doctes ont imposé les règles à notre théâtre, et forcé auteurs, acteurs et public, d'en subir la tyrannie. Ainsi la critique érudite aurait faussé le développement naturel de notre poésie dramatique. Si nous n'avons pas eu de Shakespeare, et si nous avons eu M. de Jouy, la faute en serait à la *Poétique*, et à ses commentateurs. C'est se payer de mots que de parler ainsi. Les règles ont été formulées en Italie, en Espagne, en Angleterre, aussitôt et parfois plus tôt que chez nous, et par d'aussi savants hommes. Scaliger, Castelvetro faisaient autorité par tous pays : d'où vient qu'ils ne gagnèrent le procès d'Aristote qu'en France ? C'est qu'en fin de compte le public seul jugeait. Les règles s'implantèrent là où elles agirent dans le sens de l'esprit national, là où elles se trouvèrent conformes à l'instinct secret et au besoin des spectateurs. Il n'en va guère autrement au théâtre : le plaisir du spectateur qui paye est la seule loi. Il n'y a point de doctrine ni de formule qui tienne : une école peut avoir gain de cause devant le public, en théorie et à la lecture, sans parvenir à forcer l'indifférence ni l'hostilité de ce même public assemblé dans un théâtre. Je ne sais point de critique, docte ou ignare, qui lui ait jamais persuadé qu'il s'amusait quand il s'ennuyait : je ne sais même s'il peut, par prévention, se le persuader à lui-même. Il ne se fait pas de coups d'État, au théâtre, contre le suffrage universel, et les révolutions n'y précèdent pas, elles y suivent le goût des spectateurs. Les novateurs illustres sont ceux qui offrent au public ce qu'il désire, avant qu'il ait tout à fait conscience de le désirer.

Je ne puis m'empêcher de remarquer qu'en France ce sont moins des érudits que des gens de théâtre qui ont préconisé les unités. Ce n'est pas Chapelain qui les a révélées : c'est Mairet. Et, avant de les démontrer, il les a observées. Et Mondory leur a donné un théâtre. Si *Silvanire* eût été sifflée, Mairet eût-il fait *Sophonisbe* ? Mondory l'eût-il jouée ? Et si la recette, éloquente interprète du sentiment public, n'eût encouragé ce respect de l'antiquité, les grands comédiens de l'hôtel de Bourgogne eussent-ils mis de côté leur ancien matériel et toutes les décorations accumulées depuis trente ans dans leur magasin ? Sarrazin nous le dit : au temps de *l'Amour tyrannique*, le peuple s'étonne, quand les unités manquent dans une pièce. Et dix ans plus tôt, il les ignorait ; un provincial instruit, un poète, tel que Corneille, n'en avait jamais ouï parler. D'où ce changement si rapide procède-t-il ? Est-ce le nom d'Aristote qui a retourné les idées de tout le monde comme en un tour de main ? Non, car je ne vois pas que ce public français ait jamais été si superstitieux de l'antiquité. Je vois que le parterre et les loges marchent ensemble, que ceux qui ont apporté leurs quinze sous et ceux qui ont donné le demi-louis, jugent également contre les doctes, « tout blancs », tout d'Aristote et de Scaliger, en faveur du *Cid* et de *l'École des femmes*. Et je sais, du reste, que la partie cultivée et lettrée de ce public, les honnêtes gens, le beau monde, ont toujours été au fond très « modernes » et tinrent pour Perrault, précisément parce qu'ils admiraient Boileau et Racine.

Aussi, pour établir les règles, on n'emploie guère le nom d'Aristote. Écoutez d'Aubignac, le théoricien qui a le mieux compris le théâtre de son temps : « Je dis que les règles ne sont pas fondées en autorité, mais en raison. Elles ne sont pas établies sur l'exemple, mais sur le jugement naturel ». Mairet, Corneille ne parlent pas autrement. Mais qu'est-ce, en pareille matière, que la raison? La raison, au théâtre, c'est de plaire. Racine, Molière, tout le monde vous le dira Et comment plaire au public de 1630? Ils le savaient bien, ceux qui lui vantaient les règles. « Le plaisir de l'auditeur ne consiste qu'en la vraisemblance. » Et tous ne sont occupés qu'à ménager son imagination : il ne faut pas lui faire violence, il ne faut pas la fatiguer, il ne faut pas la refroidir. Ils en reviennent toujours là : l'imagination du spectateur français, voilà où se fonde la nécessité des règles. Voyons ce qu'il faut entendre par là.

III

Il ne serait pas difficile de montrer que ce spectateur, au temps de Hardy, cherchait l'illusion au théâtre, comme du reste tous les publics du monde, à part les critiques de métier et les amateurs blasés. Ce qui semble plus difficile à croire, c'est que la tragédie ait jamais donné à personne le plaisir de l'illusion. Je trouve pourtant qu' « une jeune fille qui n'avait jamais été à la comédie, voyant Pyrame qui se veut tuer à cause qu'il croit sa maîtresse morte, dit à sa mère qu'il fallait avertir Pyrame que Thisbé était vivante » Et il s'agit de la pièce de Théophile, de ce poème précieux et froid, hérissé de pointes ridicules ! Mais, en général, ce même public ne pouvait trouver l'illusion qu'il voulait que dans l'imitation exacte de la réalité extérieure.

Je ne puis rechercher ici les origines et la formation de l'esprit classique : mais je dois constater qu'au théâtre, comme ailleurs, l'apparition du goût classique se manifeste par un besoin impérieux de vérité dans l'art. Boileau et Racine établirent la vérité des pensées et du style ; Molière, la vérité du comique et de l'imitation théâtrale : mais, avant eux, le public moins fin demanda une vérité plus grossière, plus sensible, celle de la mise en scène et de la représentation des lieux et des temps. Nos grands classiques, de Boileau à Lesage, on l'a dit souvent, ont été des réalistes, par rapport à leurs devanciers et à leurs successeurs : mais déjà avant tous les chefs-d'œuvre, les unités étaient une conquête du réalisme. Cela ne laisse pas de nous paraître étrange, quand nous songeons aux polémiques de 1830. Mais en 1830 on dispute sur la succession, en 1630 sur la simultanéité des décorations qui figurent des lieux différents. Ce que Valleran et les Mondory ne pouvaient faire sur leurs étroites scènes sans coulisses et sans dessous, n'était qu'un jeu pour le metteur en scène d'*Hernani* ou d'*Henri III*. L'opéra avait exercé nos décorateurs et nos machinistes ; et la scène de la Comédie française, en quelques minutes d'entr'acte, pouvait changer d'aspect, et figurer tour à tour avec une merveilleuse exactitude tous les lieux qu'on voulait La cause des unités était perdue alors, parce qu'elles n'avaient plus que l'autorité et non l'utilité, parce qu'elles gênaient l'illusion, au lieu d'y aider. Mais, en 1630, c'étaient les classiques qui défendaient la vérité théâtrale, que les romantiques revendiqueront plus tard contre eux.

Un des caractères de l'esprit français, et de l'esprit classique qui en est la plus pure expression, c'est l'absence d'une certaine imagination Nous avons l'imagination logique et mathématique : il nous manque souvent l'imagination poétique pittoresque. Cela se traduit en art, par la recherche de la précision, par l'assujettissement de l'imagination à la raison : et par la raison entendez la conformité de l'œuvre à l'objet, la fidélité du rendu. L'artiste veut mettre aussi peu de soi que possible dans ce qu'il exprime, le public aussi peu du sien que possible dans ce qu'il sent. Ce public ne suppose rien. Même au moral, il faut qu'il touche les choses du doigt. Il ne comprend une passion, un caractère que par l'analyse, qui étale tout le dedans de l'âme. Il faut lui noter les causes en produisant les effets. De là la tragédie de Corneille et de Racine, si éloignée du drame synthétique de Shakespeare. A plus forte raison, ce public ne saurait imaginer le monde extérieur : il ne *voit* que ce qu'il a sous les yeux. En Espagne, en Angleterre, la décoration simultanée disparaît de bonne heure, sans doute à ce passage du plein air aux salles fermées. Dès lors, l'imagination du public fait tous les frais : on lui dit de voir; il voit. C'est ce qui fait que le drame peut tout représenter. En France, la décoration simultanée persiste. C'est que l'imagination du spectateur est rebelle. Il ne se représente que ce qu'on lui présente, au moins en réduction et par un échantillon.

Il ne verra pas une forêt, si vous ne dressez un arbre devant lui. Et bientôt l'arbre ne lui suffit plus. Il demande les choses même en leur apparence et grandeur naturelles. Voilà la raison d'être des unités, le fondement mystique de leur autorité.

Les choses allèrent encore, tant que des jeunes gens désœuvrés, des artisans, des pages, des laquais, composèrent avec les filous le public ordinaire de l'hôtel de Bourgogne : mais quand les honnêtes bourgeois, les marchands de la rue Saint-Denis, les clercs de procureur hantèrent le parterre, quand les loges se remplirent de gentilshommes, qui n'avaient pas toujours daigné payer à la porte, et que les dames commencèrent à se risquer dans ce mauvais lieu, il se forma, aux environs de 1630, un nouveau public, bientôt très homogène par une commune assiduité aux spectacles, peu respectueux, trop malin ou trop fin pour être « gobeur », avide de plaisir et toujours prêt à chicaner sur son plaisir, ayant peur surtout d'être « mis dedans », qu'on ne lui donnât des vessies pour des lanternes, et qu'on n'extorquât par artifice son émotion ou son applaudissement. Ce public-là ne se livrait pas, il fallait le prendre : et au moindre accident qui coupait l'illusion, il ne demandait qu'à rire des acteurs. Autrefois, la dévotion, l'habitude, tous les noms et les lieux connus et familiers dès l'enfance, avaient fait que le spectateur ne s'étonnait de rien dans la *Passion*, et même dans une *Vie de saint* ou dans un *Amadis* : il savait l'histoire d'avance. Mais maintenant, lorsque la fécondité de Hardy et de ses premiers successeurs renouvelait incessamment l'affiche de l'hôtel de Bourgogne, combien de gens au parterre étaient au fait du sujet de la tragédie ? A plus forte raison, aux tragi-comédies, toutes romanesques et sans caractère historique, nul ne savait, au lever du rideau, en quels lieux, pendant combien d'années, par quels personnages allait se développer le drame. On n'avait pas besoin jadis de présenter Joseph et Marie, ni de nommer Bethléem : il fallait décliner les qualités d'Énée ou de Félismène, et faire connaître Carthage ou Tolède. Ces deux amants qui conversaient à l'avant-scène, il fallait avertir qu'ils étaient supposés dans la chambre ou dans la grotte devant laquelle ils se tenaient, et qu'on ne les voyait pas de l'autre bout du théâtre. Sinon, le public était dérouté ; il ne conprenait plus : et quoi qu'on ait dit, il aimait à comprendre, parce que, faute de comprendre, adieu l'illusion, partant le plaisir. Mais à souligner trop les conventions, on risquait de faire sentir au public que ce n'étaient que des conventions : et de nouveau, plus d'illusion. A force de s'entendre indiquer que ce côté droit était Tolède, et ce côté gauche un désert, et ce fond la cour de l'empereur, le spectateur remarqua malicieusement que Tolède et la cour de l'empereur et le désert se touchaient de bien près. En apprenant qu'un acteur qui avait fait trois pas, pendant qu'on récitait quelques vers ou que les violons jouaient deux ou trois mesures, avait passé de Vienne en Danemark, il se demandait quel coche allait si bon train. Il devenait incrédule, quand il voyait son Paris faire pendant à Rouen ou à Rome, et la place Royale devenir mitoyenne du Louvre. En voyant le mur, sans autre changement, s'avancer pour séparer Pyrame et Thisbé et se retirer pour laisser le champ libre aux autres acteurs, il s'égayait. Plus la pièce était compliquée, et plus le poète devait multiplier les indications : mais, plus il donnait d'explications au public, moins le public croyait que c'était arrivé. Et ainsi les tragi-comédies implexes et libres hâtèrent le triomphe des unités : la vogue du genre en abrégea la durée. L'imagination du public se refusait à collaborer avec le poète et le décorateur, et chaque appel qu'on lui faisait, la poussait au contraire à leur refuser tout crédit. Cette lassitude se produisit vers 1630 : tous ceux qui défendirent les règles, la sentirent et l'exploitèrent en leur faveur.

IV

Par ce fait que les unités répondent au besoin d'illusion qui existait chez le public, s'expliquent diverses particularités de leur établissement.

D'abord la comédie subit moins que la tragédie la tyrannie de ces règles. Ce n'est pas qu'on l'y estimât moins soumise. Mais je sais que Rome et Madrid ne se touchent pas et que le Cid en deux heures n'a pu tuer le père et épouser la fille. Au lieu que s'il plaît au poète que Léandre loge vis-à-vis de Géronte, qu'Arnolphe cause sur la place avec Horace ou Agnès, et qu'en deux heures le barbon soit dupé et les amoureux mariés, je n'y contredis pas. Ce n'est pas Aristote, c'est la géographie et l'histoire, ou du moins la connaissance que le public en a, qui gêne le poète tragique. Dans la comédie, tout est inventé : l'invraisemblance, s'il y en a, est trop fine, trop peu matérielle ; le spectateur accorde au poète ces heureux hasards qui font rencontrer à point nommé ou loger vis-à-vis sur la même place tous les personnages dont il a besoin pour le divertir.

En second lieu, il est curieux qu'on ait plus accordé à Aristote qu'il n'avait demandé. Il donnait un jour, douze heures, disaient quelques commentateurs, vingt-quatre, affirmaient d'autres (1). Deux heures, répliquent les gens de théâtre, Corneille et d'Aubignac. Car une tragédie se joue en deux heures : et la vérité de l'imitation sera parfaite si l'action réelle ne prend pas plus de temps que sa représentation. De même pour le lieu, dont Aristote n'a rien dit. Le plancher de la scène ne change pas : supposons donc et imaginons, puisque autrement l'art dramatique ne saurait subsister, mais supposons et imaginons une fois pour toutes, que cette scène est une salle de palais, à Rome, ou une chambre, à Paris. Voilà l'idéal : il consiste à réduire au minimum l'effort d'imagination demandé au spectateur. Seulement cet idéal ne pourra être atteint que rarement. On s'en approchera plus ou moins, selon les sujets. Et Corneille, ce chicaneur de génie, dispute le terrain pied à pied, à qui ? aux commentateurs qui ont les yeux fixés sur le texte d'Aristote, non aux classiques qui connaissent l'utilité pratique des règles. Lui qui conseillait de resserrer le sujet en deux heures, s'il se peut, il ne veut pas qu'on le limite aux vingt-quatre heures. Et il nous dénonce bien le sens profond des unités, quand il pose ce principe : l'essentiel, c'est de tromper l'auditeur. On a observé les règles, quand il ne voit pas qu'elles sont violées. Car on atteint le but de l'art, qui est de

---

(1) Notez que Heinsius, un pur érudit, ne définit pas les unités : sa paraphrase n'est pas plus explicite que le texte d'Aristote. Il n'a pu, sur ce point, exercer aucune influence. Au contraire, Scaliger, par une intuition remarquable, avait expliqué l'unité de temps dans son chapitre de la *Vraisemblance*. De là, et de sa haine des *mensonges* scéniques, vint son autorité.

lui faire prendre l'imitation pour la réalité, et de lui donner un vrai plaisir par une illusion mensongère. Et ce moyen terme où l'on s'arrête d'abord entre la décoration multiple et l'unité, tous les artifices dont usent, avec Corneille, Mairet et Scudéry pour grouper le plus de lieux dans le moindre espace possible, cela n'a pour but que de tromper l'auditeur sur la réalité du spectacle.

Mais ce qu'il y a de plus curieux, c'est de voir à quel excès de réalisme l'abbé d'Aubignac pousse la recherche de l'imitation exacte. Savez-vous pourquoi il tient si rigoureusement à l'unité de lieu, qu'il ne veut même pas qu'on juxtapose sur la scène deux quartiers voisins d'une ville ? Parce que si l'on figurait ensemble les Tuileries et le Louvre, il faudrait y mettre les maisons qui les séparent, et les rues, et les passants dans ces rues, et les actions de ces passants, etc. Oui, l'idée d'exposer pour être vrai les choses indifférentes, et les gens qui n'ont rien à voir dans l'action, ce scrupule naturaliste qui n'ose cacher ce qui n'intéresse pas, cela n'est pas nouveau : ce sont des découvertes du plus sévère théoricien du drame classique. Le passage vaut la peine d'être cité :

Je prie les lecteurs de considérer que si le poëte représentait par son théâtre tous les endroits ensemble d'un palais, ou tous les quartiers d'une ville, ou bien toutes les provinces d'un État, il devrait faire voir alors aux spectateurs, non seulement toutes les choses généralement qui se sont faites dans son histoire ; mais encore tout ce qui s'est fait dans le reste du palais, et dans toute la ville, ou dans tout cet État ; car enfin, il n'y a point de raison qui puisse empêcher les spectateurs de le voir, ni qui montre pourquoi ils voient plutôt cette action en particulier qu'une autre : attendu que, si l'on peut voir tout ensemble dans le jardin d'un palais, dans le cabinet du roi, et dans les appartements de deux princes, ce qui s'y fait, et entendre ce qui s'y dit selon le sujet d'une tragédie, on doit encore voir et entendre tout ce qui s'y dit hors de l'action théâtrale, à moins d'un enchantement qui fît voir ce que le poète voudrait, et cachât ce qui ne serait pas de son sujet (1).

Rien n'est nouveau ici-bas, pas même la mise en scène du Théâtre-Libre ! C'est en vertu du même réalisme intransigeant, que d'Aubignac, ce prétendu pédant confit en Aristote, purge la tragédie de poésie lyrique : et, forcé de convenir que le vers tragique équivaut à la prose de la conversation réelle, il proscrit rigoureusement les stances comme invraisemblables, à moins, ajoute-t-il par un curieux scrupule, qu'elles ne soient données pour stances, et que le héros n'ait eu, en effet, le temps et le goût de mettre sa douleur en vers.

V

Que serait-il arrivé si les unités n'avaient pas triomphé ? Il se peut que si Hardy avait eu à son service les décorateurs et les machinistes d'aujourd'hui, Scaliger et Castelvetro en eussent été pour leurs frais, et la tragédie française aurait pris un autre tour. Mais les comédiens, avec leur matériel, ne pouvant alors procurer au public l'illusion de la réalité sensible, dès qu'elle n'était pas parfaitement simple, il fallut que les poètes se proposassent surtout l'imitation de la réalité morale, qui peut se faire seulement avec des mots. Les

---

(1) D'Aubignac, *Pratique du théâtre*, liv. II, ch. vi.

unités mirent d'accord le tempérament du public et les moyens d'expression dont disposait l'art de ce temps : dans cet état d'équilibre momentané parurent les chefs-d'œuvre. Mais il se produisit cette conséquence imprévue : l'unité de temps et de lieu aboutit à l'annulation du temps et du lieu. Le lieu étant unique, à quoi bon le caractériser? Le temps étant le plus court possible, à quoi bon le déterminer? De là le « palais à volonté », la durée vague des tragédies de la décadence. Le public, ne cherchant pas à imaginer ce qu'on ne lui montrait pas, ne vit plus la tragédie, il l'entendit ; et le drame classique devint cette chose immatérielle qu'on sait, située hors de l'espace et du temps, et comme un extrait concentré de vérité psychologique, purgé de réalité sensible.

Mais si Aristote n'eût offert ses préceptes et Sophocle ou Sénèque leurs modèles, que serait-il advenu ? Songez que de tout ce qu'ont pratiqué, commandé, formulé les anciens et leurs doctes interprètes, la tragédie française a pris ce qu'elle a voulu, rejeté le reste : choix et exclusions que le goût public, le génie national ont seuls déterminés. Et puis je vois aujourd'hui le Théâtre-Libre, peu suspect de susperstition du passé, tendre vers quelque chose d'analogue aux unités, avec sa restitution exacte de milieux, et son dialogue minutieusement réel, qui ne supprimant ni ne condensant rien, donne à chaque tableau une durée identique à celle de l'action imitée. Aussi n'hésité-je pas à croire que sans les règles, le théâtre classique se serait constitué tout de même, plus lentement peut-être, mais tel à peu près que nous voyons qu'il a été. Je n'en veux qu'une preuve : c'est cette comédie de *Mélite*, que Corneille a faite, quand il ne savait pas qu'il y eût des règles, quand il n'avait pour guide « qu'un peu de sens commun avec les exemples de feu Hardy ». D'abord la comédie a plu « sans personnages ridicules, tels que les valets, les bouffons, les parasites, les capitans, les docteurs, etc. », c'est-à-dire sans fantaisie, sans outrance et sans charge, par « le style naïf qui faisait une peinture de la conversation des honnêtes gens » , c'est-à-dire par un air de réalité. L'action est simple, peu chargée d'incidents et l'intérêt est moins dans l'intrigue que dans les sentiments qu'elle développe chez les personnages. Mais c'est la disposition extérieure de la comédie que je veux surtout mettre en lumière. Pour le lieu, deux quartiers seulement d'une ville ; l'irrégularité est réduite au minimum. Pour le temps, « il doit s'être passé huit ou quinze jours entre le premier (acte) et le second et autant entre le second et le troisième ». Ce sont les deux actes de préparation. « Mais du troisième au quatrième, il n'est pas besoin de plus d'une heure, et il en faut encore moins entre les deux derniers, de peur de donner le temps de se ralentir à cette chaleur qui jette Éraste dans l'égarement d'esprit (1). » Voyez comme l'action, une fois engagée, se précipite ! comme la comédie court, alerte, à son dénouement ! Que le poète prenne son point de départ encore un peu plus près du but : qu'il commence aux fausses lettres d'Éraste, rappelant sans les montrer les faits qui précèdent ; sa pièce sera toute ramassée dans la crise. Mais telle qu'elle est, cette *Mélite* est déjà une œuvre classique. Et elle ne doit rien aux règles : elle est l'œuvre de l'instinct de Corneille, éclairé (qui le croirait?) par Hardy.

(1, Corneille, examen de *Mélite*.

VI

Aussi bien j'aurais pu prendre ma preuve dans le théâtre même de Hardy : ma conclusion serait la même. Car Hardy est un classique. Il n'en a guère la réputation, et j'ai l'air d'avancer un paradoxe. La tradition veut qu'il ait arrêté par son romantisme effréné le progrès de la tragédie naissante, et livré la scène à la fantaisie déréglée des Espagnols. Rien n'est plus faux. M. Rigal a bien montré que Hardy ne doit rien à l'Espagne, je dis au théâtre espagnol, dont il n'a, que l'on sache, tiré aucune de ses pièces. C'est la seconde et la troisième génération de nos auteurs dramatiques, ce sont Bois-Robert, d'Ouville, Rotrou, Scarron, Pierre et Thomas Corneille, qui ont porté sur notre scène les inventions surprenantes et compliquées de Lope de Vega, de Tirso de Molina, de Calderon, et de Rojas. Pour Hardy, on ne saurait parler d'influence espagnole : il ne faut pas chercher hors de France, mais en France, dans les conditions matérielles de l'art à cette époque, et dans les tempéraments analogues de l'auteur et du public, les raisons de la forme qu'il a donnée à la tragédie.

Hardy est tout le contraire d'un romantique. Loin de retarder la perfection du théâtre classique, il la prépare. Il est plus près de Racine que Garnier. Car d'abord cette déclamation littéraire, cette amplification rhétoricienne semée d'élans lyriques, il en fit un drame : il lui donna l'être et le corps ; il y mit le mouvement, l'action et la vie. Et surtout, j'accorde qu'on trouve dans ses œuvres toutes les platitudes, toutes les outrances qu'on voudra ; j'accorde qu'il soit gros-

sier : je pourrais dire naïf et justifier à peu près *Scédase*
par *Théodore*, mais je ne dispute pas sur les mots :
que Hardy soit donc grossier, et très grossier ; dans
l'ensemble, ce qui me frappe, au milieu de son
« fatras », c'est cette qualité classique par excellence,
le bon sens. Hardy pose son sujet, le délimite, s'y
enferme, avec le ferme dessein de plaire par le seul
développement des effets qui y sont essentiellement
contenus, avec une adresse singulière pour préparer,
une puissance réelle pour traiter les situations. Je
suis vraiment surpris, en lisant sa *Didon*, de voir
avec quelle simplicité, quelle sûreté d'instinct dramatique il a découpé en cinq actes le quatrième livre
de l'*Énéide*. Que nous voilà loin de Jodelle ! Sauf un
épisode parasite, Hardy traduit, coupe, étend, déplace,
précisément comme il faut pour faire saillir le sentiment et dégager le pathétique. L'explication d'Énée
et de Didon est une maîtresse scène ; il n'y manque
que le style, pour être un chef-d'œuvre. Il est remarquable que les tragédies de Hardy, malgré les ten-
tations de la mise en scène du temps, sont fort peu
compliquées. Dans cette *Didon*, il prend le sujet au
moment où Énée se décide à partir. Dans *la Mort
d'Alexandre* et dans *la Mort d'Achille*, ailleurs encore,
quoiqu'il mette en scène tout ce qu'il y peut mettre et
fasse voir les préliminaires de son action, cependant
le drame est déjà tout ramassé autour d'un événement
principal, unique, qui en fait le corps. Dans le temps
et dans l'espace, les sujets sont concentrés. La décoration favorise l'irrégularité, mais le poète tend d'instinct à la régularité : et déjà l'esprit, sinon la lettre,
des unités est observé dans sa tragédie. Par une conséquence naturelle, en resserrant son sujet, il étend

son analyse. Ce n'est pas une psychologie profonde ou fine que celle du vieux Hardy : il n'a pas fait de grandes découvertes dans cet étrange pays de l'âme humaine. Mais il a le sens droit et juste : il saisit presque toujours très bien, dans ses auteurs, les indications de caractères et de sentiments ; il les utilise intelligemment. Aussi Énée, Didon, Alexandre, Achille, Priam, Panthée, Hérode, tous ces bonshommes sont vivants : la couleur en est un peu dure, le dessin sec et sommaire ; mais enfin ils disent ce qu'ils doivent dire, tout simplement, comme ils doivent le dire, au style près, avec leur caractère et dans leur situation. Le drame ne languit pas : chaque scène a son mouvement intérieur dans le mouvement général de la pièce. Le dialogue ne s'égare pas dans la dissertation morale ou l'amplification lyrique : ce dialogue même est toujours de l'action.

Même dans ses tragi-comédies, Hardy ne cherche pas seulement le plaisir des yeux et l'intérêt de curiosité. Il ne fait pas d'imbroglios, comme ont fait parfois ses successeurs. Ses intrigues, même ici, sont relativement simples, et une fois que l'on a compris le principe de la division des scènes, parfaitement claires. Et souvent, au lieu de se contenter d'amuser par la variété des incidents, il jette dans la complexité de l'action un intérêt moral ; il emploie, comme fera Corneille, son invention prodigieuse à combiner des ressorts qui obligent les caractères et les sentiments à se montrer. Ce sont des indications plutôt que des études : elles ne sont pourtant pas à dédaigner. Il serait curieux de rapprocher *Frégonde* de *Polyeucte* et de *la Princesse de Clèves* : dans la peinture de cette honnête femme qui lutte contre un amour involontaire et s'appuie sur son mari, sans lui rien dire, dans celle de cet amant qui s'éloigne au moment de triompher, il y avait matière à une analyse délicate : il faut savoir gré à Hardy de s'être attaqué à un tel sujet et d'avoir dit là-dessus, un peu grossièrement, des choses justes.

Enfin, on s'apercevra sans peine que tous les défauts qui ont gâté notre tragédie, qui en ont retardé et compromis la perfection, n'apparaissent pas encore dans Hardy : ni le romanesque, ni la galanterie, ni la politique. Ce sont ses successeurs, depuis Théophile, poètes du beau monde, idolâtres de l'élégance italienne et de la grande éloquence espagnole, amateurs du fin, du rare et du sublime, aristocrates dédaigneux ou stylistes raffinés, ce sont ces emphatiques et ces précieux qui emporteront la tragédie, avec la poésie, loin de la vérité et du bon sens. On a trop célébré l'hôtel de Rambouillet : si la langue s'y est affinée, la littérature s'y est gâtée et a été jetée hors des voies où Malherbe et, je ne crains pas de le dire, Hardy l'avaient engagée. De génie inégal, ces deux hommes ont travaillé à la même œuvre. Tous deux étaient bons Français, de goût et d'esprit, et allaient directement à la nature. Il faudra près d'un demi-siècle pour que les vices inoculés à la tragédie s'atténuent ou s'éliminent. Écartant la politique, le romanesque et la galanterie, Racine ira, par des moyens directs, au vrai but de l'art : l'intérêt, et l'émotion du spectateur. C'est déjà ce que faisait le vieux Hardy, point artiste, peu psychologue, mais bon ouvrier dramatique, enfermé dans son art et n'allant point chercher ailleurs d'effets, ni de beautés. Je ne veux pas dire que la tragédie n'a pas fait de progrès de Hardy à Racine : elle a gagné en puissance, en profondeur, en poésie, avec Tristan, avec Rotrou, surtout avec Corneille. Mais, enfin, ce que Racine a porté à la perfection, Hardy en avait dessiné d'avance, avec assez de précision, l'ébauche grossière ; et cela suffira à sa gloire.

VI

Quelle est la conclusion de tout ceci ? Elle est dans ces mots de M. Brunetière : « La philosophie cartésienne, l'institution de l'Académie française, le développement de l'esprit janséniste, la règle des trois unités, autant d'effets dont on ne peut pas dire qu'il y en ait un qui soit la cause des autres et qui peuvent bien procéder, qui procèdent même très assurément du même esprit général, mais dont la première origine est un peu plus reculée qu'on ne dit dans le temps (1). » Oui, la philosophie cartésienne, révolte du sens commun contre l'autorité, et les unités, où l'on voit à tort l'asservissement de la raison à l'autorité, sont des effets de la même cause. Et cette cause, c'est un esprit général, classique, dont il faut chercher les origines, les éléments et la formation, non au XVII° siècle, sous Louis XIII, mais bien plus tôt. Car avant Boileau, il y a Malherbe ; avant Racine et avant Corneille, il y a Hardy. Nos premiers classiques écrivent sous Henri IV. Et c'est au XVI° siècle qu'il faut demander de nous les expliquer. C'est dans Montaigne, dans Amyot, c'est même dans Calvin et dans la *Ménippée*, qu'est-la source de l'esprit du siècle qui va venir.

---

(1) Brunetière, *l'Evolution de la critique*. 2° leçon, p. 72.

LE HÉROS CORNÉLIEN ET LE « GÉNÉREUX »
SELON DESCARTES

Étude sur les rapports de la psychologie de Corneille et de la psychologie de Descartes.

Je ne veux pas revenir sur la question tant débattue de l'influence littéraire de Descartes. La thèse de M. Krantz a été vigoureusement battue en brèche ; et je crois qu'elle ne tient plus debout. La philosophie cartésienne n'a pas créé la littérature classique ; mais la première s'est développée parallèlement à la seconde ; elles sont effets des mêmes causes, expressions indépendantes du même esprit.

Aux preuves diverses qu'on en a données, j'ajouterais cette remarque : que le rapport entre le cartésianisme et la littérature apparaît plus étroit et sensible, quand on examine des écrivains contemporains de Descartes, dont les formes intellectuelles se sont nécessairement déterminées avant la publication de ses écrits, donc hors de son influence. Ainsi, il y a non seulement analogie, mais identité d'esprit, dans le *Traité des passions*, et dans la tragédie cornélienne. Jamais, que je sache, on n'a mis en lumière cette identité, et c'est pourquoi je voudrais la rendre évidente par quelques rapprochements de textes. Peut-être apprendra-t-on ainsi à rendre plus de justice à la psychologie de Corneille, lorsque l'on verra ses conceptions qui nous paraissent les plus aventureuses et fantaisistes, affirmées par le philosophe comme d'incontestables vérités.

Tout le monde n'a pas entre les mains, et les philosophes seuls peuvent avoir dans la mémoire le *Traité des passions* : aussi laisserai-je souvent la parole à Descartes. De brèves indications suffiront pour Corneille.

I

Le principe de la psychologie cornélienne, c'est la force, la toute-puissance de la volonté. Tous les héros de Corneille sont des héros de la volonté :

> Je suis maître de moi comme de l'univers :
> Je le suis, je veux l'être...,

dit Auguste dans *Cinna*. Et Pauline, dans *Polyeucte* :

> ... sur mes passions ma raison souveraine...

Tous ont la même nature et le même langage. Ouvrons maintenant le *Traité des passions* : nous rencontrons bientôt un titre aussi décisif que suggestif :

Article 40. — Qu'il n'y a point d'âme si faible qu'elle ne puisse, étant bien conduite, acquérir un pouvoir absolu sur ses passions.

Mais comment s'établissent les rapports de la volonté et des passions ? par où celle là parvient-elle à manier, à plier, à détruire celles-ci ? Tout le mécanisme de ces relations est expliqué dans quelques articles (41 à 49), dont j'extrais les principaux passages.

Art. 41. — ... La volonté est tellement libre de sa nature, qu'elle ne peut jamais être contrainte ; et des deux sortes de pensées que j'ai distinguées en l'âme, dont les unes sont ses actions, à savoir ses volontés, les autres ses passions ;... les premières sont absolument en son pouvoir et ne peuvent qu'indirectement être changées par le corps, comme au contraire les dernières dépendent absolument des actions qui les conduisent, et elles ne peuvent qu'indirectement être changées par l'âme.

Art. 45. — Nos passions ne peuvent pas directement être excitées ni ôtées par l'action de notre volonté, mais elles peuvent l'être indirectement par la représentation des choses qui ont coutume d'être jointes avec les passions que nous voulons avoir, et qui sont contraires à celles que nous voulons rejeter. Ainsi, pour exciter en soi la hardiesse et ôter la peur, il ne suffit pas d'en avoir la volonté, mais il faut s'appliquer à considérer les raisons, les objets ou les exemples qui persuadent que le péril n'est pas grand ; qu'il y a toujours plus de sûreté en la défense qu'en la fuite ; qu'on aura de la gloire et de la joie d'avoir vaincu, au lieu qu'on ne peut attendre que du regret et de la honte d'avoir fui, et choses semblables.

Ces citations me dispensent de longues réflexions, et portent avec elles la conviction, pour quiconque a bien étudié le théâtre de Corneille. Cette *excitation volontaire des passions contraires à celle qu'on veut ôter, par la représentation des choses qui y sont jointes*, est un procédé familier aux héros raisonneurs de Corneille, qui alignent des arguments pour ou contre leurs passions ; et cela nous donne le secret de tant de tirades où s'étale une vigoureuse dialectique par laquelle les personnages semblent pratiquer sur eux-mêmes une sorte de suggestion, s'échauffer artificiellement dans le sens des actes qu'une délibération froidement consciente leur propose. Rappelez-vous Émilie, lorsque son amour pour Cinna s'inquiète des périls de la conjuration où elle le pousse : elle combat ses craintes en se représentant la gloire qui suivra le péril, l'espérance d'en sortir heureusement, le commandement impérieux du patriotisme et de la piété filiale (1). Ne pouvant supprimer la passion de la peur par une action directe de sa volonté, elle excite en elle toutes les idées contraires à cette passion, qui peu à peu la réduiront et l'étoufferont.

Mais poursuivons notre lecture du *Traité* cartésien.

Art. 46. — Il y a une raison particulière qui empêche l'âme de pouvoir promptement changer ou arrêter ses passions ;... cette raison est qu'elles sont presque toutes accompagnées de quelque émotion qui se fait dans le cœur, et par conséquent aussi en tout le sang et les esprits.... Le plus que la volonté puisse faire pendant que cette émotion est en sa vigueur, c'est de ne pas consentir à ses effets et de retenir plusieurs des mouvements auxquels elle dispose le corps.

Et voilà la clef de la conduite de Pauline, lorsque Félix la presse de revoir Sévère. Elle ne craint pas pour sa vertu, elle craint pour son repos. Elle est sûre de vaincre, mais elle sait la lutte douloureuse. Elle sait qu'elle aura fort à faire pour ne pas laisser traduire au dehors l'émotion de son cœur et de ses sens.

(1) *Cinna*, Act. IV, sc. IV, toute la tirade d'Émilie qui termine la scène.

> Moi! moi! que je revoie un si puissant vainqueur!...
> Je sens déjà mon cœur qui pour lui s'intéresse!...
> — Ta vertu m'est connue. — Elle vaincra sans doute.
> Ce n'est pas le succès que mon âme redoute.
> Je crains ce dur combat et ces troubles puissants,
> Que fait déjà chez moi la révolte des sens.
>   (Acte I, sc. IV.)

Aussi abrège-t-elle ensuite son entretien avec Sévère, non qu'elle ait peur de manquer à son devoir, ni qu'elle soupçonne son mari de craindre ou son amant d'espérer une défaillance de sa vertu : mais elle veut toujours *assurer son repos*, en éloignant l'objet dont la présence excite la révolte de ses sens.

Nous trouvons encore un pareil mécanisme dans Chimène : elle n'étouffe pas son amour pour Rodrigue, et le voulût-elle, elle ne pourrait; mais elle ne laisse passer aucun acte qui décèle cet amour. L'adresse du roi, au troisième acte, consiste à surprendre sa volonté si soudainement, qu'elle n'ait pas le temps d'arrêter la violente expansion de ses émotions intimes. De là la fausse nouvelle de la mort de Rodrigue, et cette pâmoison, que Chimène détrompée essaie de reprendre comme elle peut. On peut même encore trouver dans les articles 41 et 45 cités plus haut la raison logique de ce qu'il y a d'étalage un peu emphatique et surabondant dans la douleur de Chimène. Son amour est si fort qu'elle a besoin d'exciter sans cesse en elle la représentation de son père mort, de ses plaies, de son sang, de tous les objets sensibles qui sont joints à l'idée de son devoir : c'est un moyen, comme on dit, de se fouetter, de produire en soi de la force pour l'action obligatoire et voulue.

Art. 48. — Or c'est par le succès de ces combats que chacun peut connaître la force ou la faiblesse de son âme; car ceux en qui naturellement la volonté peut le plus aisément vaincre les passions et arrêter les mouvements du corps qui les accompagnent, ont sans doute les âmes les plus fortes ; mais il y en a qui ne peuvent éprouver leur force, pour ce qu'ils ne font jamais combattre leur volonté avec ses propres armes, mais seulement avec celles que lui fournissent quelques passions pour résister à quelques autres. Ce que je nomme ses propres armes sont des jugements fermes et déterminés touchant la connoissance du bien et du mal, suivant lesquels elle a résolu de conduire les actions de sa vie ; et les âmes les plus foibles de toutes sont celles dont la volonté ne se détermine point ainsi à suivre certains jugements, mais se laisse continuellement emporter aux passions présentes, lesquelles étant souvent contraires les unes aux autres, la tirent tour à tour à leur parti, et, l'employant à combattre contre elle-même, mettent l'âme au plus déplorable état qu'elle puisse être. Ainsi, lorsque la peur représente la mort comme un mal extrême et qui ne peut être évité que par la fuite, l'ambition, d'autre côté, représente l'infamie de cette fuite comme un mal pire que la mort ; ces deux passions agitent diversement la volonté, laquelle obéissant tantôt à l'une, tantôt à l'autre, s'oppose continuellement à soi-même, et ainsi rend l'âme esclave et malheureuse.

Cet article nous aide à rendre compte d'une impression que fait assurément la lecture de Corneille, et à résoudre une des grandes objections faites à la composition de ses caractères. Les personnages de Corneille, dit-on, raisonnent trop ; et Boileau déjà, dans son *Art poétique*, le visait lorsqu'il notait sévèrement les *froids raisonnements* de certaines tragédies. Si nous songeons que les *propres armes de la volonté* sont des *jugements fermes et déterminés touchant la connaissance du bien et du mal*, et que l'on *n'éprouve la force* de la volonté qu'en la faisant combattre avec ses propres armes, nous comprendrons d'où vient que les héros cornéliens sont toujours *conscients* et *raisonneurs* : ils forment des *jugements fermes et déterminés*, pour être les appuis de leur volonté, les ressorts de leur action. Et d'autre part, quand nous lisons que les *âmes les plus faibles de toutes sont celles dont la volonté ne se détermine point à suivre certains jugements, mais se laisse continuellement emporter aux passions présentes*, nous nous expliquons pourquoi l'on ne trouve point chez Corneille un seul *passionné* qui soit purement un *passionné*, un *impulsif* qui soit vraiment un *impulsif*, pourquoi, du moins, jamais un caractère de cette nature ne saurait avoir dans son œuvre une grandeur sérieuse et tragique. Il méprise tellement ces *âmes faibles* qui ne se déterminent point sur des jugements fermes, qu'il ne saurait les peindre que dans une médiocrité basse et presque comique : c'est Prusias, c'est Félix, c'est Valens, c'est Ptolémée. Je joindrais presque encore Cinna à cette liste : car la raison de l'impression équivoque qu'il donne, la raison de la médiocrité d'âme qui le fait presque mépriser parfois, c'est qu'il est tiraillé entre un instinct d'honneur et un désir d'amour, qui entraînent tour à tour sa volonté, l'opposent continuellement à elle-même et la rendent esclave et malheureuse.

Art. 49. — Il est vrai qu'il y a fort peu d'hommes si foibles et irrésolus qu'ils ne veulent rien que ce que leur passion leur dicte. La plupart ont des jugements déterminés, suivant lesquels ils règlent une partie de leurs actions; et, bien que souvent ces jugements soient faux, et même fondés sur quelques passions par lesquelles la volonté s'est auparavant laissé vaincre ou séduire, toutefois à cause qu'elle continue de les suivre lorsque la passion qui les a causés est absente, on les peut considérer comme ses propres armes, et penser que les âmes sont plus fortes ou plus foibles à raison de ce qu'elles peuvent plus ou moins suivre ces jugements et résister aux passions présentes qui leur sont contraires. Mais il y a pourtant grande différence entre les résolutions qui procèdent de quelque fausse opinion et celles qui ne sont appuyées que sur la connaissance de la vérité ; d'autant que si on suit ces dernières, on est assuré de n'en avoir jamais de regret ni de repentir, au lieu qu'on en a toujours d'avoir suivi les premières lorsqu'on en découvre l'erreur.

Cet article est capital. Les premiers mots nous découvrent toute la distance qui sépare les idées cartésiennes et cornéliennes de nos idées : la volonté, pour nous, est une chimère peut-être, sûrement une exception ; pour Descartes, pour Corneille, c'est l'absence de volonté consciente et raisonnable, c'est l'*impulsion* pure qui est l'exception. « Il y a fort peu d'hommes si faibles et irrésolus, qu'ils ne veuillent rien que ce que leur passion leur dicte. » Et voilà pourquoi ces âmes faibles, tiraillées et méprisables, sont l'exception dans l'œuvre de Corneille : pour être dans la vérité, il nous décrit surtout des âmes fortes qui suivent avec constance des jugements clairs. Il se peut que ces âmes fortes soient passionnées aussi, mais elles raisonnent leur passion, elles en déterminent l'objet comme absolument bon et désirable ; et ainsi à l'impulsion elles substituent des jugements, des maximes nettes et réfléchies, qui seront désormais les vrais principes de leur action. C'est une des originalités de Corneille que cette résolution de la passion en volonté : et l'on voit qu'ici encore Descartes l'approuve. L'exemple le plus remarquable qu'on en puisse citer, se tire de la tragédie d'*Horace* : Camille, une amoureuse frénétique, Horace, un frénétique patriote, sont des âmes de même trempe qui toutes les deux adhèrent de toute leur volonté aux objets de leurs passions. De là les formes raisonneuses de leurs plus brutales fureurs : de là ce curieux monologue de Camille où elle concerte les moyens de faire expier à son frère la mort de son amant, et de là le mot de ce frère quand il tire l'épée pour tuer sa sœur, coupable d'avoir insulté sa patrie :

C'est trop : *ma patience à la raison* fait place.
(IV, 5.)

Que la passion première soit tout à fait mauvaise, ou que l'âme, égarée par une connaissance insuffisante, choisisse avec réflexion un faux bien pour objet de sa volonté, on aura le scélérat cornélien, héros de la volonté tout comme le généreux cornélien. Sa scélératesse n'a pas l'allure inégale et capricieuse, les *à-coups* et les secousses de l'action impulsive et irraisonnée : elle est rectiligne, égale, inépuisable, exempte d'hésitation et de trouble, parce qu'elle est l'application consciencieuse d'une maxime réfléchie. Je ne puis que renvoyer à la Cléopâtre de *Rodogune*. En revanche, il suffira que la fausseté du jugement qui règle les actes du personnage lui soit montrée ; et aussitôt il pivotera sur lui-même, il fera volte-face, et se remettra en marche dans une direction absolument opposée, du même pas égal et soutenu dont il marchait tout à l'heure en sens inverse. La raison éclairée tout d'un coup a retourné tout d'un coup la volonté. Émilie voit dans Auguste un tyran féroce et sanguinaire : nul bienfait ne l'a ramenée. Elle veut le tuer. Mais Auguste fait grâce entière à son amant, à elle ; il révèle une générosité qu'elle ne soupçonnait pas : par suite le jugement d'Émilie change soudain.

Ma haine va mourir que j'ai crue immortelle.
Elle est morte,

dit-elle ; et la plus forcenée des furies devient en un instant la plus dévouée des filles.

De pareilles volte-face ne sont pas à craindre, quand *les jugements de la volonté sont appuyés sur la connaissance de la vérité :* alors on ne connaît plus ni regret, ni repentir :

> Je le ferais encore si j'avais à le faire,

répètent à l'envi les héros cornéliens. Et ne voit-on pas sortir de la dernière phrase de cet article 49 le héros impassible, impeccable, sans émotion comme sans défaillance, qu'on a tant de fois reproché à Corneille, et dont on a tant de fois raillé l'invraisemblance?

Descartes y tient, à cette sérénité imperturbable de l'homme sûr de sa volonté, et qui s'y retranche en telle sorte que rien ne l'y saurait atteindre ni forcer. Il se reprend plus d'une fois à la décrire ; et, en la décrivant, c'est l'état d'âme des Nicomède, des Sertorius et des Suréna qu'il analyse :

> Art. 148. — ... Il est certain que, pourvu que notre âme ait toujours de quoi se contenter en son intérieur, tous les troubles qui viennent d'ailleurs n'ont aucun pouvoir de lui nuire ; mais plutôt ils servent à augmenter sa joie, en ce que, voyant qu'elle ne peut être offensée par eux, cela lui fait connoître sa perfection. Et afin que notre âme ait ainsi de quoi être contente, elle n'a besoin que de suivre exactement la vertu. Car quiconque a vécu en telle sorte que sa conscience ne lui peut reprocher qu'il ait jamais manqué à faire toutes les choses qu'il a jugées être les meilleures (qui est ce que je nomme ici suivre la vertu), il en reçoit une satisfaction qui est si puissante pour le rendre heureux, que les plus violents efforts des passions n'ont jamais assez de pouvoir pour troubler la tranquillité de son âme.

Et cette tranquillité d'âme a son fondement dans

l'assurance que rien n'est à nous : si bien qu'assuré de son vouloir, l'homme se détache du reste, et voit indifféremment l'événement tourner pour ou contre lui. Il sait que, quoi qu'il arrive, sa liberté intérieure subsistera tout entière.

> Faites votre devoir et laissez faire aux dieux,

dit le vieil Horace : et Nicomède, Sertorius, Suréna, assistent impassibles, sans un mouvement de crainte ni de dépit, sans la plus légère marque de trouble et d'émotion, aux intrigues et aux complots qui menacent leur liberté, leur fortune ou leur vie. Descartes va nous en rendre raison.

Art. 152. - Je ne remarque en nous qu'une seule chose qui nous puisse donner juste raison de nous estimer, à savoir l'usage de notre libre arbitre, et l'empire que nous avons sur nos volontés ; car il n'y a que les seules actions qui dépendent de ce libre arbitre pour lesquelles nous puissions avec raison être loués ou blâmés...
Art. 153. — Ainsi je crois que la vraie générosité, qui fait qu'un homme s'estime au plus haut point qu'il se peut légitimement estimer, consiste seulement partie en ce qu'il connoît qu'il n'y a rien qui véritablement lui appartienne que cette libre disposition de ses volontés, ni pourquoi il doive être loué ou blâmé sinon pour ce qu'il en use bien ou mal, et partie en ce qu'il sent en soi-même une ferme et constante résolution d'en bien user, c'est-à-dire de ne manquer jamais de volonté pour entreprendre et exécuter toutes les choses qu'il jugera être les meilleures ; ce qui est suivre parfaitement la vertu.

Jamais, je crois, le principe de l'héroïsme cornélien et de l'admiration que malgré tout il inspire, n'a été mieux mis à découvert que dans ces dernières lignes. On y voit à merveille comment cet héroïsme de la volonté, qui devient la plus haute vertu quand il s'appuie sur une connaissance vraie, garde pourtant une admirable grandeur pour le déploiement d'énergie où il nous fait assister, même quand la connaissance est fausse, et qu'il s'attache au mal. Il apparaît bien ainsi que l'héroïsme cornélien, dans son essence originale, n'a pas forcément un caractère moral, et ressemble fort, avec plus d'étroitesse, à la *virtu* des Italiens de la Renaissance, comme l'a déjà fait remarquer, je crois, M. Brunetière dans une conférence de l'Odéon.

II

L'identité des conceptions de Descartes et de Corneille va si loin que nous retrouvons dans le *Traité des passions* quelques uns des caractères les plus extraordinaires et les plus originaux que le poète tragique ait composés : Nicomède, par exemple, et Auguste.

Voici Nicomède, d'abord, avec cette sérénité hautaine, dont il domine tous ceux qui l'entourent, et Attale, et Arsinoé, et Flaminius même :

> Art. 203. — ... Comme il n'y a rien qui la rende (*la colère*) plus excessive que l'orgueil, ainsi je crois que la générosité est le meilleur remède qu'on puisse trouver contre ses excès, pource que, faisant qu'on estime fort peu tous les biens qui peuvent être ôtés, et qu'au contraire on estime beaucoup la liberté et l'empire absolu sur soi-même, qu'on cesse d'avoir lorsqu'on peut être offensé par quelqu'un, elle fait qu'on n'a que du mépris ou tout au plus de l'indignation pour les injures dont les autres ont coutume de s'offenser.

Et voici la raillerie héroïque de Nicomède, tour à tour chargée d'indignation ou de mépris.

Art. 127. — Pour le ris qui accompagne quelquefois l'indignation, il est ordinairement artificiel et feint ; mais lorsqu'il est naturel, il semble venir de la joie qu'on a de ce qu'on voit ne pouvoir être offensé par le mal dont on est indigné, et, avec cela, de ce qu'on se trouve surpris par la nouveauté ou par la rencontre inopinée de ce mal ; de façon que la joie, la haine et l'admiration y contribuent...

Art. 163. — ... Ce que je nomme le dédain est l'inclination qu'a l'âme à mépriser une cause libre, en jugeant que, bien que de sa nature elle soit capable de faire du bien ou du mal, elle est néanmoins si fort au-dessous de nous qu'elle ne nous peut faire ni l'un ni l'autre.

Voici maintenant Auguste, dans *Cinna*. L'originalité du rôle d'Auguste est de présenter un héros en qui la noblesse n'est pas naturelle, et qui s'élève d'une bassesse cruelle et tyrannique jusqu'à la sublime clémence : cette évolution du caractère explique le déplacement d'intérêt qu'on a tant de fois signalé dans cette tragédie, dont le premier acte étale les crimes d'Auguste, jusqu'à le rendre odieux, tandis que du second au cinquième il va sans cesse s'élevant et se purifiant. Comment se fait cette évolution ? Écoutons Descartes dans l'article où il expose « comment la générosité peut être acquise ».

Art. 161. — Il est certain que la bonne institution sert beaucoup pour corriger les défauts de la naissance, et que si on s'occupe souvent à considérer ce que c'est que le libre arbitre, et combien sont grands les avantages qui viennent de ce qu'on a une ferme résolution d'en bien user, comme aussi, d'autre côté, combien sont vains et inutiles tous les soins qui travaillent les ambitieux, on peut exciter en soi la passion et ensuite acquérir la vertu de générosité, laquelle étant comme la clef de toutes les autres vertus et un remède général contre tous les dérèglements des passions, il me semble que cette considération mérite bien d'être remarquée.

Art. 155. — ... Les plus généreux ont coutume d'être les plus humbles ; et l'humilité vertueuse ne consiste qu'en ce que la réflexion que nous faisons sur l'infirmité de notre nature et sur les fautes que nous pouvons avoir autrefois commises,... est cause que nous ne nous préférons à personne...

Art. 156. — Ceux qui sont généreux... sont naturellement portés à faire de grandes choses, et toutefois à ne rien entreprendre dont ils ne se sentent capables...

Auguste passe par toutes les étapes qui sont ici indiquées :

1º Vanité des soins qui travaillent les ambitieux.

> J'ai souhaité l'empire et j'y suis parvenu ;
> Mais en le souhaitant, je ne l'ai pas connu.
> Dans sa possession j'ai trouvé pour tous charmes
> D'effroyables soucis, d'éternelles alarmes,
> Mille ennemis secrets, la mort à tous propos,
> Point de plaisir sans trouble, et jamais de repos.
>
> (II, 1.)

D'ou va sortir le dégoût des biens qui peuvent être ôtés.

2º Réflexion sur les fautes qu'on a commises, d'où l'on ne se préfère à personne :

> Rentre en toi-même, Octave, et cesse de te plaindre !
> Quoi ! tu veux qu'on t'épargne, et n'as rien épargné !...
> Ils violent des droits que tu n'as pas gardés !...
>
> (IV, 2.)

3º Ne rien entreprendre dont on ne se sente capable :

> Mais quoi ? toujours du sang et toujours des supplices ?
> Je veux me faire craindre et ne fais qu'irriter...
> Et le sang répandu de mille conjurés
> Rend mes jours plus maudits, et non plus assurés.
>
> (IV, 2.)

4º Désabusé, donc, de « cet empire absolu sur la terre et sur l'onde », dégoûté des rigueurs qui ne servent à rien, conscient aussi de son indignité, « il connaît qu'il n'y a rien qui véritablement lui appartienne que cette libre disposition de ses volontés » ; il n'estime plus que « l'empire absolu sur soi-même ».

> Je suis maître de moi comme de l'univers,
> Je le suis, je veux l'être. O siècles, ô mémoire,
> Conservez à jamais ma dernière victoire !
> Je triomphe aujourd'hui du plus juste courroux
> De qui le souvenir puisse aller jusqu'à vous.
> (V, 3.)

Dès lors Auguste s'est dépouillé d'Octave ; la volonté a nettoyé cette âme perverse, et y a engendré la générosité.

III·

Corneille a donné à l'amour un caractère *vertueux* et *moral* dont on s'est étonné souvent. C'est que l'amour n'est pas dans Corneille une attraction sensuelle, une émotion irraisonnée de la sympathie : sans exclure ces éléments, il en fait surtout un élan vers la perfection ; l'amour cornélien est conscient, raisonnable et volontaire. Il est précisément ce que Descartes explique en son article 139.

> Art. 139. — Nous devons principalement considérer les passions en tant qu'elles appartiennent à l'âme, au regard de laquelle l'amour et la haine viennent de la connoissance... Et lorsque cette connoissance est vraie, c'est-à-dire que les choses qu'elle nous porte à aimer sont véritablement bonnes, et celles qu'elle nous porte à haïr sont véritablement mauvaises, l'amour est incomparablement meilleure que la haine ; elle ne sauroit être trop grande, et elle ne manque jamais de produire la joie. Je dis que cette amour est extrêmement bonne, pour ce que, joignant à nous de vrais biens, elle nous per-

fectionne d'autant. Je dis aussi qu'elle ne saurait être trop grande, car tout ce que la plus excessive peut faire, c'est de nous joindre si parfaitement à ces biens, que l'amour que nous avons particulièrement pour nous-mêmes n'y mette aucune distinction, ce que je crois ne pouvoir jamais être mauvais : et elle est nécessairement suivie de la joie, à cause qu'elle nous représente ce que nous aimons comme un bien qui nous appartient.

Cet amour, bien différent du désir qui naît de l'agrément, et qui est l'amour ordinaire des romans et des comédies, cet amour se fonde en somme sur l'estime. Chimène aime Rodrigue, parce qu'elle ne connaît rien de meilleur. Pauline a aimé Sévère parce que jamais Rome

> N'a produit plus grand cœur ni vu plus honnête homme.

Aimer un homme, c'est donc aimer le bien qui est en lui ; c'est donner un culte légitime à l'excellence d'une nature la meilleure qu'on ait rencontrée. De là ces adorations, ces dévotions des amants dans le théâtre de Corneille. De là vient que cet amour est vertu, et source de vertu, parce qu'il n'est autre chose en soi que l'amour de la perfection :

> Des grandes actions il rend l'homme amoureux,...
> L'impossibilité jamais ne l'épouvante...
> Ainsi qui sait aimer se rend de tout capable...
> Mais le manque d'amour fait le manque de cœur.
>   (IMITATION DE J.-C.)

C'est de l'amour de Dieu que Corneille dit cela : mais l'amour de Dieu n'est pas différent essentiellement de l'amour des créatures : il n'en diffère que par l'absolue perfection de l'objet, tandis que dans les créatures la perfection est toujours bornée. Cette identité des sentiments, avec ces différences des objets, apparaît dans l'article 83 de Descartes :

Art. 83. — On peut, ce me semble, distinguer l'amour par l'estime qu'on fait de ce qu'on aime, à comparaison de soi-même ; car lorsqu'on estime l'objet de son amour moins que soi, on n'a pour lui qu'une simple affection ; lorsqu'on l'estime à l'égal de soi, cela se nomme amitié ; et lorsqu'on l'estime davantage, la passion qu'on a peut être nommée dévotion. Ainsi on peut avoir de l'affection pour une fleur, pour un oiseau, pour un cheval ; mais, à moins que d'avoir l'esprit fort déréglé, on ne peut avoir de l'amitié que pour des hommes. Et ils sont tellement l'objet de cette passion, qu'il n'y a point d'homme si imparfait qu'on ne puisse avoir pour lui une amitié très parfaite lorsqu'on en est aimé et qu'on a l'âme véritablement noble et généreuse. Pour ce qui est de la dévotion, son principal objet est sans doute la souveraine divinité, à laquelle on ne saurait manquer d'être dévot, lorsqu'on la connoît comme il faut ; mais on peut aussi avoir de la dévotion pour son prince, pour son pays, pour sa ville, et même pour un homme particulier, lorsqu'on l'estime beaucoup plus que soi. Or la différence qui est entre ces trois sortes d'amour paraît principalement par leurs effets ; car, d'autant qu'en toutes on se considère comme joint et uni à la chose aimée, on est toujours prêt d'abandonner la moindre partie du tout qu'on compose avec elle pour conserver l'autre ; ce qui fait qu'en la simple affection l'on se préfère toujours à ce qu'on aime, et qu'au contraire en la dévotion l'on préfère tellement la chose aimée à soi-même qu'on ne craint pas de mourir pour la conserver. De quoi on a vu souvent des exemples en ceux qui se sont exposés à une mort certaine pour la défense de leur ville, et même aussi quelquefois pour des personnes particulières auxquelles ils s'étaient dévoués.

Par cette conception de l'amour s'expliquent quelques-unes des singularités du théâtre de Corneille. Le mécanisme curieux, d'abord, et les déplacements de sentiments qu'on remarque dans *Polyeucte*. Pauline, qui aimait Sévère pour son *grand cœur*, passe à aimer

Polyeucte, quand elle connaît en lui une forme d'héroïsme fort au-dessus de la vertu humaine de Sévère. Polyeucte, pareillement, n'a d'abord rien aimé plus que Pauline :

> Je vous aime, (lui dit-il),
> Le ciel m'en soit témoin, beaucoup plus que moi-même.
> (Act. I.)

Un peu plus tard, il dit :

> Je vous aime
> Beaucoup moins que mon Dieu, cent fois plus que moi-même.
> (Act. IV.)

Dans l'intervalle il a achevé de « connaître comme il faut la souveraine divinité » : c'est la souveraine perfection, il ne pouvait manquer de l'aimer plus que Pauline. Ainsi dans la tragédie, l'amour suit exactement la connaissance ; à mesure que la connaissance s'épuise, l'amour se transforme, et elle le porte d'objet en objet, du moins parfait au plus parfait.

De là vient encore le caractère très particulier et très original que prend dans Corneille la lutte de la passion et du devoir. Si l'amour est la vertu des grands cœurs, il semble qu'il y ait contradiction à le combattre. L'amour est en effet une dette qu'on paye à la vertu. S'il doit céder à l'honneur, ce n'est pas du tout pour la raison qu'on donne d'ordinaire, parce qu'il est d'ordre inférieur : non, il est au contraire raisonnable ; et ni Chimène ni Rodrigue ne songent à en rougir, ni à s'en défaire. S'ils agissent contre l'amour, c'est dans l'intérêt même de l'amour. Subtilité apparente, facile pourtant à concevoir. Car chacun des efforts qu'ils font contre l'amour, les élève à un degré plus haut d'héroïsme qui a droit à une somme plus grande d'amour. Ainsi leurs âmes s'embrassent plus étroitement, quand leurs actes s'opposent le plus, et leur passion se nourrit de tout ce qu'ils font contre elle. C'est pour Chimène même que Rodrigue a écouté son devoir de fils plutôt que son devoir d'amant :

> Qui m'aima généreux, me haïrait infâme...
> Je t'ai fait une offense, et j'ai dû m'y porter
> Pour effacer ma honte et *pour te mériter*.

Si l'estime, en effet, détermine l'amour, il faut sacrifier l'amour à l'honneur dont la perte ne laisserait pas subsister l'estime. Et ainsi on ne mérite l'amour qu'en ne faisant rien pour lui. Voilà qui porte ce sentiment à une curieuse hauteur, jusqu'à ne plus vivre que du sacrifice sans cesse renouvelé qu'on en fait ; mais c'est le nécessaire complément d'une théorie qui l'identifie à l'amour de la perfection : les amants se sentent obligés à se traiter réciproquement comme parfaits, et à se rendre individuellement le plus parfaits qu'ils peuvent.

IV

D'où viennent toutes les ressemblances que j'ai relevées entre les tragédies de Corneille et le *Traité* de Descartes ? Le *Traité des passions* fut écrit en 1646, publié en 1649 : les chefs-d'œuvre de Corneille avaient paru presque tous. Ce n'est donc pas Corneille qui s'est inspiré de Descartes : est-ce Descartes qui s'est inspiré de Corneille ? Je retrouve dans le *Traité* Nicomède aussi bien qu'Auguste ; et Nicomède est postérieur à 1649. Il n'y a donc pas eu influence de l'un sur l'autre, mais communauté d'inspiration.

Le philosophe et le poète tragique ont travaillé tous les deux sur le même modèle : l'homme tel que la société française le présentait communément au début du XVIIe siècle. Une réalité qui, en eux-mêmes et hors d'eux-mêmes, commandait à leurs conceptions, rend seule compte de l'étonnante identité qu'on y remarque. Et cette réalité n'est pas bien difficile à trouver. La race que les désordres et les périls du XVIe siècle ont formée, est une race robuste, intelligente, active ; elle a des sens brutaux, l'esprit vif, souple, lucide, pratique, la volonté saine et intacte. Entre les appétits des sens et les idées de l'esprit, elle ne laisse aucune place aux pures émotions du cœur, aux molles rêveries de l'imagination ; elle vit de la vie physique et de la vie intellectuelle, avec intensité : point du tout de la vie sentimentale. Elle estime par-dessus tout la netteté des jugements, la promptitude des décisions ; elle met son idéal à tenir toujours toutes les forces de son corps et de son âme à commandement. Voulons-nous voir ce type réalisé dans quelques individus ? Regardons Richelieu, Retz, Turenne. Le remarquable livre de M. Hanotaux met bien en lumière cette domination de l'intelligence et de la volonté dans Richelieu.

Et voici, je crois, l'importante conclusion qu'on peut tirer des textes que nous venons d'étudier. Il faut nous garder des affirmations absolues et téméraires, quand la vérité psychologique des caractères dessinés par un auteur ne nous apparaît pas, quand ils choquent notre conception familière. A chaque époque, la littérature fait prévaloir un type, conforme au goût, à l'état moral et physique du public qui est à la fois le modèle et le juge. Dans notre temps de névrosés, de détraqués, de veules emballés, bons pour la gesticulation et mauvais pour l'action, nous comprenons aisément les impuissants mélancoliques, les impulsifs tendres ou brutaux du roman contemporain : nous comprenons aussi les maniaques grandioses, les passionnés extatiques de la littérature romantique. Les agités sentimentaux, parfois actifs et parfois demi-conscients, les féminins délicats et vibrants de Racine sont encore à notre portée. Le type intellectuel et actif, réfléchi et volontaire, nous échappe. Nous le nions : nous accusons Corneille de l'avoir inventé. Mais Descartes nous avertit que Corneille n'a pas rêvé. Ils ont décrit l'un et l'autre une fermeté d'âme commune en leur temps, et l'idéal où cette forme d'âme tendait. Ce type a été délaissé par la littérature, et, je le veux bien, parce qu'il avait cessé d'être commun dans la nature. A-t-il totalement disparu ? N'existe-t-il plus aujourd'hui ? Je suis sûr que, si la mode littéraire, le préjugé ne nous fermaient les yeux, et ne nous empêchaient pas de voir tout ce qui est contraire à l'hypothèse psychologique actuellement en faveur, nous le retrouverions; même parmi nos contemporains, il y a encore des natures à la Corneille : de solides hommes, fortement sensuels et point du tout sensibles, des intellectuels qui transforment toutes leurs impressions en idées, les idées en jugements, les jugements en volontés, qui savent ce qu'ils veulent, veulent ce qu'ils font, et dont la vie est dans l'ensemble une œuvre de claire conscience et de libre détermination, si l'on entend seulement par liberté la puissance des idées pour déterminer les actes.

UNE VICTIME DE SAINT-SIMON

Le cardinal Alberoni

Parmi tous ceux qu'a maltraités le génie rageur de Saint-Simon, — et, comme on sait, ils sont légion, — on n'en nommerait pas beaucoup qu'il ait plus cruellement, plus magistralement exécutés que l'ennemi de son ennemi Dubois, cet Italien qui gouverna l'Espagne avec une reine italienne, le cardinal Jules Alberoni. Tout le monde connaît l'inoubliable scène où le plaisant envoyé du duc de Parme conquit d'un coup l'arrière-petit-fils de Henri IV, siégeant sur sa chaise percée, par l'imprévue réalisation de la plus indécente métaphore que la langue française ait inventée pour désigner la bassesse prête à tout. Le nom d'Alberoni évoque une figure grotesque, enveloppe d'une âme ignoble : on revoit ce « bas valet » de M. de Vendôme, bouffon, fripon, servile, intrigant, le plus effronté des Scapins, dont les épaules appelaient naturellement le bâton, sans que la sainteté du caractère ecclésiastique ni même la pourpre romaine aient pu vaincre ce fatal ascendant : masque de basse farce, enluminé, grimaçant, énorme et avec cela irrésistible.

Il y a longtemps qu'on se défie de Saint-Simon : en dépit, peut-être en raison de son trop verveux réquisitoire, le procès du cardinal est toujours pendant. Hier encore, l'exact et scrupuleux historien des rapports de Philippe V et de la cour de France, M. A. Baudrillart, réservait la question d'Alberoni. Elle s'éclaire aujourd'hui d'un jour nouveau. M. E. Bourgeois nous apporte six cent onze *Lettres intimes* (1), qu'il a trouvées au séminaire Alberoni, à Plaisance. Cette publication est un modèle d'exactitude et d'érudition sobre; M. Bourgeois a enrichi cette correspondance d'un utile index, d'une excellente introduction, où il a éclairci toutes les obscurités, précisé le sens des importants documents qu'il a découverts. D'amples sommaires nous guident à travers les lettres italiennes. A partir du 17 avril 1713, Alberoni s'est servi de sa langue natale; pendant les dix années précédentes, c'est-à-dire à peu près pendant qu'il fut auprès de Vendôme, il écrivit en français ; deux cent soixante-deux lettres de cette période sont en notre langue, qu'il manie avec aisance et vivacité, mais non sans incorrection, avec force italianismes de construction, de vocabulaire ou d'orthographe. L'unique destinataire de toutes les lettres, à deux ou trois exceptions près, est le comte Rocca, « questeur et trésorier des

---

(1) *Lettres intimes d'Alberoni adressées au comte J. Rocca* (1703-1747), publiées, pour la première fois, par M. Émile Bourgeois, professeur à la Faculté des lettres de Lyon, *Annales de l'Université de Lyon*. Paris, Masson, 1893. Cf. *Alberoni, madame des Ursins et la reine Élisabeth Farnèse*, par É. Bourgeois. Paris, Picard, 1891.
— Au reste, les lettres d'Alberoni sont des lettres *privées* plutôt qu'*intimes* : il n'oublie pas que son ami est le ministre de son maître, et son chef.

revenus », et, comme tel, ministre principal des ducs
François et Antoine Farnèse. Cette correspondance
privée doublait, complétait, corrigeait la correspondance
officielle qu'Alberoni entretenait avec sa cour, comme
son agent auprès de Vendôme d'abord, puis auprès du
roi d'Espagne.

Les *Lettres intimes* d'Alberoni sont une pièce capitale
pour la décision de son affaire. Jusqu'ici, tous les historiens de France qui ont rencontré Alberoni sur leur
chemin ont jugé l'homme par sa politique, et cette
politique, tantôt par le succès, tantôt par la politique
adverse du régent; M. Baudrillart même, avec toute
sa prudence, n'a pas évité cet inconvénient. Les documents que nous offre M. Bourgeois vont nous permettre de suivre une méthode inverse et plus rationnelle. Oubliant quels intérêts il a combattus, abstraction
faite du succès et même pour ainsi dire de la matière de
ses actes, nous pourrons savoir, directement et de
première main, qui fut ce cardinal Alberoni, quels
fonds de tempérament, quels vices, quelles idées,
quelle puissance enfin et orientation intime de l'âme
déterminèrent l'usage qu'il fit des conjonctures offertes
par la fortune à son activité. On revisera ainsi le jugement de Saint-Simon, qui malgré tout a imposé sa psychologie du personnage même aux historiens les plus
soupçonneux de sa véracité, simplement parce qu'il
est à peu près le seul à faire apparaître constamment
une nature d'homme à travers les actes d'un ministère.

C'est cette revision que je veux tenter. Je veux, à
l'aide de cette correspondance privée, retracer la per
sonne morale d'Alberoni, préparant en quelque sorte
les dessous humains de l'histoire sans faire proprement

besogne d'historien. Je laisserai de côté toute exposition, examen et discussion des actes politiques : je chercherai l'homme.

I

Regardons au cabinet des estampes le portrait du cardinal Alberoni, dessiné à Rome par Boizot et gravé par Dupuis : une figure grasse et allongée, un front haut, prolongé par l'échancrure ovale de la perruque qui découvre un peu du crâne, des yeux vifs sous de forts sourcils, le nez grand, très large à la base et descendant sur la lèvre supérieure, la bouche grande, relevée aux deux coins vers les oreilles, le menton long ; tout cet ensemble frappe par un air de vulgarité robuste. — M. Bourgeois nous présente un Alberoni jeune, qu'on ne connaissait pas encore ; la miniature du séminaire Alberoni, qu'il reproduit, montre un abbé joufflu, aux yeux vifs, à la bouche sensuelle : une laideur intelligente, sans distinction ni finesse.

Les portraits d'Alberoni autorisent l'induction qu'on peut tirer de sa naissance : ce fils d'un jardinier du Plaisantin est un paysan. Paysan il était, quand je ne sais quel prélat le tira, à quatorze ans, de la charrue ; dégrossi, instruit, lancé dans le « grand monde », ministre, cardinal, il resta paysan ; une forte nature lombarde, un peu grosse, âpre, violente. Je n'ai pas besoin de dire que ce n'est ni un rustre ni un lourdaud ; mais ce n'est pas le maître fourbe qu'on pourrait croire. Il y a de la simplicité dans sa malice, et sa finesse est finesse de paysan. Les ressorts dont il joue n'ont rien de compliqué ni de délicat : aussi ne se dérangent-ils jamais. Mis en œuvre obstinément, avec une régularité têtue, pendant des années, ils sont enfin irrésistibles. Comme le chat de La Fontaine, notre homme n'a pas cent tours dans son sac ; il en a, non pas un seul, mais, tout bien compté, deux.

Il a ses potages et ses charcuteries, d'abord. A peine introduit, ou pour s'introduire, il les met en avant. Il confectionne chez Vendôme, à Anet, « une soupe de macaroni accommodée avec du beurre et du fromage. » Le parmesan est mauvais ; cependant Monseigneur (le Grand Dauphin) et sa compagnie en font leur régal. En Espagne, même manœuvre. Il fait du macaroni à la princesse des Ursins ; le cardinal del Giudice vient lui demander une soupe à la lombarde ; le vieux duc de Giovenazzo est conquis par un assortiment de saucissons. La seconde reine, la Farnèse, est nourrie vraiment par Alberoni ; il est son maître d'hôtel autant que son conseiller. Il la fournit de truffes, d'huîtres, de saucissons, gros ou petits, cuits ou crus, de Gênes ou de Parme ; de fromages de tout calibre et de toute nature : *stracchini*, *mazzolini* : il préside à la préparation du potage aux pois et du hachis au raisin. Sans lui, « la majesté de la reine » jeûnerait. Le vin lui donne bien du mal ; la reine ne boit que des vins d'Italie. Alberoni commande du vin à Parme ; mais parfois le vin n'arrive pas ! « La majesté de la reine » va manquer de vin : *disgrazia grandissima!* Alberoni s'ingénie, met un tiers d'eau dans le vin de la reine, essaye des coupages, achète du raisin et fabrique du vin. Des six cents lettres qu'il écrit au comte Rocca, on compterait celles où ces articles de bouche ne tiennent pas de place. Sans cesse il demande des envois et en accuse réception. Je ne sais si la politique européenne, l'administration de l'Espagne l'ont plus préoccupé que toutes ces victuailles qu'il distribue. C'est un triomphe quand les saucissons sont *in tutta perfezione* ; mais que de fois ils sont pourris ou durs comme bois ! que de fois le fromage a des vers ! que de fois le vin est tourné, les bouteilles mal cachetées ou cassées faute d'assez de paille ! Pendant vingt ans, les charcuteries, les vins et les potages furent l'instrument de la faveur et du règne d'Alberoni. Il ne ménage pas là-dessus les admonestations à son ami Rocca, trop sceptique et trop économe : « C'est par ces misères-là, écrit-il, qu'on s'introduit. » Aussi de quel œil jaloux surveille-t-il la concurrence ! La nourrice de la reine, cette intrigante de Laura, prétend fabriquer du saucisson de Parme : Alberoni est inquiet. Mais sa fortune est la plus forte ; les saucissons sont détestables, et la nourrice a gâté de la charcuterie « de quoi nourrir six couvents d'Espagne ».

Voilà « le faiseur de potages » de Saint-Simon ; voici le « bouffon ». Cette bouffonnerie, — second tour qu'il ait dans son sac, — est tout simplement un accent d'origine et de terroir, la crudité pittoresque, la robuste jovialité d'un esprit populaire et rustique. Alberoni a fait rire les fins seigneurs habitués à la pointe aiguë des beaux esprits de Paris. Vendôme même, entre son Campistron et son Chaulieu, n'avait pas idée de cette verve originale et chaude et s'en est senti tout ragaillardi. Le finaud n'a eu garde de prendre le ton du monde où il s'insinuait : il l'avait quand il voulait ; mais, à l'ordinaire, il aimait mieux retenir, pour continuer à plaire, sa trivialité salée, par laquelle il avait commencé à plaire. A la reine d'Espagne, comme à Vendôme, il en a fait goûter l'âcre saveur. Le comte Rocca, auquel vont les *Lettres intimes*, n'est pas à séduire ; aussi ne se met-il pas en frais et ne développe-t-il pas son personnage; mais sa nature éclate pourtant, et l'on en voit assez pour se représenter le tour de conversation qui fut pour moitié dans ses succès. C'est un esprit à brusque détente, fort plutôt que léger ; non point pétillant comme une mousse piquante, mais râclant le gosier comme un gros vin ; non pas élancé comme une fusée, mais asséné comme une bourrade. Rien de l'esprit des salons, qui est un jeu d'idées ; c'est un jet de sensation, comme l'esprit du peuple. L'imagination y a plus de part que l'intelligence ; du reste, ni goût, ni bienséance, ni finesse. Comparer un lourd diplomate à un fromage de Hollande ; Charles XII attaché sur la Saxe au plus innomable parasite de la peau humaine, complimenter la reine d'Espagne d'un heureux accouchement, en lui disant que puisqu'elle a fait si facilement un si gros enfant, elle pourrait bien se mettre sur l'heure à faire le second : voilà le ton d'Alberoni. Dans cette bouche, toutes les métaphores se réalisent par des compléments imprévus et burlesques : la reine est bonne, « elle donnerait jusqu'à sa chemise. *Le malheur est qu'elle soit si courte.* » Les contes aussi naissent naturellement, à la place des raisonnements abstraits. Les Catalans, que l'empereur abandonne, avec de belles paroles, à la vengeance de Philippe V, « connaissent être à peu près à la place de celui qu'on va pendre. Le Père spirituel lui dit des merveilles du paradis ; cependant il va être pendu. » Dans le sérieux, cette vision imagée est plus près de la poésie que du véritable esprit ; Vendôme, acharné à la poursuite de l'archiduc, devient par une métaphore épique, « un chasseur de loup qui n'est content qu'après que la bête est essoufflée et étranglée par les chiens ».

« S'introduire », — c'est le mot qu'il répète toujours; — une fois introduit, se réintroduire, enfin, rester, c'est le système d'Alberoni. Idée simple, dont l'exécution ne demandait qu'une infatigable persévérance. Le petit abbé arrivait avec ses charcuteries : un cadeau fait toujour plaisir, même aux princes. Un nouvel arrivage était un laissez-passer pour revenir. Sa grosse belle humeur secondait ses victuailles. Il prenait les grands par une familiarité impossible à repousser. Il avait compris qu'avec eux l'essentiel était d'être là, d'être vu, de les obliger à le regarder, à le connaître ; si de surcroît on les amuse, on a partie gagnée. Un jour venait où il était de la maison. Un autre jour, on avait besoin de quelqu'un pour une affaire sérieuse : on le prenait, non comme capable, mais comme connu et parce qu'il n'était pas ennuyeux. Il avait le pied dans l'étrier : en route pour la fortune.

II

Voilà toutes les finesses d'Alberoni, finesses d'un Auvergnat italien, qui ont quelque chose de rude et d'élémentaire ; son habileté ne s'étend guère au delà des limites de leur application. Nous autres Français, nous nous imaginons volontiers que dans tout Italien il y a un diplomate de première force, à qui c'est un jeu de rouler notre lourdeur sérieuse d'hommes du Nord. Et quand cet Italien est d'Église, il semble qu'il doive être, pour le moins, Mazarin. Il en faut rabattre, quand il s'agit d'Alberoni. Il n'est ni Mazarin ni Machiavel : c'est un Lombard sanguin, non un subtil Florentin, et je ne puis m'empêcher de trouver que sa finauderie native ne s'est guère enrichie d'astuce ecclésiastique. Ce qu'il a le mieux conçu dans les maximes de la diplomatie italienne et romaine, c'est la commodité du mensonge : il ment largement, effrontément, sans scrupule et sans sagesse. Mais enfin le mensonge n'est pas toute la diplomatie, ni même peut-être la partie principale de la diplomatie. Or, mensonge à part, Alberoni n'est pas diplomate ; dans son ministère, est-ce hasard ou malchance si toutes ses négociations ont échoué, si tous ses marchés ont été marchés de dupe ? Dans son triomphal succès du mariage de Philippe V, il ne lui fallut que de la patience, un hardi mensonge, et laisser faire à la passion féminine de la princesse des Ursins ; c'est un chef-d'œuvre d'intrigue privée, si l'on veut, mais rien de plus. Pour un diplomate, il est trop étonné, trop étourdi, quand les amis sur qui il avait compté tournent en ennemis ; un habile homme n'a pas de ces violentes surprises, rien ne lui est tout à fait imprévu.

Il manque à Alberoni une partie essentielle du diplomate : cette connaissance des hommes dont on lui a fait trop facilement honneur. J'avoue que ses *Lettres intimes* ne la révèlent pas du tout. Le scepticisme moral, la défiance et le mépris des hommes ne sont pas constamment et nécessairement l'indice du sens psychologique, l'effet d'une désolante clairvoyance. Faut-il être grand clerc, en Italie, aux environs de 1700, pour professer que l'homme est un animal égoïste ou vaniteux, et que le monde se mène par l'apparence ? Alberoni a attrapé les idées et les maximes qui se respirent avec l'air de ce temps là ; je ne sais si, dans les six cents lettres qu'on vient de nous donner, on trouverait une seule phrase qui révèle un tempérament d'observateur curieux, une intuition personnelle de secret des cœurs. Au contraire, ceci est un aveu d'impuissance : « Monsieur le comte, c'est magie noire que de vouloir entendre les choses de la cour. Chacun a ses fins particulières, difficiles à accorder ensemble. » Et comme on entend qu'il prend son parti d'ignorer! De là vient que, venu en Espagne dès 1710 avec Vendôme, il prend le pouvoir en 1715 sans avoir un soupçon du caractère de la nation qu'il va gouverner; en 1718 et 1719, après huit ans et plus de séjour, le génie de la race lui est encore un sujet de surprise et d'indignation. L'ayant découvert, il est si peu psychologue qu'il ne cherche pas à mettre le doigt sur le ressort qui pourrait le mouvoir à son gré. Il se fâche, il tâche de passer outre, de briser l'obstacle. Les réalités intimes de l'âme ne sauraient être pour lui ni un objet, ni un moyen d'action. Toute sa psychologie, pour jouer avec les hommes, tient dans cette phrase qu'il adrese à Rocca : « L'homme est un méchant animal; il est souvent sans raison, de sorte que *pour le rendre raisonnable, il faut le punir.* » C'est tout juste la psychologie du rustre dont le bâton travaille les côtes saignantes d'un misérable âne rétif ou surchargé. C'est la psychologie de l'ignorance. Dans une autre carrière, Alberoni n'eût pas été le doux jésuite qui enveloppe, amollit, détrempe les caractères d'enfants les plus rebelles; il eût fait plus facilement le légendaire ignorantin qui ne sait réduire l'indocilité des âmes que par la meurtrissure des corps.

Au fond, Alberoni n'est pas un esprit souple. C'est une volonté ; là est le trait saillant, caractéristique, de sa nature. La persistance irréductible de la volonté est la source de ses apparentes souplesses, de ses changements d'allure et de visage. Il a la douceur patiente des têtus, quand il sent l'obstacle supérieur à sa force. Il ne cède pas. Il se ramasse sur lui-même, se pelotonne, et attend. *Tempo è patienza*, aime-t-il à dire. De là cette modération, cette sérénité, qui feront l'admiration même de Saint-Simon, lorsque le cardinal, chassé d'Espagne, traverse le midi de la France. Il n'y avait rien à faire. Alberoni ne rage pas, ne désespère pas ; il se réserve, il attend. Sa volonté n'est pas atteinte dans la chute de sa fortune. Avec les grands, avec ses patrons, il guette, il tâte ; dès qu'un joint se présente pour étendre sa volonté, il le saisit. Sa faveur auprès de la Farnèse, c'est l'accord de deux volontés, dont l'une a révélé l'autre à elle-même. Dans ses conférences décisives entre Pampelune et Jadraque, qui ont causé la ruine de Mme des Ursins, Alberoni, « entre quatre yeux », a excité la volonté d'Élisabeth : Il faut, lui dit-il, « penser à être reine » ; c'est la substance de toutes ses instructions. Et la confiance de l'énergique princesse s'est donnée à cette énergie impérieuse qui se développait devant elle et pour elle. Dans ses négociations diplomatiques, il porte cette volonté âpre, inflexible. Elle s'affirme avec dureté, parfois avec emportement. Ses fureurs font l'étonnement des chancelleries d'ancien régime, peu faites à ce style-là. Avec ses inférieurs et dans l'administration, il a la main lourde, le commandement brutal : il casse, il assomme ce qui résiste. Il n'essaye pas d'adapter les institutions, d'apprivoiser les hommes : il supprime.

Il n'aime pas que les choses mêmes lui résistent : la volonté de les dompter en fait un rude travailleur. Et c'est une raison encore de son étonnante fortune. Ses patrons l'ont toujours trouvé prêt aux lourdes tâches. Chez lui, point de mollesse aristocratique, point d'élégants besoins, qui diminuent la somme et le temps du travail utile. Il vient d'aïeux qui tous, de père en fils, chaque jour, dès l'aube jusqu'à la nuit, se sont courbés sur la terre ingrate. Comme eux, il sait qu'il faut que l'ouvrage soit fait. Ses grossiers plaisirs, — exigences d'une vigoureuse organisation physique, — ne le retiennent pas et le renvoient plus dispos, plus ardent à son travail. Il se bat contre la besogne avec une fougue très caractéristique : si écrasante qu'elle soit, il veut tout porter. En laisser, l'humilierait comme une défaite. Il faut le voir quand enfin Philippe V, livré à sa seconde femme, le fait vraiment roi de l'Espagne ; il faut le voir aux prises avec la monstrueuse désorganisation du royaume. Il est seul, et il est tout ; il n'y a pas plus de deux ou trois hommes en qui il se fie et qui le déchargent ; il fait tous les ministères, il est aux finances, à la guerre, à la marine, au commerce, aux affaires étrangères. Il traite avec toutes les puissances de l'Europe, avec tous les exilés et mécontents de tous les pays : de sa personne et directement, il conduit les négociations avec le régent, l'Angleterre, le pape. Avec cela, intendant, maître d'hôtel, factotum des personnes royales, il est à la cour et à l'office ; il est à la salle à manger, derrière Leurs Majestés ; il est à la chasse, à pied, par tous les temps, des quatre et cinq heures de suite, passant à la reine le fusil chargé. Il règle l'engagement d'une troupe de comédiens, l'engagement d'un violoncelliste. Il préside au nettoyage des dents de la reine, qui ont noirci. Il a, au Prado, deux pièces et un cabinet au rez-de-chaussée, sous l'appartement de la reine. A toute heure on l'appelle. C'est ce qu'il veut, je le sais, et c'est la condition de sa puissance. Leurs Majestés ne sont gouvernables que par la familiarité et la présence de toutes les minutes. Mais ce qu'il y a de remarquable, c'est que le soin accablant de sa faveur ne lui fait pas lâcher la plus petite partie des affaires. Il dort à peine. Il ne mange pas : un morceau sur le pouce, dans l'après-midi, et un seul bon repas au milieu de la nuit. Il vieillit de dix ans en quelques mois ; il a l'estomac délabré. Il ne boit que de l'eau. Jamais son activité ne faiblit, et sa belle humeur ne cède qu'à l'insuccès, jamais à l'immensité de l'effort. Avec un héroïque entêtement, il se débat contre l'inerte masse de la monarchie espagnole, qui l'écrase. Le désastre de sa flotte, en Sicile, ruine tous ses plans, fait évanouir en un jour deux ou trois années d'âpre labeur. Cet homme si violent, si fougueux, ne s'emporte pas ; il écrit ce mot à Rocca : « Il faut respirer un peu, et puis se remettre au travail. » La saison rigoureuse a gelé ou pourri le blé en terre : rien ne lèvera. Le bœuf de labour remet sa tête sous le joug et dans la terre lourde trace le sillon pour de nouvelles semailles.

« Il faut, disait Alberoni, après la destruction de sa flotte, il faut adorer les jugements de Dieu et se résigner. » N'allez pas croire, là-dessus, que ce cardinal italien fût dévot. Il y a des chances pour que l'âme d'Alberoni ait été une des âmes les moins chrétiennes, les moins ecclésiastiques que le Sacré Collège ait jamais reçues : et il en a reçu de bien des sortes. Il ne parle guère de la religion, dans ses *Lettres*, et nous ne pouvons trop savoir ce qu'il en pensait. N'est-ce pas assez, pourtant, d'apercevoir que la religion n'a aucune place dans sa vie morale, et n'a été pour lui, en aucun instant, ni un frein ni une force ? Puis, on a vu quelquefois des gens d'église se moquer de la religion et vénérer l'Église : je n'en sais pas, hors les fauteurs de schisme, qui se soient moqués de l'Église en vénérant la religion. Alberoni a une rude façon de s'égayer « en soldat », aux dépens du pape, qu'il veut renvoyer à ses messes, des prêtres, dont il aime qu'on rabatte l'insolence, et de l'excommunication, arme démodée « qui ne fait ni bien ni mal ». Il a des tendresses pour le Turc, *le bon Turc*, qui s'épanchent un peu indiscrètement pour un cardinal, même politique : il est des formes de style qu'il devrait à son habit, s'il le respectait. Mais il professait, dit-on, qu' « un cardinal n'est qu'un jeanf..... habillé de rouge ». Il a sur les couvents les idées de Voltaire, et un peu plus que le langage de Voltaire : il rêve d'en tirer « toute cette canaille de sainte Église », ce peuple fainéant qui mange et ne produit pas, et, croyant donner à Rocca une idée du grand esprit de la reine, il lui apprend qu'elle voudrait donner des femmes aux moines, pour faire des enfants, dont l'Espagne dépeuplée a grand besoin.

Après cela, libre à nous de reconnaître la grande philosophie religieuse de Bossuet dans certaines réflexions où Alberoni retombe toujours. Les hommes sont des marionnettes. Dieu gouverne les affaires du monde. Il se joue des desseins des hommes et fait arriver ce qu'il veut. *Le seigneur Dieu se moque des choses d'ici-bas* : l'accent n'est pas tout à fait celui de Bossuet. Et puis, l'inévitable conclusion : « Adorons les décrets de Dieu ». Mais Alberoni n'est pas une nature adorante. Au fond, quand il parle de Dieu en philosophe chrétien, ou même du *bon Dieu* en curé de village, il n'a que le jargon de l'Église ou de la sacristie : affaire d'habitude et d'éducation. Dieu n'est qu'un nom commode pour désigner la dissociation du fait et du droit, l'écart entre le rationnel et le réel dans les événements humains. Tous les grands manieurs d'hommes et fabricateurs de l'histoire, qu'ils se nomment Comines ou Frédéric II, ont senti une force impérieuse qui traverse les volontés et dérange le jeu des causes irrésistiblement. De même Alberoni n'a pu manquer de voir l'essentiel illogisme, l'injustice immanente des choses qui arrivent. C'est cela qu'il reconnaît par un acte d'intelligence, qu'il accepte par un acte de volonté : ce double acte, voilà ce qu'il appelle adorer les jugements de Dieu. Il n'y a pas un grain de respect religieux dans cette adoration. Dans cette « philosophie de la Providence », il y a peut-être à l'origine ce fatalisme instinctif du paysan dont les grêles, les gelées, la sécheressee, des forces invincibles et inconnues anéantissent l'effort, et qui sait qu'il n'y peut rien, sinon de recommencer éternellement le même effort jusqu'à ce qu'il aboutisse. Mais il y a là surtout une idée de joueur, que le spectacle du monde et de la politique, l'étrange confusion des succès et des revers, la disproportion éclatante des mérites et des profits ont développée dans son esprit : l'idée que tout arrive, et qu'un seul coup fait tout gagner. Ainsi Dieu n'est plus que le hasard, et c'est bien le nom dont Alberoni le nomme en maint endroit : et ce nom achève de vider de toute émotion religieuse la notion de la force secrète qui gouverne le monde. Cette foi au hasard est plus naturelle chez ceux qui, comme Alberoni, manquent du sens psychologique. Moins ils connaissent la part de l'homme, plus ils grossissent celle de l'inconnu physique ou métaphysique, hasard ou Providence. Mais, chez ceux-là aussi, combien cette foi est plus dangereuse ! Elle mène à traiter les affaires non comme une partie d'échecs, où tout se combine et se prévoit, mais comme un coup de dés ou comme une réussite. Alberoni a écrit un mot grave, inquiétant : « Dans les grandes choses, on ne peut cheminer ni travailler toujours le compas à la main, *il faut donner quelque chose au hasard.* » C'est vrai ; mais ce qui est grave, c'est de le dire au moment d'entreprendre, pour s'excuser de tout risquer. Cette maxime est de celles qu'un politique doit proclamer dans la théorie pour en user le moins possible dans la pratique.

III

Avec cette nature à la fois tenace et fougueuse, Alberoni est bruyant, insolent, exubérant, vantard. Échauffé de son combat contre les hommes et les choses, il faut qu'il crie ce qu'il veut et ce qu'il fait ; dans le travail, dans l'attaque, il a le verbe haut, il s'exalte, il s'emballe. Vanité à part, c'est le trop-plein de son effort qui s'écoule. Il ne se lasse pas d'étaler aux yeux de Rocca et son programme, et les difficultés, et les résultats ; or les extraits de ses lettres, que Torcy faisait décacheter, nous montrent qu'il écrivait les mêmes choses au même moment, avec le même feu, à tous les agents de l'Espagne. Il veut les faire croire, mais il y croit. Il y a là de la réclame, mais il y a de la sincérité ; c'est à peu près le ton des affiches et des harangues électorales en pays de démocratie.

Ce n'est pas qu'il n'ait de la dignité, de la noblesse même à l'occasion. D'abord lorsque, sentant la lutte impossible, il se replie ; alors il sait se taire, mieux encore, parler peu et parler bas, il a du tact, du calme, de la mesure. Ainsi dans sa chute, que je rappelais tout à l'heure. Mais, de plus, il a un fond de nature fière, qui rejette parfois le bruit et la fanfaronnade. Ce « plat coquin » s'est expliqué sur sa naissance en termes qui lui font grand honneur. Il a remis à leur place, très simplement et très fermement, des seigneurs de son pays qui lui avaient emprunté de l'argent, ne le payaient pas et se donnaient le luxe de le mépriser parce qu'il était fils de jardinier. Il leur a renvoyé leurs mépris, avec une hauteur sérieuse dont on lui sait gré.

IV

J'ai dessiné ce qu'on pourrait appeler la forme de l'âme d'Alberoni; j'ai défini ce tempérament de plébéien robuste, un peu brutal, moins souple que violent, et moins réfléchi que passionné. Mais il faut voir quels ont été les ressorts de sa conduite, quels sentiments, quelles passions, quelles idées ont utilisé les forces de cette volonté et de cet esprit, vers quels objets l'intime aspiration de cette nature en a dirigé l'activité.

Si l'on en croyait Saint-Simon, Alberoni a voulu être cardinal et millionnaire. Toute sa vie, toute sa politique, toutes les volontés, par suite, de Philippe V et d'Élisabeth, tous les efforts de la monarchie espagnole, toutes les agitations de l'Europe pendant trois ou quatre ans s'expliqueraient en deux mots : Alberoni voulait le chapeau et de l'argent. C'est bien simple, trop simple pour être vrai.

Il n'y a pas à plaider le désintéressement d'Alberoni. Il fut ambitieux ; y a-t-il beaucoup de ministres qui n'aient pas été ambitieux ? beaucoup de modestes qui aient été ministres ? Dans l'Église surtout, par la façon même dont elle se recrute, l'ambition est une passion essentielle ; et la règle de la vie ecclésiastique lui donne la première place, comme à l'amour la condition de la vie laïque. Maintenant, que l'ambition d'Alberoni ne se soit pas contentée de moindres satisfactions, ce fut la conséquence même de son élévation. Bernis et vingt autres, ecclésiastiquement ni politiquement, n'étaient pas plus qualifiés pour avoir la barrette. Après tout, Alberoni avait-il si tort de vouloir être cardinal ? et ne fut-ce pas prudence plutôt encore qu'ambition ? La fortune l'avait porté si haut qu'il lui fallait un parachute ; il le choisit en homme sage. Éditue disait à Panurge : « Homme de bien, frappe, feriz, tue et meurtriz tous roys et princes du monde, en trahison, par venin, ou autrement, quand tu vouldras ; déniche des cieux les anges, de tout auras pardon du papegaut ; à ces sacrés oyseaux ne touche, d'autant qu'aymes la vie, le prouficṯ, le bien tant de toy que de tes parens et amys vivans et trespassez ; encore ceulx qui d'eulx après naistroyent en seroyent infortunés. » Alberoni n'avait peut-être pas lu Rabelais ; il pensait comme lui et s'en trouva bien. Il fût tombé moins doucement, il eût vécu moins vieux s'il n'eût été que l'abbé Alberoni. Leurs Majestés espagnoles lui eussent pour le moins offert la chambre de Gil Blas à la tour de Ségovie ; le régent, l'empereur, le pape auraient eu des griefs et des prisons ; Parme même lui eût trouvé des crimes. Cardinal, on lui fit grise mine, on le menaça, on n'osa le toucher ; et bientôt on eut besoin de lui. Avec l'aide du Saint-Esprit, il fit un pape. Dix ans plus tard, il était lui-même « papable ».

Quant à l'argent, il en veut, assurément. Il est geigneur, quémandeur avec Rocca, surtout quand il parle italien : il a deux petites nièces à pourvoir, c'est pour elles qu'il travaille ; c'est pour elles qu'il s'exclame sur les ports de lettres qu'il paye ; pour elles qu'il ne veut pas se ruiner et qu'il économise. Mais, enfin, il faut voir les choses comme elles sont ; la rapacité d'Alberoni n'a rien d'extraordinaire. Elle n'approche pas de celle de Mazarin, à qui l'on accorde pourtant d'autres idées politiques que celles de s'enrichir. Alberoni est né pauvre, sans patrimoine ; il n'est pas de ceux que la question d'argent peut laisser indifférents ; jusqu'à plus de quarante ans, il s'agit bien pour lui de ne pas mourir de faim sur ses vieux jours. Mais, de plus, il est sujet du duc de Parme, et sa pauvreté personnelle s'accroît de la princière misère de son glorieux maître. Si l'on veut savoir ce que ces petites cours d'Italie recélaient de gueuserie sous leur orgueil, il faut lire, dans les lettres d'Alberoni, l'histoire de ses rapports financiers avec l'État de Parme.

Parme avait des envoyés à Paris, à Londres, en Hollande, à Rome, à Madrid, dans toutes les cours de l'Europe. Cette diplomatie faisait la gloire et la ruine de son duc ; car comment payer tout ce personnel? On le payait mal ou point. Les résidents de Paris, de Madrid crevaient de faim, vivaient d'industrie et de dettes. Quand, en 1703, le duc François accrédita l'abbé Alberoni auprès du duc de Vendôme, commandant des armées françaises en Italie, il fit entendre à son agent qu'il serait heureux de lui voir trouver des moyens personnels d'existence, et que ses services agréeraient davantage s'ils devenaient gratuits. Alberoni plut à Vendôme, entra dans sa maison, obtint pension de Louis XIV ; en 1708, le 7 février, il annonça au comte

Rocca qu'il ne demanderait plus d'argent en Italie. Il continuait cependant de représenter le duc de Parme aux gages de Vendôme et de la France. Cela alla tant que vécut Vendôme. Sa mort fut une rude « culbute » pour Alberoni, qui faillit retourner à Parme. Mais il avait pris pied en Espagne, il s'était « introduit » en beaucoup de bons lieux, on crut qu'il pouvait rendre service. On le pria de rester et on le chargea officiellement des affaires de Parme. Mais il fallut de nouveau l'appointer. On lui assigna 600 doublons, maigre somme, qu'on accrut de force recommandations d'économie. Les frais extraordinaires se payaient en plus ; c'est là-dessus qu'Alberoni et sa cour se livrèrent combat. On blâmait son faste, on lui prêchait la modération ; il répondait par la cherté de la vie, par l'honneur des Farnèse. Chaque note était épluchée avec une âpre lésinerie, justifiée avec une incroyable dépense d'esprit et d'éloquence : notes d'une « petite illumination pour la paix », d'une autre pour l'accouchement de la reine ; note de quelques dîners ; note du deuil de la reine. Il a bien fallu mettre sa maison en deuil ; il n'a acheté que deux habits neufs pour deux de ses gens ; au troisième, il a fait arranger un de ses vieux habits ; Son Altesse n'aura à payer que les chausses, les souliers et le crêpe. Pouvait-il garder les mules moribondes, les deux carrosses en ruines, les livrées sordides de son prédécesseur ? Il a fait faire un carrosse, quatre harnais, quatre livrées ; il a acheté quatre mules, pas trop bonnes. Ce renouvellement d'équipage fut une affaire d'État ; il fallut des semaines, des mois pour que Parme avalât le bris des vieux carrosses et l'achat des mules. Cependant Alberoni peut-il faire moins que l'envoyé de Toscane ou celui de Gênes, qui ont huit mules ? que l'envoyé de Malte, qui en a neuf? que celui de Bavière, qui a des chevaux avec des mules? Il a utilisé les rares glaces, conservé le vieux velours des carrosses qu'il a fait briser; pouvait-il faire mieux, nul acheteur n'en voulant? Qu'on ne lui parle pas d'un carrosse de louage : il ne déshonorera pas son maître. Ni de deux estafiers, moins que n'en a le chargé d'affaires de Saint-Marin! Quand une princesse de Parme est reine d'Espagne, la première idée de la cour de Parme est que son représentant pourra se faire payer par Philippe V. C'es Alberoni qui proteste, craignant de rendre la reine et lui-même impopulaires. Enfin, à mesure qu'il grandit, Parme, qui a besoin de lui, lésine moins; et lui, plus au large, est moins pressant : il fait crédit. Un jour vient même où, pour ports de lettres, entretien de sa maison, frais extraordinaires, il s'en remet à la générosité de Son Altesse.

Cet historique est instructif. Il montre que l'agent de Parme, intéressé ou désintéressé, était contraint, par la misère de sa cour, de courir après les pensions et les profits. Et, comme l'appétit vient en mangeant, Alberoni finit par absorber à la fois l'évêché de Malaga, l'archevêché de Séville, l'administration de l'évêché de Tarragone ; ce dernier seul, qui vaut le moins, vaut de 50,000 à 70,000 pesetas. Évidemment, Alberoni aime l'argent ; il ne fait pas tout pour l'argent. Par un singulier accommodement de conscience, il reçoit du régent les arrérages de la pension jadis obtenue de Louis XIV. Mais il se considère comme un créancier qui rentre dans ses fonds. Il ne se vend pas ; avec cet argent, le régent n'obtient rien de lui. Saint-Simon, à l'endroit même où il le dit vénal, atteste qu'on n'a pas pu l'acheter. L'Angleterre essaye à son tour. Il paraît bien qu'Alberoni n'a pas voulu de l'argent du roi George. Il affirme bien haut qu'il a refusé cent mille livres ; ailleurs, que Leurs Majestés ont eu la preuve de son désintéressement. Des mots, dira-t-on ; mais les faits allégués par Saint-Simon corroborent assez bien ces affirmations. Aucun étranger n'a pu se vanter d'avoir pesé par corruption sur sa politique. Il semble qu'il ait plutôt cumulé les gros traitements que volé l'État espagnol. Pour les particuliers, ses lettres nous le montrent trois ou quatre fois refusant des pots-de-vin, en fort bons termes, vraiment, et sans tapage.

Donc, Alberoni fut ambitieux, intéressé, autant que la plupart de ceux qui, en leur vie, ont eu l'occasion d'attraper les grandes places et les bonnes places. Ce n'est ni un monstre d'égoïsme, ni un éhonté fripon. Il y a eu en lui quelque chose de plus fort que l'ambition et l'intérêt, et la direction de sa vie ne leur a pas toute appartenu.

V

Alberoni a eu un sentiment au cœur, deux idées dans l'esprit, qui ont été les resssorts et les fins de son action. Ses *Lettres intimes* en donnent la preuve éclatante, et qu'il n'a pas attendu de pouvoir tout pour vouloir certaines choses. Les sentiments et les idées auxquels sa politique a essayé de conformer la réalité étaient en lui bien avant 1715, alors qu'ils ne pouvaient être que spéculation, instinct ou rêve.

Il a pu dire après son naufrage, quand il tâchait de sauver ce qu'il pouvait de sa fortune, qu'il n'avait pas voulu la guerre en Italie et que la reine, désireuse d'établir ses enfants, le roi, désireux de plaire à la reine, l'avaient obligé de rompre la paix malgré lui. Cette défense n'était pas très généreuse ; l'excuse d'Alberoni, c'est que les Majestés espagnoles, bien en sûreté dans leur Aranjuez, disaient la même chose de lui et rejetaient la guerre sur son esprit brouillon. Mais cette excuse était un mensonge, que les lettres au comte Rocca font éclater. Alberoni a fait la guerre en Italie parce que l'Italie a toujours été sa pensée favorite, sa préoccupation de toutes les heures. Il n'avait même marié Philippe V à une Farnèse que pour mettre l'Espagne au service de l'Italie. Jamais il ne s'est détaché de cette cour de Parme, à qui sa naissance l'avait attaché. Mazarin s'est fait Français ; il n'a pas voulu se faire Espagnol, ni établir ses nièces, ni acheter des terres en Espagne. Précaution de ministre peu sûr de l'avenir ; mais qui sait si, cessant d'être Italien, il n'eût pu jeter quelques racines en Espagne ? Au reste, on le voit sincèrement occupé de Parme ; rien qu'au ton dont il s'inquiète d'une épizootie qui sévit dans le Parmesan, on sent que Parme est sa vraie patrie, qui a ses pensées et son affection.

Parme ? non pas : il faut dire l'Italie. C'est l'Italie qu'il aime, à Parme, comme chacun de nous aime la France en son village. C'est l'Italie dont il déplore la misère, le pillage, l'oppression. *Pauvre pays ! pauvre Italie !* soupire-t-il à chaque coup que les guerres et les traités portent à sa terre natale. Et voici que se lève un Alberoni inconnu, un Alberoni qu'on ne soupçonnait pas avant la publication de ces *Lettres* et que M. Bourgeois a très bien aperçu : un Alberoni patriote, héritier de Pétrarque ou de Jules II, précurseur de Cavour et de Garibaldi. Ce serait une curieuse histoire que celle du patriotisme italien, de toutes les transformations et altérations, de toutes les voies détournées et souterraines auxquelles ce sentiment a été condamné par le malheur des temps, avant de s'étaler dans sa forme simple et de marcher dans sa droite voie, comme a pu faire le patriotisme français depuis des siècles. Un des plus inattendus, mais un des plus certains serviteurs de la patrie italienne, a été le cardinal Alberoni. Il a eu la haine de l'Allemand, de son insolence, de sa brutalité : il a détesté, comme un patriote de 1848, l'oppresseur, le *barbare*, le *Tedesco*. Son rêve, caressé longtemps comme une chimère et qu'il faillit réaliser, c'est de « chasser les barbares hors de l'Italie » ; le mot revient sans cesse sous sa plume. Il avait attendu anxieusement la paix, pour voir cette *infâme race* tout à fait *dénichée* hors de son pays : et voilà que les traités d'Utrecht et de Rastadt l'y logent plus que jamais, et jusqu'en Sicile. De là ses fureurs et le parti pris de sa politique, qui est de remédier à cette paix inique par le fer et le feu. On peut dire qu'il a pris l'Espagne comme un instrument : puisque les Italiens ne peuvent se délivrer d'esclavage, il utilise la monarchie de Philippe V, l'ambition maternelle de la Farnèse : dans la douleur de son désastre, il voit qu'« il n'y aura plus ni repos ni sûreté pour ce pauvre pays ». Il s'emporte contre le pape et les souverains italiens qui se sont unis à l'empereur : c'est trahison. Il y a dans ses invectives l'amertume de l'affection désespérée : « Les Italiens veulent être esclaves, ils veulent porter des chaînes : elles seront dures et pesantes. — Les Italiens sont avilis par la paresse et la poltronnerie : *il n'y a plus personne qui pense qu'on a fait jadis les Vêpres siciliennes!* » Arrêtons sur ce mot : invoquer les Vêpres siciliennes, n'est-ce pas, en 1719 comme aujourd'hui, la marque authentique du patriote italien ?

Mais pourquoi songea-t il à faire de l'Espagne la libératrice de l'Italie ? sans doute les circonstances l'y menèrent : il prit le secours qu'il trouva. Mais il crut ce secours suffisant : et nous tenons la première des deux idées directrices dont j'ai parlé. Il a cru à la force de l'Espagne. C'est une idée qui lui est venue en voyant comment les Espagnols soutenaient le petit-fils de Louis XIV. Il estima la nation « capable de se porter à des extrémités d'honneur et de bravoure » telles qu'elle maintiendrait son roi sans la France, et contre la France. En ce temps-là, il croyait aux Espagnols. Plus tard il croira à l'Espagne : « La guerre présente, dira-t-il, a fait connaître ce que peut l'Espagne. » Elle en a révélé les merveilleuses richesses et la robuste vitalité. De là l'idée d'employer l'Espagne pour l'Italie contre l'Europe, et même sans la France. Il la croit suffisante pour la grande œuvre qu'il rêve, à condition d'être en de bonnes mains. « Il ne faudrait au roi d'Espagne qu'un homme » : il sera cet homme-là, et l'on verra « le monstre » que peut être ce royaume « bien gouverné ». Il vaut la peine de lire la lettre du 13 juin 1718, écrite de verve, débordante de confiance : « L'Espagne est un arbre vigoureux, capable de donner une infinité de fruits ; mais par le mauvais gouvernement s'introduisent toute sorte d'insectes qui dévorent fleurs et fruits à peine formés. » Il y a des flatteurs qui exaltent ce qu'il fait : il faut plutôt s'étonner que personne ne l'ait fait avant lui. Depuis Ferdinand le Catholique, l'Espagne est mal gouvernée : et le voilà qui fait le procès à ce Don Quichotte de Charles-Quint, à cet atrabilaire de Philippe II, à tous les gouvernements, à toute l'organisation politique et administrative. La monarchie espagnole est un « cadavre », mais qui peut revivre et qui commence à revivre. « Non, conclut-il, je ne fais pas de miracle en Espagne : le miracle, c'était qu'avec les moyens naturels qu'elle a d'être puissante et respectée, elle fût ainsi misérable, abattue. » Ainsi l'Espagne riche et forte par la nature, appauvrie et affaiblie par les Espagnols : voilà l'idée, — point à dédaigner du tout, — qu'Alberoni s'est faite et a toujours gardée. Même il ne croit pas que la ruine de sa politique étrangère atteigne l'Espagne : les Pays-Bas, l'Italie lui coûtent plus qu'ils ne lui rapportent. Avec l'Espagne et les Indes, le roi Philippe V peut « se moquer » de tout le monde.

Ce royaume, dans la léthargie où il le trouve, le choque par ce qu'il est, autant qu'il l'émerveille par ce qu'il peut être. Et ce choc éveille la seconde idée d'Alberoni ; c'est l'idée d'un bon gouvernement, telle que peut la former un tempérament d'administrateur, avec tous les instincts, tous les besoins, tous les principes qu'un esprit contemporain met dans ce mot. A l'armée de Vendôme, le spectacle des intrigues et des *tripotages* l'écœure : il lui semble voir « toutes les friponneries et les fourberies de tous les métiers ensemble ». Il n'est pas révolutionnaire ni démocrate ; mais tout respect social cède à l'intérêt de la bonne expédition des affaires. « Quand le duc de Vendôme commandait en Italie une armée où les officiers n'étaient pas des mylords, il faisait des merveilles : il passa en Flandre, où étaient en vérité tous les mylords du royaume ; quand il proposait des résolutions hardies, chacun blâmait et critiquait, parce que chacun considérait les brillantes charges dont il jouissait et pensait qu'il les risquerait en risquant sa peau. » Il écrit cela dix ans et plus après Oudenarde : Vendôme est mort et le duc de Bourgogne. Aucun intérêt donc ne le pousse : mais, dans ce lointain passé, il revoit cette pétaudière, et ce souvenir le fait bondir. Enfin, Alberoni était très actif, et tenait très exactement ses comptes Voilà l'esprit qui était en lui et qui s'est précisé au contact de l'Espagne. Il a été révolté de voir tant de moyens et si peu d'effets. Il est visible que s'étant proposé d'abord d'employer l'Espagne à opérer la délivrance de l'Italie, un autre dessein dans son esprit est venu se juxtaposer au premier. L'administration intérieure n'a plus été simplement pour lui une annexe et un auxiliaire de la politique intérieure : il a entrepris la réorganisation complète de l'Espagne, non par patriotisme, — il est et reste un étranger dans le pays qu'il gouverne, — mais par un besoin de son intelligence, parce qu'il a horreur du désordre, du gaspillage, des forces perdues, parce qu'il faut partout une « bonne règle ». Ses *Lettres intimes* ne laissent aucun doute sur cet état d'esprit : « Il y a dans la garde-robe de la reine une confusion épouvantable : dans quel désordre, monsieur le comte, a vécu cette monarchie ! » Et ce sont des cris pareils, toutes les fois qu'il plonge dans le gâchis créé par l'orgueil et l'incurie des Espagnols : trop de charges de cour, trop de pensions, trop d'états-majors, trop de troupes de parade, trop de dettes, trop d'impôts, trop de trésoriers, trop d'argent qui s'écoule, trop peu de revenus. Pas de crédit, pas de commerce, pas d'industrie. Avoir les Pyrénées, et faire venir du Nord les bois de la marine ! avoir les moulins de Ségovie, et acheter du papier au dehors ! Jusqu'à ses vanteries font connaître les choses qui lui tiennent au cœur. Il veut demander moins d'argent au peuple, en faire arriver plus au roi, boucher les fuites par où les forces s'égarent, ne pas lésiner sur les dépenses utiles, supprimer les dons gracieux aux courtisans et payer les créanciers et les fonctionnaires, mettre enfin de l'honnêteté dans la perception et dans la gestion des revenus publics. Qu'il fasse des boulets, des canons, des citadelles ; qu'il habille les troupes, complète les régiments ; qu'il installe des ateliers au Ferrol et travaille au fort de Cadix, ce peuvent être les instruments d'une politique extérieure ; mais ressentir la décadence intellectuelle, se plaindre qu'on fasse des thèses en espagnol et non en latin aux Universités de Salamanque et d'Alcala, rêver la fondation d'un collège à Madrid? mais réunir des assemblées de négociants pour réveiller l'esprit d'entreprise dans le royaume, songer à appeler des colonies d'agriculteurs italiens pour utiliser la fécondité des terres désertes? mais, enfin, annoncer avec la joie d'un éclatant triomphe qu'il a centralisé en un seul palais, pour la commodité du public, tous les services du Trésor et tous les tribunaux de la capitale? Je ne cherche pas si dans l'exécution Alberoni se montra habile ou pratique : je cherche une nature d'esprit, et il me semble qu'elle se dégage bien de tout cet ensemble d'idées qui tendent à démolir la vieille Espagne et à refaire une Espagne toute neuve : son idéal, c'est une belle machine administrative bien luisante, d'un fonctionnement facile, qui augmente la production en diminuant les frais.

En ce sens, il pose souvent au comte Rocca des questions significatives : sur la garde-robe de la duchesse, sur l'organisation des archives, sur l'assiette et la répartition des impôts, sur l'inégalité des nobles et des paysans devant l'impôt ; sur la trésorerie, la chambre des comptes, tout le système financier de l'État de Parme ; sur la police des marchés. A Madrid, le boucher vend de la charogne ; l'épicier met de l'eau dans son huile ; les marchands trompent sur le poids. Le peuple est attaqué dans sa santé comme dans sa bourse. Il est curieux de voir Alberoni envoyer de tels questionnaires à Parme, ne pas se lasser de prendre l'avis de Rocca, et songer à faire d'un petit duché italien le modèle de l'Espagne réorganisée. Ces enquêtes qu'il mène en Italie indiquent une direction d'esprit qui lui fait grand honneur ; elles révèlent aussi ce qui lui manque et la cause de son insuccès. Alberoni a des idées : il manque de science. Sauf l'administration de la guerre, avec laquelle son séjour dans les armées de Vendôme l'avait familiarisé, il ignore tout le détail et toute la pratique de l'administration d'un royaume. Avec ses excellents principes, ses vues larges, son esprit d'ordre et d'activité, il eût fait un excellent président du conseil, à la condition de pouvoir se reposer, pour l'exécution de son programme, sur des ministres compétents et des bureaux dociles. Le malheur est qu'en Espagne, par son origine, par le caractère de son pouvoir, par la nature aussi de ses idées, il se heurta à l'indifférence ou à l'hostilité générales : il dut se passer et se défier de tout le monde.

VI

Alberoni, c'est Ruy-Blas : un Ruy-Blas moins sublime, point nuageux, point lyrique, un peu « canaille » de ton et d'allures, mais attaché à la même besogne, heurté aux mêmes résistances. Si la nécessité d'exprimer par un objet sensible l'antithèse génératrice du drame n'avait imposé la livrée de laquais à Ruy-Blas, Victor Hugo aurait mieux fait d'appeler son héros Alberoni : le cardinal était un personnage humainement plus vrai, plus réel historiquement que ce laquais symbolique qui doit la moitié de son nom au *Cid* et l'autre à *Gil Blas*.

Nous pouvons maintenant décider dans quelle mesure les jugements de Saint-Simon doivent subsister. Les *Lettres intimes* d'Alberoni prouvent une fois de plus que Saint-Simon est très bien informé. Il se trompe rarement sur les faits ; même de 1715 à 1718, grâce aux *Mémoires* de Torcy, qu'il copie, il expose très bien toutes les idées d'Alberoni, dans les mêmes termes souvent que les *Lettres* au comte Rocca nous présentent. Mais Saint-Simon colore tout de sa passion ; son récit, en général exact matériellement, donne une impression fausse en somme et diffamatoire. Quelles sont les causes de cette injuste sévérité ? Il n'est pas difficile d'en donner d'abord trois ou quatre. Alberoni n'est pas « né » : donc, n'étant pas resté à sa place de rustre et de vilain, il ne peut être qu'un « bas coquin ». Puis Alberoni a détruit en Espagne l'autorité des conseils, où siégeait la grande noblesse, et cela précisément quand Saint-Simon tentait en France l'expérience contraire. Il représente là-bas « la vile bourgeoisie », les « commis », agents du despotisme royal et instruments de la déchéance des nobles. En troisième lieu, Alberoni a touché aux emplois, aux abus, aux pensions dont les courtisans vivaient ; il a fermé la bourse du roi. Saint-Simon est trop « duc et pair » pour ne pas faire cause commune avec la noblesse et la grandesse, dont il a

recueilli les doléances pendant sa fameuse ambassade.
Enfin, à l'honneur de Saint-Simon, disons que cet honnête dévot a été scandalisé des mœurs et du ton de l'étrange ecclésiastique qu'était Alberoni. Mais toutes ces raisons se démêlent à la seule lecture des *Mémoires* ; il en est une grave, plus profonde, plus générale, qui enferme et domine toutes les autres, et que les *Lettres intimes* du cardinal pouvaient seules nous découvrir

Alberoni, en quelque sorte, n'est pas le contemporain de Saint-Simon : c'est l'homme d'un autre âge, d'un autre état social. Il se rapproche de nous ; il est tout moderne. Sorti des couches profondes du peuple, et resté peuple de manières et d'instinct, débraillé, bruyant, brutal, toute sa personne répugne à l'homme de cour, est juste le contre-pied de la fine distinction aristocratique. Mais son esprit est encore plus opposé et plus antipathique à l'esprit féodal : aucun préjugé social, aucun respect traditionnel, des idées d'ordre, d'économie, de régularité, qui organisent l'État sur le modèle d'une usine ou d'une maison de commerce, une ardeur de réforme et de progrès qui bouscule comme abus les plus sacrées traditions, et qui fait passer princes et grands sous le niveau des règlements administratifs, voilà surtout ce que Saint-Simon ne pardonne pas à Alberoni. Son instinct féodal a flairé en lui un précurseur de la bureaucratie démocratique. Il le hait comme il eût haï, sans doute, nos Rougon et nos Roumestan.

Mais par là même Alberoni devient un personnage singulièrement intéressant. Il a devancé de près d'un demi-siècle le mouvement d'où est sorti l'État contemporain. Ce qu'on devait voir entre 1750 et 1780, en

Allemagne, en France, à Parme avec Felino, à Naples avec Tanucci, en Espagne même avec Charles III, ce que Voltaire devait ne pas se lasser de réclamer et de décrire, cette administration active, centralisée, soucieuse du bien-être matériel et des commodités de la vie, réformatrice de la justice et de la police, protectrice du commerce, de l'industrie, de l'agriculture, plus attentive à l'entretien des routes qu'à l'état des consciences, foncièrement bourgeoise et irréligieuse, c'est tout simplement ce qu'Alberoni voulait établir dans l'Espagne inerte et dévote de 1715. D'où tirait-il ces idées-là ? Question difficile ; mais j'imagine que ce n'est pas pour rien qu'il avait vécu une dizaine d'années dans la familiarité de cet original Vendôme, parmi la libre et hardie société dont il s'entourait au camp, à Anet, à La Ferté-Alais. L'esprit littéraire de ce libertin n'a pas touché Alberoni, il ne s'occupait guère de cette matière ; mais ce monde-là parlait de tout sans rien ménager. Alberoni put y recueillir ce courant d'idées qui bientôt devait susciter en France les Conférences de l'Entresol ; il dut surtout s'y défaire de quelques vénérables préjugés bons à paralyser son action. C'est cette compagnie, j'imagine, qui a si parfaitement « laïcisé » son esprit ; c'est elle qui l'a habitué à suivre sa raison d'une si assurée et libre démarche, à ne compter aucune réalité pour rien devant la règle qu'elle détermine. Il eut là une bonne école d'irrespect universel et de hardiesse spéculative en pratique.

Ainsi, quand on fera l'histoire intellectuelle et sociale du XVIIIe siècle, il sera désormais nécessaire de tenir grand compte, dans l'ordre administratif et politique, de celui qu'on appelait dédaigneusement un « brouillon ». C'est beaucoup déjà d'avoir été ce

« brouillon »-là, en un temps où Voltaire ne songeait encore à faire du bruit qu'à la comédie et dans l'épopée ; plus tard, il a reconnu dans Alberoni un esprit de la même trempe, un ouvrier de la même œuvre que lui, et de là la très sensible indulgence de son jugement, dont le cardinal se sentit obligé. Alberoni est autre chose qu'un « brouillon », si on ne le juge pas seulement par son succès. Il faut songer que la fortune le jeta contre la masse énorme, indéplaçable, de l'Espagne ; il eût été plus heureux, s'il avait eu à gouverner un petit État d'Italie, comme son duché natal ; et cette tâche eût été plus proportionnée à sa capacité. Il eût établi des collèges, comme il fit plus tard à Plaisance le séminaire San-Lazaro-Alberoni, qui conserve ses *Lettres intimes*. Il eût tracé des routes, des canaux, fondé des établissements charitables, organisé la police, traqué les brigands, comme il fit étant légat du pape à Ravenne. Et, tandis que toute cette activité d'un homme discrédité par une grande chute obtenait à peine un peu de reconnaissance locale, appliquée vingt ans plus tôt et continuée pendant toute une vie, elle eût sans doute éveillé l'attention sympathique des historiens du progrès ; ils auraient reconnu dans Alberoni un de leurs héros, et, aujourd'hui, tous les rédacteurs de *précis* et de *manuels* se croiraient tenus de saluer en passant un certain abbé Alberoni, ministre d'un principicule lombard, comme un administrateur intelligent, éclairé, bienfaisant, qui, devançant même les écrivains philosophes, montra le chemin aux gouvernements philosophes.

MÉLANGES INÉDITS DE MONTESQUIEU

La famille de Montesquieu s'est décidée à publier les manuscrits de l'auteur de l'*Esprit des Lois* qui sont en sa possession, et dont on a tant parlé depuis un siècle et demi. Ce dessein a reçu un commencement d'exécution (1). En 1891, ont paru par les soins du baron de Montesquieu et de quelques membres de la

(1) *Deux opuscules de Montesquieu* publiés *par le baron de Montesquieu*, Bordeaux, G. Gounouilhou, et Paris, J. Rouam et Cie, in-4°, 1891. — *Mélanges inédits de Montesquieu*, publiés *par le baron de Montesquieu*, Bordeaux, G. Gounouilhou, et Paris, Rouam et Cie, in-4°, 1892. — Aux indications fournies par les éditeurs sur les dates et l'origine des opuscules qu'ils publient, il convient d'ajouter les deux remarques suivantes : 1. Le fragment *de la Politique* (*Mélanges*, p. 155) n'est autre que le ch. XIII de ce *Traité des Devoirs* dont Montesquieu lut quelques chapitres à l'Académie de Bordeaux le 1er mai 1725 : une analyse en avait été publiée dès 1726 au t. VI de la *Bibliothèque française* qui s'imprimait à Amsterdam : la citation du chap. XIII, contenue dans cette analyse, se retrouve presque textuellement dans l'opuscule des *Mélanges* (Cf. Laboulaye, éd. des *Œuvres* de Montesquieu, t. VII, p. 68 et 69) ; 2. Le mémoire sur la *Constitution* serait, selon les éditeurs des *Mélanges*, de 1717 ou peut-être de 1752 ; il est certainement de 1752 à 53. Montesquieu parle des troubles que, *depuis quarante ans*, les ministres du roi cherchent vainement à apaiser. Le point de départ est évidemment la *Bulle Unigenitus*, qui est de 1713 ; si Montesquieu compte exactement, cela donne 1753 ; sinon, les environs de 1753. Si l'on place le *Mémoire* en 1717, ces *quarante ans* ne correspondent à aucune période réelle de l'histoire religieuse.

Société des Bibliophiles de Bordeaux, deux opuscules *sur la Monarchie universelle en Europe* et *sur la Considération et la Réputation;* en 1892, un volume de *Mélanges inédits,* contenant une douzaine de discours, dialogues, fictions, remarques, essais, réflexions et mémoires. Ce premier volume sera suivi, nous dit-on, de six ou sept autres. Ainsi tombera le reproche trop souvent, et sans doute injustement, adressé aux héritiers d'un grand homme, d'avoir été les ennemis de sa réputation littéraire, par un faux orgueil de race, et comme si la littérature n'avait pas fait toute l'illustration de leur nom. Ils se justifient et s'honorent par la publication qu'ils entreprennent. Mais ils nous rendent service aussi, et nous devons les en remercier.

Ils nous rendent service d'abord en nous débarrassant, pour ce qui regarde Montesquieu, de la fascination et de la menace de l'*Inédit*. Sans leur résolution généreuse, aussi longtemps que les papiers de leur aïeul auraient dormi dans leurs archives, nombre d'excellents travailleurs, au lieu d'étudier Montesquieu où il est, dans l'*Esprit des Lois*, les *Considérations* et les *Lettres Persanes*, auraient rôdé autour du château de la Brède, sollicité les arrière-neveux et arrière-cousins du Président, pour en tirer communication de quelques pages inédites. Et il ne serait pas sorti de la bibliothèque de la Brède un chiffon de papier présumé écrit sous la dictée de Montesquieu, sans que le bienheureux éditeur, et à sa suite le naïf troupeau des *reporters* et des critiques (j'excepte qui il faut excepter, et le lecteur fera de même), sans que tout ce chœur chantât le grand événement, s'exclamât sur la précieuse trouvaille; et y découvrît avec ébahissement ce qu'on lit tout au long, et mieux dit dans les œuvres imprimées. S'il avait fallu arracher page par page les œuvres inédites de Montesquieu, ses chefs-d'œuvre en avaient pour un siècle peut-être à n'être plus lus que par les ignorants. Grâce au baron de Montesquieu, il ne faudra pas plus de quelques années. Les papiers de Montesquieu iront rejoindre le corps de ses œuvres, et ce formidable inédit, par la vertu magique de l'impression, se dégonflera, se déposera au bas des chefs-d'œuvre qui émergeront en pleine lumière. Il se réduira à son naturel office, qui est d'éclaircir et d'expliquer, non pas de masquer l'*Esprit des Lois*. J'aspire après le temps où il en sera de même pour tous les écrivains considérables de notre littérature, où l'on ne nous détournera pas du *Rouge et Noir* pour nous faire lire d'ineptes fadaises capables de nous dégoûter à jamais de Stendhal, où la rage même des fureteurs aura détruit l'écrasant privilège de l'inédit en ne laissant rien d'inédit, où le négligeable enfin sera négligé, quand il aura été transporté des dépôts de manuscrits aux dépôts d'imprimés. Nous n'en sommes pas là, par malheur.

Je n'entends pas dire qu'il n'y ait rien que d'insignifiant dans les opuscules que nous offre le baron de Montesquieu. A première vue, ils n'ajoutent pas grand'chose à l'idée que nous nous faisons de Montesquieu, si nous connaissons l'édition de Laboulaye, ou même si nous avons bien lu la forte et pénétrante étude de M. Faguet dans son *XVIIIe siècle*. J'imagine que M. Faguet doit être assez content de cette apparition d'un Montesquieu inédit : il n'a pas un trait à supprimer ni à changer dans le portrait qu'il a tracé, un ou deux traits tout au plus à accentuer et marquer davantage.

Tous ces écrits inédits mettent dans un jour éclatant

la profonde justesse du jugement que portait M. Faguet sur l'*Esprit des Lois* : « Ce grand livre est moins un livre qu'une existence... Il y a là non seulement vingt ans de travail, mais véritablement une vie intellectuelle tout entière... Ce livre s'appelle l'*Esprit des Lois*, il devrait s'appeler tout simplement Montesquieu. » En effet, on voit que les principaux passages des opuscules qui nous sont présentés, sont allés se fondre dans l'*Esprit des Lois*, y former ici un alinéa, ailleurs un chapitre. Ainsi des *Réflexions sur la Monarchie universelle*, ainsi de l'*Essai sur les causes qui peuvent affecter les esprits et les caractères*, et ainsi des *Remarques sur certaines objections*. Montesquieu utilisait pour son grand ouvrage toutes les études partielles qu'il avait en protefeuille. C'était son droit, et l'on savait du reste qu'il en avait usé. Mais on le prend ici sur le fait, et ce procédé nous révèle une des raisons de l'incohérence de l'*Esprit des Lois*. Ce chef-d'œuvre est un habit d'arlequin. A ses écrits antérieurs Montesquieu arrache des pages entières, des morceaux achevés, écrits, ayant leur suite, leurs liaisons, leurs dépendances nécessaires, où les choses étaient considérées d'un certain point de vue, développées dans un certain sens, selon l'idée directrice de l'ouvrage primitif. Partout ailleurs ils se raccordaient mal ; ils ne tenaient ni n'aboutissaient à rien. Il fallait, pour les recevoir, créer des divisions, et c'est ainsi que parfois un paragraphe, une phrase, amputés du corps dont ils étaient une juste pièce, sont devenus des *Chapitres* qui surgissent, isolés, indépendants, à travers l'*Esprit des Lois*, faute d'avoir pu glisser dans la continuité d'un développement.

Les parties des *Mélanges inédits* qui n'ont pas passé

dans l'*Esprit des Lois*, n'en sont pas beaucoup plus neuves, ni plus instructives. Dans le *Mémoire sur un arrêt du Conseil*, nous voyons Montesquieu faire acte de propriétaire, et très partisan de la plantation des vignes dans le Bordelais : nous savions déjà qu'il était vigneron, et que sa gloire littéraire l'aidait à placer ses vins en Angleterre. Les mémoires sur la *Constitution* et sur les *Dettes d'État* sont réellement intéressants, le second curieux et hardi, le premier vraiment beau, éloquent et sage ; ils nous montrent un Montesquieu tolérant, libéral, ami de la paix, et désireux de diminuer la charge du peuple : dira-t-on que c'est un Montesquieu nouveau? Cependant il vaut la peine de noter l'application directe que Montesquieu fait ici de ses idées au gouvernement de son pays : ce qu'il exprimait dans les *Lettres Persanes* et dans l'*Esprit des Lois*, tantôt confusément à travers toute sorte de voiles et d'équivoques, tantôt théoriquement sans avoir l'air de songer à la pratique, il en propose nettement les principes et les conséquences au Roi et au Régent, et le traduit en un plan de politique religieuse ou financière pour remédier aux maux de la France. Il n'était pas inutile de recueillir la confirmation de ce qu'avait si bien démêlé M. Faguet, qu'à côté du critique il y a dans Montesquieu un politique positif, ayant des vues susceptibles d'application, un programme arrêté. Enfin, si on lui eût offert le ministère, il eût été homme à le prendre ; en d'autres temps, il ne fût pas resté dans son cabinet.

L'*Éloge de la sincérité*, et les *Réflexions sur la Considération et la Réputation*, sont des œuvres innocentes de jeunesse. « Les hommes, dit Montesquieu, au début du premier de ces opuscules, les hommes vivant dans la société n'ont point eu cet avantage sur les bêtes pour se procurer les moyens de vivre plus délicieusement. Dieu a voulu qu'ils vécussent en commun pour se servir de guides les uns aux autres, pour qu'ils pussent voir par les yeux d'autrui ce que leur amour-propre leur cache, et qu'enfin par un commerce sacré de confiance ils pussent se dire et se rendre la vérité. » Voilà un Montesquieu *causefinalier* dans l'ordre moral, dont on peut dire en toute justice que le terrible *causefinalier* de l'ordre physique, Bernardin de Saint-Pierre, ne l'a pas dépassé en niaiserie. Voilà la note; et par là qu'on juge du reste. Ailleurs, je le sais, il y aura de l'esprit, de la finesse, des remarques ingénieuses : le tout ne dépassera jamais une honnête moyenne. L'auteur s'y découvre comme un moraliste de salon, un littérateur de concours académiques, un bel esprit de province : ce Montesquieu-là, avait-on besoin de le connaître davantage ?

J'en dirai autant du Montesquieu polisson et libertin. Deci delà, je saisis dans les divers essais qu'on vient d'imprimer un certain goût de mêler les réflexions grivoises aux discussions sérieuses ; Montesquieu aime à disserter sur les eunuques, et sur le célibat ecclésiastique, à raisonner sur la continence involontaire ou volontaire avec une très sensible incontinence d'imagination. Mais il s'est donné carrière dans une sorte de roman qu'il intitule *Histoire véritable*, et qui nous expose les vicissitudes d'une âme que la métempsycose promène à travers toutes sortes de corps, de conditions et de sexes. Montesquieu s'en est donné à cœur joie, mêlant la description épigrammatique des mœurs superficielles, à d'égrillardes satires de la coquetterie et du vice des femmes. Il nous a donné plus et mieux dans les *Lettres Persanes*. Je conviendrai, pour être juste, qu'il y a dans cette *Histoire véritable* des pensées et des traits dignes de Montesquieu : la fameuse déclaration de principes qui est comme la formule du cosmopolitisme de ce siècle raisonneur et *bienfaisant* : « Si je savais quelque chose qui me fût utile et qui fût préjudiciale à ma famille, etc.. : » cette phrase si caractéristique a d'abord eu sa place dans l'*Histoire véritable*. Et que dites-vous de cette remarque aiguë que fait un des interlocuteurs du roman : « Je me suis aperçu que dans les crimes qui déshonorent il y a toujours une manière de les commettre qui ne déshonore pas » ? Toutes les incohérences de la morale politique et mondaine ne tiennent-elles pas dans ce mot ? Mais je signalerai surtout la vérité que cet essai de roman dégage avec éclat : l'absolue impossibilité où Montesquieu se trouve de *composer*, c'est-à-dire au fond l'absolue impuissance à synthétiser qui est pour ce brillant esprit le revers et la rançon de sa puissance analytique. Un ami de Montesquieu, qui avait lu son *Histoire véritable*, lui reprochait qu'il avait multiplié sans raison les transmigrations, et que pour amener un seul trait, il supposait toute une vie : il lui conseillait de resserrer les étapes de l'âme qu'il faisait parler à un petit nombre d'existences, et de condenser les traits épars en un petit nombre de caractères. Le conseil était bon. Il ne lui manquait que de pouvoir être suivi par l'auteur : s'il avait su faire son *Histoire véritable* sur le plan indiqué par le sage M. Bel, il n'aurait pas fait l'*Esprit des Lois* comme il l'a fait : qu'est-ce à dire, sinon que cette méchante fiction nous apprend ce que le chef-d'œuvre de Montesquieu nous crie à chaque page ?

Enfin, l'admirateur et le disciple des anciens nous apparaîtra dans les *Mélanges inédits*. Un *Discours sur Cicéron*, un *Dialogue de Xantippe et de Xénocrate* nous fait voir Montesquieu goûtant la morale oratoire et l'histoire moralisée des anciens, admirant l'originalité philosophique de Cicéron, passionné pour son éloquence au point d'admirer sa politique, s'essayant à buriner des sentences impérissables à l'imitation des grands rhéteurs latins, et à fabriquer cette forme pleine, sonore, grave, ferme, où les pensées les plus coquettement ingénieuses semblent coulées en bronze, ce style de médaille qu'on admire dans les *Considérations*. Les *Réflexions sur les caractères de quelques princes* sont bien aussi d'un élève des anciens. On y trouve des vues personnelles, ingénieuses, fortes, dont quelques-unes ont passé dans les *Lois* ; mais le style est celui du *Dialogue de Xantippe et Xénocrate* ; le cadre, cette idée d'accoupler les princes et les politiques deux par deux, Charles XII avec Charles le Téméraire, Louis XI avec Tibère, Mayenne avec Cromwell, Henri III avec Charles Ier, cette idée de faire des *parallèles*, dérive directement du commerce de Montesquieu avec les historiens rhéteurs de l'antiquité. Certes, il est intéressant d'assister aux exercices et comme à la gymnastique par où un grand homme fortifie son génie pour les chefs-d'œuvre à faire ; mais nous avions *Lysimaque*, *Sylla et Eucrate*, la *Politique des Romains dans la religion*, sans parler du *Parallèle de Tibère et de Louis XI*. Qu'est-ce que tout cet inédit y ajoute ? Quand il aura cessé depuis plus longtemps d'être inédit, qu'y trouvera-t-on qui ne soit ailleurs ?

Est-il utile aussi de dire qu'on trouve dans ces *mélanges* des antithèses, des pointes, de faux brillants ?

qu'en revanche on n'y trouve pas une phrase qui dénote le goût ou le talent de l'observation psychologique ? Cela, c'est ce qu'on a le moins besoin d'apprendre, quand on a lu l'*Esprit des Lois* et les *Lettres Persanes*.

Je ne veux point conclure de tout ceci qu'on a eu tort de publier les papiers de Montesquieu, puisqu'au contraire j'ai remercié tout d'abord les éditeurs du soin qu'ils ont pris. Mais je crois utile, nécessaire, à mesure que se font ces exhibitions de pièces inédites, d'en faire en quelque sorte l'expertise, d'en établir la valeur, de faire un départ aussi exact que possible de la copie oiseuse, et de la réelle contribution qui enrichit ou éclaircit l'histoire littéraire.

Je dirai donc que dans les quatorze opuscules que contiennent les deux volumes du baron de Montesquieu, il y en a deux où je trouve un réel accroissement de l'œuvre significative et substantielle du grand écrivain. Ce sont les *Réflexions sur la politique* et l'*Essai sur les causes qui peuvent affecter les esprits et les caractères*.

L'idée des *Réflexions sur la Politique* est assez banale. Montesquieu, tout occupé encore de moralisations classiques et académiques, condamne la politique au nom de la morale. Cela n'est guère intéressant. Mais la façon dont il exécute cette condamnation l'est singulièrement.

M. Faguet, avec son ordinaire pénétration, signalait chez Montesquieu une sorte de *fatalisme scientifique*. « Nous allons avoir, disait-il, un politique naturaliste comprenant et expliquant les développements des nations, les grands mouvements des peuples, les accroissements et les décadences, les conquêtes, les soumissions par d'énormes et naturelles causes pesant sur les hommes et les poussant sur la surface de la terre comme les gouttes d'eau d'une grande marée. » Mais dans l'*Esprit des Lois*, cela ne sort pas. Cette théorie affleure par endroit, presque aussitôt recouverte par d'autres systèmes. Au contraire, les *Réflexions sur la politique* nous la présentent épanouie, dans toute sa pureté, et largement éclairée. Montesquieu, pour dégoûter les grands de la politique, en plaide l'inutilité : ce qu'on prévoit n'arrive jamais ; ce qu'on ne prévoit pas arrive. A quoi servent la prudence, les desseins, les efforts individuels ? Ces grandes agitations des habiles politiques ne dirigent ni ne détournent le cours nécessaire des choses. Il y a à chaque moment un esprit général « qui est l'effet d'une chaîne de causes infinies, qui se multiplient et se combinent de siècle en siècle ». C'est cet esprit qui gouverne, et quoi que fassent les princes « de mal, d'équivoque, de bien, ils iront toujours au même but ». Aujourd'hui, tout va dans un sens, comme en France sous la Régence, et « si, tour à tour cinquante autres princes avaient pris le gouvernement et s'étaient conduits chacun à leur mode, ils auraient de même fini cette régence heureusement ». Hier, tout allait en sens inverse, comme en Angleterre sous Charles Ier. « Si le roi n'avait pas choqué ses sujets d'une manière, il les aurait choqués d'une autre. Il était destiné dans l'ordre des causes qu'il aurait tort. » Conclusion : tous les embarras que font les politiques, les Richelieu, les Louvois, c'est grimace, charlatanisme, pour imposer aux hommes. La vérité, c'est la sérénité paisible qui laisse opérer les causes, confiante en leur inévitable explication : Montesquieu eût avoué dans *Guerre et paix*, cet héroïque et simple Kutusof, qui, la veille d'Austerlitz, se plongeait dans la lecture d'un roman français, sans prétendre troubler de sa faible main d'homme le travail mystérieux des forces éternelles, inaltérables. On voit combien nous sommes loin ici de la sociologie rationnelle qui occupe les premiers plans de l'*Esprit des Lois :* ce fondateur de la politique abstraite, qui monte les constitutions comme des machines, qui s'imagine avoir assuré le bonheur social, quand il a bien équilibré toutes les pesées dans ses artificieuses constructions de cadres législatifs, sans se douter que ses formules n'enchaînent pas l'humanité vivante, ce sociologue trop convaincu est placé juste à l'opposé du très original et très moderne point de vue où les *Réflexions sur la politique* nous invitaient à nous mettre. Il y avait là une expression nouvelle de la mobile et multiple physionomie de Montesquieu, — sinon absolument nouvelle, du moins plus visible, plus accusée, plus fixe ici que nulle part ailleurs.

L'*Essai sur les causes* est écrit aussi sous l'empire de préoccupations scientifiques. On y trouvera le dessein primitif et l'esquisse complète de la théorie fameuse de l'influence des climats, et de l'antagonisme des causes morales et physiques, avec l'indication de la supériorité des causes morales. Ceci est déjà connu : même nombre de passages de l'*Essai* ont coulé dans l'*Esprit des Lois*. Mais dans l'*Esprit des Lois*, Montesquieu, tâchant de relier toutes les parties à l'objet général de son livre, présentait surtout le tableau des dépendances réciproques et variations simultanées qu'il constatait entre les climats et les institutions des diverses régions : ici il ne parle pas des lois, il s'attache aux tempéraments des races et des individus. Au lieu de nous jeter en pleine abstraction, il opère sur la matière solide et vivante, sur l'homme doué d'organes et de pensée. C'est plaisir de sentir le contact de cette réalité substantielle, si souvent éliminée de son grand ouvrage. Et l'exposition, suivie et complète, atteint une netteté, une ampleur, une force même que ses pièces éparses ne sauront conserver. Montesquieu compose avec infiniment de sagacité et d'originalité les deux *milieux*, où se meuvent tous les hommes, et dont les pressions agissant tantôt dans le même sens et plus souvent en sens contraire, déterminent les humeurs, les volontés et les actes : le *milieu moral*, éducation, société, profession, et le milieu physique, ayant pour facteur principal le climat. Il y a de curieuses observations dans la seconde partie, où Montesquieu étudie l'influence du milieu moral sur l'homme : la marque et l'action de certaines professions sont spirituellement décrites. Mais qu'il y a plus de force, de nouveauté, de hardiesse dans ses considérations sur les causes physiques ! Les vues originales, fécondes, larges y abondent, à travers les témérités bizarres d'une fausse physiologie. Le climat ne peut influer sur les âmes, que s'il influe d'abord sur le corps, et le corps ensuite sur l'âme. Donc la théorie des climats conduit naturellement à lier les faits moraux aux faits physiques. C'est cette liaison que la première partie de l'*Essai* met en lumière dans des pages singulièrement intéressantes. Lisez seulement les réflexions qui suivent :

« L'âme se redonnera des idées lorsqu'elle pourra reproduire dans le cerveau les mouvements qu'il a eus. — Les objets extérieurs donnent à l'âme des sensations. Elle ne peut pas se les redonner ; mais elle peut se rappeler qu'elle les a eues ; elle a senti une douleur, elle ne se rend point cette douleur, mais elle sent qu'elle l'a eue : c'est-à-dire qu'elle se remet autant qu'il est en elle dans l'état de la sensation... *Une idée n'est donc qu'un sentiment que l'on a à l'occasion d'une sensation qu'on a eue, une situation présente à l'occasion d'une situation passée.* — Ce nouveau sentiment n'est qu'une idée ou représentation, puisque l'âme sent bien que ce n'est pas la sensation même, et que ce mouvement ne lui vient pas, comme l'autre, de toute l'étendue du nerf *ni d'une action étrangère.* — *Les perceptions, les idées, la mémoire, c'est toujours la même opération qui vient de la seule faculté que l'âme a de sentir.* » Que dites-vous de ces vues ? N'y reconnaît-on pas l'ébauche des théories de la perception extérieure, de la mémoire, et de l'origine des idées, que M. Taine a développées dans son livre de l'*Intelligence ?*

« Il y a en Italie, dit joliment Montesquieu, un vent du Midi appelé *Chiroc*, qui a passé sur les sables d'Afrique. Il gouverne l'Italie... Un homme sent dans son lit que le vent est *Chiroc:* on se gouverne différemment de ce qu'on faisait la veille. Enfin le *Chiroc* est l'intelligence qui préside sur toutes les têtes italiennes. » Et voilà, par cette phrase, les *nerfs* introduits dans la psychologie littéraire.

Voici la mensuration des crânes : « Les parties ne remplissent bien les fonctions auxquelles elles sont destinées que lorsque leur grandeur est dans la proportion qu'exige la mécanique du corps. La tête doit loger six lobes de cerveau et deux de cervelet ; sa figure doit donc répondre à cette destination. Si nous ne la lui voyons pas, il faut qu'il y ait quelque irrégularité dans celle du cerveau. » Montesquieu précurseur de Broca : qui s'y serait attendu ? et que l'anthropologie même fût redevable à ce souple génie?

« Les qualités de l'enfant étant donc relatives à celles du père et de la mère, elles tiennent de toutes les deux, et il en résulte une troisième sorte de caractère qui passera de génération en génération, *si les causes qui concourent à le conserver sont plus fortes que celles qui concourent à le détruire.* » Voilà l'hérédité : et notez que poser la condition de la loi est plus fort encore que d'avoir posé la loi même.

Tous ces principes et l'*Essai* dont je les extrais, tendent visiblement à substituer la physiologie à la psychologie, à réduire celle-ci à celle-là, tout au moins à constituer une psycho-physiologie, qui détrônera les classiques études d'immatérielles opérations d'une âme indépendante de ses organes. Par là encore, Montesquieu est un précurseur, et l'initiateur du mouvement qui, en notre siècle, emportera le roman, le théâtre et toute la littérature.

Nous n'avions guère jusqu'ici, pour juger les recherches scientifiques de Montesquieu, que les dissertations sur l'*Écho* et sur les *Glandes rénales*, avec cette théorie des climats qui est comme engravée dans l'*Esprit des Lois*, et y barre le courant du rationalisme sociologique. L'*Essai sur les causes*, et même les *Réflexions sur la politique* nous aident à mesurer plus exactement la force, la portée, les effets des préoccupations scientifiques de Montesquieu : on voit qu'il y a là, véritablement, une période de sa vie intellectuelle, une période non seulement active, mais féconde, et que ses idées scientifiques l'ont orienté très nettement à un certain moment dans une direction opposée à celle qu'en somme il allait suivre dans ses études historiques et politiques sur les lois et les constitutions des peuples.

Les débris des travaux qu'il avait faits dans cette période, ont été se perdre dans l'immensité de l'*Esprit des Lois* comme les débris de tous les travaux qu'à tous les moments et sous toutes les influences il a composés. Et de là la confusion de ce chef-d'œuvre : on y doit retrouver, tantôt superposés en couches régulières, tantôt mêlés en un confus amalgame, les dépôts successifs des cinq ou six périodes de la vie intellectuelle de Montesquieu. Et la grande utilité des *Mélanges* inédits, parus et à paraître, ce sera de nous permettre de détruire l'unité factice et trompeuse de l'*Esprit des Lois*, et de remettre chaque partie à sa place dans le développement des idées de l'auteur. Ceux mêmes de ces *Mélanges* qui ne nous apprendront rien nous aideront à dater une page, une phrase peut-être de son livre. Ainsi s'éclaircira ce confus chef-d'œuvre, quand, au lieu de vouloir tirer de son ensemble un système, on recherchera dans ses fragments l'évolution d'un grand esprit qui s'est porté successivement aux pôles opposés de la pensée, non sans s'arrêter plus d'une fois dans l'entre-deux. Voilà pourquoi, somme toute, le baron de Montesquieu fera une œuvre excellente, en nous offrant à lire même les plus insignifiantes paperasses de son grand-oncle.

ÉTUDE SUR « GIL BLAS »

M. Léo Claretie, qui vient de consacrer à Le Sage romancier un livre exact et bien informé (1), montre qu'il a du sang de romancier dans les veines : en deux coups de crayon, il vous met un personnage sur ses pieds, et je voudrais que Le Sage eût esquissé quelques paysages d'Espagne dans le goût de la vue de Sarzeau qui est à la première page de l'étude de M. Claretie. Pourquoi faut-il que le jeune critique n'ait pas osé mettre ses qualités en liberté ? Pourquoi quitte-t-il si rarement ses béquilles, lui qui marche parfois lestement ? Pourquoi étayer toujours de citations des jugements qui vaudraient plus à n'être que des impressions personnelles ? C'est M. Claretie que j'aime à entendre, et non Marmontel, ni Eugène Pelletan derrière lesquels il se dérobe à l'occasion.

Malgré le sous-titre de son ouvrage, M. Claretie n'a pas donné dans la superstition de l'inédit : qu'il prenne garde d'éviter l'abus de catalogues d'imprimés. Il y a quelque intempérance dans les énumérations bibliographiques dont il bourre certains chapitres. Est-ce bien la

(1) *Le Sage romancier, d'après de nouveaux documents*, par Léo Claretie. Paris, Armand Colin et Cie. in-8°, 1890.

peine, pour établir l'importance qu'avait dans la médecine d'alors la question de la saignée, est-ce la peine, après avoir nommé *seize* médecins qui ont écrit sur la matière, de m'accabler encore dans une note sous quatre histoires générales de la médecine en français et en latin ? Et sans vouloir y regarder de plus près, que vient faire ici l'*Histoire des drogues* de Pierre Pomet (et non Paul Promet), marchand épicier et droguiste, qui n'a fait que décrire les remèdes et denrées qu'on tirait des trois règnes, végétal, animal et minéral ? Suffit-il aussi, pour me faire connaître l'influence exercée par l'Espagne sur la littérature française à la fin du xviie siècle, suffit-il de faire passer sous mes yeux pendant cinquante pages je ne sais combien de titres d'ouvrages inconnus et médiocres ? Je veux bien que cela établisse le fait, mais je n'en suis pas plus avancé sur la nature et la profondeur de cette influence. Dieu me garde de croire que M. Claretie n'ait regardé que le dos des volumes ! mais les dimensions de son étude ne lui permettent guère de m'en montrer autre chose. Son livre en perd de son agrément : et quand je vois dans certaines pages de quelle façon alerte M. Claretie pouvait écrire, je ne saurais trop regretter qu'il se soit ailleurs tant alourdi et attristé d'érudition.

Quand on parle de notre littérature nationale, ce n'est pas des érudits seuls qu'il faut prétendre à se faire lire : il faut se rendre intéressant pour tout le monde, et cela est possible sans concession fâcheuse à la frivolité mondaine. M. Claretie, qui a été à bonne école, y a pris d'excellentes habitudes de précision et d'exactitude : qu'il y apprenne encore, en préparant par l'érudition les « dessous » de sa critique, à remplir toujours les yeux et l'esprit du lecteur de l'intérêt des idées. C'est le secret de tout rendre vivant et brûlant, même la chronologie, même la bibliographie.

Je n'aurais pas fait cette chicane à M. Claretie, qui est homme de goût et de savoir, si depuis quelques années, dans les études dont la littérature française est l'objet, et surtout dans les thèses de doctorat, le jugement personnel, la sensation spontanée ne se faisaient rares, à travers l'amas des documents et des citations. On veut ne rien ignorer de ce qui a été écrit sur le sujet : c'est très bien ; mais on veut encore plus montrer qu'on le sait : et de là vient le mal. Les trois quarts des livres sont tout mangés de guillemets. On oublie qu'après tout rien ne vaut, en critique, l'intuition individuelle. C'est cette individualité dans les jugements qui a si vite donné tant d'autorité à M. Faguet ; et M. Brunetière ne serait pas le maître le plus écouté du grand public, s'il n'avait été que le mieux informé des critiques, et si son information étendue n'était pas partout la très humble servante de son originalité.

I

Parler de Le Sage romancier, c'est, en somme, parler de *Gil Blas*. Car tous les autres romans de Le Sage, quoi qu'on s'y puisse plaire parfois, ne valent en somme que comme répétant ou expliquant *Gil Blas*, et le *Diable boiteux* même est peu de chose auprès de ce maître livre.

Depuis un siècle, pour parler de *Gil Blas*, il faut avoir démontré que Le Sage en est l'auteur. Voilà la « question de *Gil Blas* », pure chicane au fond, et ridicule procès qui a trop longtemps traîné. Mais on ne choisit pas toujours ses procès, et il faut plaider, quand on est attaqué, fût-ce sans ombre de raison. Il faut espérer que le jugement provoqué par M. Claretie sera définitif, et qu'on sera dispensé à l'avenir, quand on s'occupera de *Gil Blas*, d'étaler d'abord aux yeux du lecteur le fatras et les sottises qui composent aux trois quarts le dossier de l'affaire (1).

Abandonnons donc à l'oubli qu'elles méritent les hypothèses téméraires et les arguments baroques du Père Isla et de Llorente. L'original de *Gil Blas*, c'est vraiment le roman-fantôme, chacun le voit et le décrit à sa façon : manuscrit, dit l'un ; imprimé, dit l'autre. Donné à Le Sage par Abogado Constantini, affirme Isla; écrit par Antonio de Solis, dépose Llorente. Et les belles raisons dont on étage les revendications tapageuses ! Voici des mots espagnols, une géographie exacte, des distances bien mesurées : donc Le Sage traduit un auteur espagnol ; mais voici un nom estropié, un itinéraire impossible : donc Le Sage a sous les yeux un original qu'il transcrit étourdiment. Tout cela n'est que fantaisie et chicane [2]. Ni Llorente, ni Isla, ni personne n'a réussi à établir, ni même à rendre tant soit peu vraisemblable, l'hypothèse que *Gil Blas* est

---

(1) Ce qui demeure utile et instructif, c'est de rechercher, non pas si Le Sage a volé à quelques Espagnols son roman, mais quelles sources imprimées ou manuscrites lui ont fourni les éléments de l'œuvre qu'il a composée.

(2) Je signale à M. Claretie, pour compléter sa consciencieuse enquête, un témoignage de don Cayetano Rosell, éditeur des *Nouvelles postérieures à Cervantès* (Collection Rivadeneyra). Il déclare dans sa préface avoir reçu des bibliothécaires de l'Escurial l'attestation formelle que le manuscrit allégué par le Père Isla n'était pas et n'avait jamais été dans leurs collections.

pris en entier d'un original espagnol, et l'on peut tenir aujourd'hui pour avéré que cet ouvrage, que personne n'a pu montrer, dont personne même n'a pu montrer une trace authentique, n'existe pas et n'a jamais existé.

Ce que l'on a prouvé, ce que les érudits allemands ont scrupuleusement constaté, ce que les loyaux Français ont bénévolement concédé, et les vaillants d'Espagne victorieusement maintenu, c'est que « le nouvelliste français, M. Alain-René Le Sage », a commis dans son *Gil Blas* de nombreux « rapts » aux dépens d'Espinel et de bien d'autres. Et notez que s'il a cousu des pièces dérobées de toutes parts, Le Sage n'a volé un habit complet à personne : une hypothèse exclut l'autre ; et de fait nul aujourd'hui n'ose plus soutenir les étranges systèmes d'Isla et de Llorente. Tieck et Franceson, don Jacinto Jose de Cabrera y Rivas, et le seigneur Juan Perez de Guzman, d'autres encore ont dressé la liste des emprunts de Le Sage. Cette liste est longue, et elle est loin d'être complète. Mais quand on aura rendu à l'*Obregon* le prologue de *Gil Blas*, le mendiant à l'escopette, la caverne des voleurs, le souper de Peñaflor, les histoires de Rafael et du garçon barbier, que sais-je encore ? quand on aura reconnu dans les trois quarts des chapitres du roman français tantôt une nouvelle picaresque ou dramatique, et tantôt une comédie de quelque auteur castillan, ou valençais, ou aragonais, on devra toujours en venir à déclarer comme le seigneur Perez de Guzman que « le style léger, ironique et plaisant de l'écrivain français » est bien à lui, et n'est pas un « rapt » fait sur la littérature espagnole.

Il faut bien, d'ailleurs, qu'il y ait quelque chose

dans *Gil Blas* qui ne soit pas dans *Obregon :* car comment expliquer les fortunes si diverses de ces deux ouvrages ? Si *Gil Blas* n'était qu'une traduction d'*Obregon*, comment expliquer que sans *Gil Blas* nul n'aurait connu *Obregon* hors de l'Espagne, et qu'en Espagne on n'ait jamais tant lu *Obregon* que depuis *Gil Blas* ? Force est bien d'admettre que ce n'est pas ce qu'il y a de commun aux deux livres, mais ce qui ne se trouve que dans le roman français, ce qui appartient par conséquent en propre à l'écrivain français, qui a fait le succès, le mérite et l'originalité de *Gil Blas*.

Au fond, il n'y a pas de « question » de *Gil Blas*, ou du moins la « question de *Gil Blas*, c'est la « question » du *Cid*, c'est celle de *l'Avare*, celle d'*Iphigénie*, celle des *Fables* de La Fontaine : c'est celle de toute la littérature classique. C'est la « question » même encore, si l'on veut, qu'on peut soulever à propos de Virgile ou de Shakespeare : c'est enfin la « question » de l'invention en littérature. Et l'impression du public a partout et toujours tranché cette question ; partout et toujours on demande compte à l'auteur de la manière dont il traite son sujet, non pas du lieu dont il le tire ; partout et toujours on ne s'inquiète pas de savoir quels mauvais ouvrages ont inspiré les chefs-d'œuvre : on sait assez que ceux-là ont pu être l'occasion, mais ne sont pas la cause de ceux-ci.

II

J'avoue que, d'un certain côté, je serais tenté de faire chorus avec les fiers seigneurs qui reprochent à Le Sage ses larcins ; mais ce serait pour d'autres motifs :

j'ai peur que le voleur n'ait plus perdu que les volés. Je sais que cette Espagne de picaros et d'alguazils toute résonnante du grelot des mules empanachées du chant des guitares nocturnes et du grincement des épées que croisent les galants contre les frères ou les maris que l'honneur éveille : cette Espagne-là a toujours eu le privilège d'amuser notre imagination française ; nous raffolons des travestissements espagnols, et, dans notre littérature comme dans nos bals costumés, nous aimons à jouer à l'hidalgo ou à l'arriero ; tous les minois parisiens nous semblent plus piquants sous la mantille. Le vrai Espagnol nous plaît moins, quand il ne s'agit plus de lui emprunter sa défroque et que nous prenons le contact de son âme : nous ne le comprenons que dans Cervantès, quand on nous le donne bien pour fou. Gil Blas nous plaît, comme le Cid, comme Figaro, comme Hernani, beaucoup par ce qu'il nous montre de nous-même, de notre vie ou de notre génie, un peu parce qu'il nous tire de nous-mêmes et nous fait rêver d'un monde où les muletiers sont chamarrés de broderies, où les mendiants vous ont des airs de grands seigneurs, où la vie est d'un bout à l'autre une fête ou un drame, où la nature enfin fait son ordinaire d'être plus grande que nature.

Ce tour de l'imagination française, à qui l'Espagne apparaît comme échappant aux vulgarités ternes de l'existence, nous explique l'influence fréquente et prolongée de la littérature espagnole sur notre littérature. Un des mérites du livre de M. Claretie, c'est de nous aider à fixer plus exactement qu'on ne l'avait fait jusqu'ici la durée de cette influence : c'était un lieu commun que de la signaler à propos de Corneille et de Scarron ; mais on disait que Boileau nous en avait débarrassés, et il semblait que, depuis 1660 à peu près, nos écrivains n'eussent plus rien dû à l'Espagne. Le Sage apparaissait soudain, comme un phénomène singulier, dans un siècle qui semblait déjà orienté vers l'Angleterre. Si nous voulons nous faire une représentation plus exacte des choses, il faut penser à Thomas Corneille, à Montfleury, à Quinault, qui continuent, au temps même de Molière et de Racine, à transporter sur notre scène les comédies espagnoles : il faut se rappeler Molière puisant, lui aussi, dans ce vaste répertoire, La Fontaine tirant de Guévara son *Paysan du Danube*, Mme de La Fayette écrivant *Zayde, histoire espagnole*, et jusqu'à Boileau, qui savait l'espagnol ! Ajoutez tant de Nouvelles, traduites ou imitées, par tant d'écrivains oubliés aujourd'hui, et qui méritent de l'être : l'influence espagnole est un courant ininterrompu que l'on suit sans peine, depuis la naissance de la société précieuse jusqu'à Le Sage, en qui il se termine avec éclat. Le tour de l'Angleterre va venir avec Voltaire, avec l'avènement de la philosophie et du drame. L'Espagne nous envahira de nouveau, timidement avec Florian, joyeusement avec Beaumarchais ; avec Hugo, Musset, Gautier, elle étalera devant nous la folie de ses passions, la grandeur sauvage de sa Castille et l'éblouissante fantaisie de son Andalousie.

Il est vrai, cependant, que cette influence, pendant à peu près un siècle qu'elle s'exerce, sous les règnes de Louis XIII et de Louis XIV, n'est pas toujours également sensible, féconde et puissante. On remarquera sans peine que, depuis 1660, nos vrais classiques, les grands écrivains par qui se caractérise la littérature du temps, doivent bien parfois quelque chose à l'Espagne mais rien qui soit une pièce essentielle de leur œuvre ou fournisse à la définition de leur génie. Ce n'est pas par *Zayde*, mais par *la Princesse de Clèves*, que Mᵐᵉ de La Fayette fait entrer dans le roman ce que Racine a mis dans la tragédie. Qu'est-ce que *le Paysan du Danube* ajoute à l'idée que le reste des *Fables* nous donne du bonhomme? *Don Juan* n'est-il pas intéressant précisément parce que Molière y a mis du sien, et de purement français? Et pour Boileau, vit-on jamais génie moins espagnol que ce bon sens inébranlable et ce réalisme sobre, précis et sec? En dépit de Montfleury et de Th. Corneille, le théâtre, dès le temps de Molière, s'éloigne de plus en plus de l'Espagne, même avec Regnard, surtout avec Dancourt et Destouches : et dans *Turcaret* même, Le Sage n'est-il pas à cent lieues de Calderon et de Tirso ? Il y a donc quelque chose de singulier, malgré tout, à voir un de nos excellents classiques, presque un grand écrivain, s'éprendre ainsi de l'Espagne, un disciple de Boileau et de La Bruyère adopter les extravagantes fantaisies de la littérature *picaresque* pour servir de cadre au portrait véridique de la société française.

La raison que j'y vois n'est pas d'ordre littéraire. Elle se tire d'un changement qui s'est opéré dans les mœurs, des conditions nouvelles où sont placés les écrivains. Jadis la littérature ne faisait pas vivre l'homme : il écrivait par humeur, par passe-temps, pour la vérité ou pour l'utilité ; il n'attendait pas de là le vivre et le couvert, du moins directement. Il avait une place dans la société civile ou ecclésiastique ; il était lieutenant civil à quelque bailliage, comme Rotrou, bénéficiaire, comme Boisrobert ; il appartenait à un prince, comme Voiture, maître d'hôtel de Monsieur; il avait une chambre dans un noble hôtel, comme

Mairet à l'hôtel de Guise ; il faisait des dédicaces, comme Corneille ; il était pensionné de la cour, comme Malherbe, ou d'un grand, comme Chapelain. Il attrapait, par ses vers, un Apollon en argent, comme Colletet, un évêché, comme Godeau. Sinon, il mourait de faim :

> Malherbe, en notre âge brutal,
> Pégase est un cheval qui porte
> Les grands hommes à l'hôpital.

Régnier s'attendait à mourir sur un coffre, dans l'antichambre d'un patron insensible et ladre, et ce fier-à-bras de Scudéry grignotait, sous son manteau, une croûte de pain dans un jardin public. A la fin du siècle, ce n'est plus la même chose : les écrivains ont pris conscience de leur importance ; la dignité de la littérature leur inspire des sentiments plus hauts ; les gens de lettres deviennent une classe qui prétend traiter d'égal à égal avec tout le monde et ne relever de personne. L'homme se redresse, dans sa nouvelle indépendance ; le caractère y gagne, du moins je veux le croire. L'art, à coup sûr, y perd : il devient métier. Car tout le monde ne peut pas, comme Boileau, vivre de ses rentes ; il faut donc vivre de son talent. Mais alors j'aime mieux La Fontaine pensionné de Fouquet et rimant, tous les trois mois, quelque flatterie pour gagner son quartier : cependant, il amasse à loisir les trésors d'observation et de poésie dont il fait ses *Contes* et ses *Fables*. J'aime mieux La Bruyère *domestique* ou écuyer de la maison de Condé : lentement, pendant des années, il y fera ses *Caractères*. Alors, tout le génie de l'homme peut se ramasser et s'exprimer dans un ou deux volumes : ces œuvres sont pleines, fortes, gonflées de substance, inépuisables à la pensée qui s'y nourrit. Mais quand l'art est un gagne-pain, avec les libraires on fait du commerce, et qui dit commerce dit échange : il faut donner pour recevoir. Point de livre, point d'argent. Il faut publier pour vivre, entasser volume sur volume, incessamment, étendre au lieu de condenser, et faire un livre de ce qui eût donné vingt pages aux *domestiques* des grands : on ne voit plus de ces livres drus et substantiels où toute une vie se résume et se consume. Il n'y a plus que ceux que leur naissance a fait riches, comme Montesquieu, qui puissent mettre vingt ans à limer un ouvrage : la perfection littéraire devient un luxe de grand seigneur.

Le Sage est un des premiers exemplaires de ces gens de lettres aux gages des libraires, toujours talonnés par l'inexorable *copie* qui les fait vivre, obligés de réduire leur idéal et leur ambition à noircir tant de feuilles par an, qui font *tel* revenu, à *tant* la feuille. Aussi s'étale-t-il dans tous ses ouvrages : il ne vise plus à faire court, comme les vrais classiques ; ce serait la ruine et la misère. Il délaye ; il se répète ; il démarque les inventions des autres et les siennes propres. Il copie son *Gil Blas* dans son *Bachelier* de *Salamanque*. Il utilise toutes ses rognures et vide ses tiroirs dans sa *Valise perdue* et dans ses *Mélanges*. Tous les procédés qu'emploient nos contemporains pour vendre aux librairies du travail inférieur et facile, Le Sage les connaît et en use. Il n'était pas né pourtant pour ce métier. Il aurait pu produire à longs intervalles des œuvres fortes, comme cet unique chef-d'œuvre de *Turcaret*, avec ce dialogue serré où tout porte. Il ne lui a pas donné de pendant, aimant mieux dépenser sa gaieté en pièces de la foire et bâcler des romans pour vivre. La séduction de la production hâtive et facile le perdit. Il renonça à être le grand écrivain qu'il aurait pu être à la suite de Boileau et de La Bruyère. Il abandonna la voie classique, et se sentant pauvre d'invention, n'ayant rien de ce qui fait les Beaumarchais, les Diderot et les Dumas père, l'intarissable fécondité de l'intelligence et l'imagination, ce classique de race se jeta sur les traces des Scarron et des Boisrobert, et pilla sans scrupule l'Espagne. Traductions, imitations, compilations se succédèrent : c'est le *Théâtre espagnol*, c'est le *Diable boiteux*, *Gil Blas*, *la Vie de M. Beauchêne, capitaine de flibustiers* ; c'est *Guzman d'Alfarache*, *Estebanille Gonzalès*, *la Journée des Parques*, *le Bachelier de Salamanque*, *la Valise* et *les Mélanges*. Presque partout, c'est l'imagination castillane qui fait tous les frais de l'invention, et Le Sage, avec l'aisance charmante et son style naturel, nous a l'air d'un de ces beaux chevaliers sans héritage, qui puisent sans compter dans la bourse des bourgeois vaniteux et des coquettes surannées.

III

Cette prodigalité dans l'emprunt fait tort à son œuvre : *le Diable boiteux* même et *Gil Blas* en sont diminués. La fiction du *Diable boiteux* est piquante : mais il fallait la moins prolonger. Il y avait là de quoi faire un conte satirique et moral en cinquante pages, qui eût été délicieux. Mais, tel que nous l'avons, il me paraît qu'il y a là beaucoup de bourre, sans autre objet que de gonfler le récit en un juste volume. Ces nouvelles, jetées à la traverse du sujet principal, détonnent plus ici que dans un vrai roman : elles ne paraissent guère à leur place au milieu de cette revue piquante des travers et des folies de l'homme. Je sais bien que ce sont des repos que Le Sage nous a ménagés, pour nous délasser de la description par la narration et de l'ironie épigrammatique par l'émotion romanesque; mais, je l'avoue, je m'ennuie plus que je ne me délasse dans ces repos. Passe pour les amours du comte de Belflor et de Leonor de Cespedes; mais je ne sais rien de plus banal dans l'invraisemblance que la *Force de l'amitié*, rien de plus grossier, de plus *mélodrame* dans le pathétique que l'histoire de doña Emerenciana. Et plutôt que de me reposer ainsi, j'aurais préféré que l'auteur me retînt moins longtemps dans sa galerie, en ne m'y montrant que les tableaux expressifs et les portraits intéressants. Il y a vraiment du fatras et de l'insignifiance dans ce *Diable boiteux*. Rien de plus froid, de plus émoussé que des traits de ce genre : « Le fou qui suit est un pupille ; son tuteur l'a fait passer pour insensé dans le dessein de s'emparer pour toujours de ses biens; le pauvre garçon a véritablement perdu l'esprit de rage d'être enfermé. » Qu'y a-t-il de piquant dans la folie de ce marchand « dont la raison n'a pu soutenir la nouvelle d'un naufrage, après avoir eu la force de résister à deux banqueroutes qu'il a faites » ? Peut-on imaginer une notation plus sèche et moins plaisante de l'idée que dans le passage où Le Sage nous présente les trois premières folles : cette sécheresse n'est pas du réalisme, car il y a une disproportion fantastique entre la folie et ses causes. Il y a cent anecdotes qui trouveraient mieux place dans un almanach ou parmi les bons mots des petits journaux, comme le poète souvent rossé qui dit de quelqu'un dans un café : « C'est un faquin à qui je veux donner cent coups de bâton. — Vous pouvez, a dit un railleur, les lui donner facilement, car vous êtes bien en fonds. » Comme le *señor mendigo* qui dit à son confrère : « Fi ! vous n'êtes que manchot et vous osez prétendre à ma fille ! Savez-vous bien que je l'ai refusée à un cul-de-jatte. » C'est drôle, mais c'est vulgaire et sans portée. Le Sage a rendu son œuvre plus monotone et moins délicate en ne choisissant pas assez sévèrement les types qu'il voulait faire défiler sous nos yeux.

Quant à *Gil Blas*, j'y sens aussi à chaque moment l'écrivain qui s'étale, et qui ne sait pas résister à la tentation de grossir un volume. Tout les défauts du livre viennent de là. Et d'abord la composition lâche et molle. Sans cesse le cadre craque et est débordé par toutes ces histoires intercalées. Il est très vrai qu'il y a dans la vie des narrateurs prolixes; mais je me refuse à voir un trait de vérité dans les interminables récits que Le Sage fait essuyer à Gil Blas, et c'est la négation même de l'art que de prétendre sauver ces longueurs par une apparence d'aveu ingénu. « L'histoire, dit parfois Gil Blas, me parut un peu longue. » On a souvent remarqué que l'ouvrage semble fini avec le troisième volume, et que le quatrième a bien l'air d'une répétition du précédent. Cependant on peut dire que l'originalité de ce dernier tome sort précisément de cette apparente conformité. Gil Blas est auprès d'Olivarès dans la même faveur qu'auprès du duc de Lerme ; mais l'analogie des situations nous fait mesurer la transformation intime qui s'est opérée en lui ; le *picaro* est bien mort, et nous trouvons à sa place un honnête homme authentique et confirmé, ou peu s'en faut. Mais ce quatrième volume, qu'il serait regrettable que Le Sage n'eût pas donné, regardez un peu comment il est fait : quel besoin avions-nous de l'histoire de Scipion, dont les aventures emplissent trois longs chapitres? Quelle nécessité y avait-il de nous faire rencontrer don Gaston de Cogollos, que nous avions bien oublié, sinon pour qu'il achevât un récit dont nous n'avons cure? Enfin qu'y a-t-il de plus vulgaire et insipide que le dernier tour de Rafael et Ambroise? Nous n'en rions pas plus que les bons pères dont on emporte la caisse, et ce n'était pas la peine de nous faire renouer connaissance avec cette paire de fripons.

Il n'y a pas assez de choix dans *Gil Blas* et, avec la composition, l'unité morale du livre disparaît dans cette confusion. C'est un mélange incohérent : morale en action, immoralité picaresque, anecdotes et bons mots d'almanach, fine ironie, description satirique, réalisme pittoresque, roman *romanesque*, comme on dit aujourd'hui, et pathétique de mélodrame. Est-ce tout? je n'en suis pas sûr, car que ne trouve-t-on pas dans ces quatre tomes? Mais comment écarter ce qui peut remplir une feuille ou une demi-feuille?

Rien ne gâte plus ou ne dégrade l'ouvrage que les « rapts » dont se plaint à grands cris la critique castillane. Gil Blas est charmant partout où il n'est que Français, travesti à l'espagnole, mais Français de la tête aux pieds et de corps et d'âme. Gil Blas chez le docteur Sangrado, Gil Blas médecin du peuple, Gil Blas valet de petit-maître et petit-maître dans la valetaille, Gil Blas parmi les comédiens, Gil Blas chez l'archevêque de Grenade, Gil Blas enterrant son père, autant de scènes délicieuses parce qu'elles se passent chez nous, parce que nous nous reconnaissons, parce qu'étant

Français, c'est humain. Tout ce qu'il y a de satire sur les comédiens et de critique littéraire nous amuse infiniment, parce que nous entrevoyons sous le masque espagnol des physionomies familières, Baron, Beaubourg, Crébillon, Voltaire, les nouveaux précieux de l'hôtel Lambert et de Sceaux, si peu semblables, quoi que dise M. Claretie, à nos décadents, déliquescents et symbolistes. Voilà ce qu'il fallait faire : ne prendre à l'Espagne que les noms et le costume, n'offrir d'un bout à l'autre que des peintures transparentes de nos mœurs et de l'universelle humanité. Ce que fit en un mot Beaumarchais, qui se garda bien de rien mettre dans son Espagne qu'on ne pût voir à Paris : j'excepterai, si l'on veut, les guitares.

Il arrive que Le Sage emprunte et qu'il tire de l'*Obregon* autre ou de tout original un portrait fidèle de quelque ridicule humain ; j'applaudis alors sans réserve, comme en lisant la préface si légèrement piquante dans sa forme française, ou le dîner de Peñaflor, si exquise transposition dans des personnages humains de la fable du *Corbeau et du Renard*. Mais à quoi bon tant d'aventures espagnoles, qui ont une saveur de terroir trop prononcée ? Je puis les goûter dans Vicente Espinel ou Mateo Aleman, mais elles me semblent d'un intérêt bien vulgaire et médiocre parmi tant d'esquisses de mœurs générales à la française. Ni Rolando ni Rafael ne sont des héros de mon goût, et je ne trouve pas le mot pour rire dans l'interminable suite de leurs friponneries : j'aime encore mieux les farces de commis voyageur dont s'égayait la jeunesse d'Issoudun et que Balzac raconte si complaisamment, au grand ennui de M. Faguet et de beaucoup d'honnêtes gens. Je sais bien que Le Sage en a plus laissé encore qu'il n'en a pris, et qu'il a singulièrement rapproché du bon goût et du sens commun les inventions de ses modèles. Quand on voit Lazarille de Tormes devenir un thon, et faire campagne avec l'armée des thons, pour finir par être extrait laborieusement de son enveloppe de poisson, au grand ébahissement de la foule (1), quand on voit Guzman d'Alfarache chevaucher un cochon ou embrasser un âne dans une ardeur galante, quand on voit Espinel embarquer Obregon dans un tonneau ou nous promener dans une île de géants, ou quand on songe enfin aux extraordinaires autant qu'insipides aberrations que créait dans *Persiles et Sigismonde* le même esprit dont était sorti don Quichotte, on trouve tout naturel et vraisemblable dans *Gil Blas*. Quand on voit, dans les modèles que Le Sage imite, tant de galeux qui se grattent, des pendus qui laissent dégoutter leur pourriture sur la tête du voyageur endormi, quand on voit pleuvoir les coups de bâton, se vider les pots de chambre par les fenêtres, les œufs s'écraser dans les poches et le miel couler le long des jambes du *picaro* qui l'a volé, on sait gré au Français de n'avoir arrosé qu'une fois un galant de parfums équivoques ; l'on n'éprouve presque plus de répugnance à regarder manger le licencié Sedillo, et l'on s'égaye, ou peu s'en faut, du cancer de la duègne Sephora, ou du clistère quotidien et des deux fontaines qui tiennent le teint frais à dame Jacinte. Et puis, peut-être ces crudités, ces disgrâces vulgaires, ces intrigues et ces aventures bizarres plaisaient-elles à nos pères : on n'avait pas alors la gaieté tendre ; les

---

(1) Il faut, pour être juste, avertir que ces inepties n'appartiennent pas à la première partie de *Lazarillo de Tormes*, la seule qui compte même en Espagne.

bastonnades et les infirmités étaient matières à rire, et l'on ne se lassait jamais d'entendre les méchants tours des espiègles et des fripons, comme les fâcheuses fortunes des maris et des ladres. Ces choses-là tiennent la même place peut-être dans *Gil Blas* que les affaires de sérail et les peintures libertines dans les *Lettres Persanes*. C'est une amorce tendue à la curiosité du public, qu'on prend par sa moins noble et plus grossière partie.

Seulement, dans les *Lettres Persanes*, les deux parties sont bien tranchées ; dans *Gil Blas*, elles se mêlent, et c'est ce qui me gêne. Que devient la ressemblance avec la vie ? Cela est espagnol, c'est la nature là-bas, je veux bien le croire : mais cette nature est bien exceptionnelle. Le souterrain des voleurs, l'algarade du muletier incontinent, Fabrice et ses amis travestis en alguazils, ou Rafael jouant au commissaire du Saint-Office, toutes les aventures des *picaros* et des galants, tout cela nous fait l'effet de fantaisies sans réalité : nous lisons cela comme nous voyons représenter *les Ménechmes* ou *le Légataire*. Où voit-on en France, entre 1715 et 1730, des auteurs qui se prennent aux cheveux ? Un demi-siècle plus tôt, Vadius et Trissotin en restaient aux injures ; tout au plus se jetait-on quelques dictionnaires à la tête, comme firent à l'Académie l'abbé Tallemant et Charpentier. Mais au xviiie siècle, ce ne sont plus là les mœurs des auteurs, et surtout des auteurs de marque : on ne combat plus que de langue et de plume. Il arrive aussi que le *picaresque* s'accorde mal avec la morale, et non pas seulement avec la vérité. Le Sage ne s'en embarrasse guère : plutôt que de retrancher un épisode facétieux, il commet un honnête homme tel que don Alphonse, un nouveau converti à la vertu tel que Gil Blas, en compagnie de deux fripons. Il en fait les complices d'un vol impudent, quitte à leur donner des regrets et à les faire quitter leurs dangereux amis après la fourberie : mais c'était avant qu'il fallait les emmener. Il est trop clair qu'ils ne restent que pour donner à l'auteur le temps de nous conter l'affaire. La composition, la vérité, la morale n'y trouvent pas leur compte, mais qu'importe?

On a souvent présenté Gil Blas comme un parfait exemplaire de la moyenne humanité : Gil Blas instruit par l'expérience, roulé et poli par l'éternel flux et reflux de la vie, nature vulgaire, vaniteuse, égoïste, avide de jouir, et craignant la peine : tout cela risque vingt fois de faire un fripon et finit par faire un honnête homme. D'autres, en revanche, ont protesté au nom de l'humanité qui leur semblait calomniée dans un tel portrait : il leur a semblé qu'on pouvait difficilement donner pour un type d'honnêteté même moyenne le médecin improvisé qui assassinait les gens sans scrupule, la dupe qui ne demandait pas mieux en vingt rencontres que de se faire fripon, l'honnête homme qui faussait compagnie aux voleurs après le vol, mais gardait l'argent, le « frère » de la comédienne vivant aux dépens de l'amant de sa prétendue sœur, l'impudent vendeur de places et de faveurs royales, le complaisant *alcahuete* du prince d'Espagne qu'Olivarès employait encore à chasser pour le roi : il est vrai que, devenu honnête, il rougissait de la commission, toujours *après* s'en être acquitté. J'avoue que la morale la plus courante, la moins stoïque ou janséniste, ne pousse pas aussi loin la complaisance et les accommodements ; et il me paraît que la vérité résiste encore plus que la morale à l'interprétation qu'on veut donner du personnage de Gil Blas. De bonne foi, ces aventures et ce caractère représentent-ils le type moyen et commun du Français vers 1720, le type moyen et commun de l'homme, tel qu'un Français vers 1720 peut l'imaginer? Le *Paysan parvenu* lui-même est dix fois plus moral et plus vrai aussi que *Gil Blas.* Surtout peut-on parler de *réalisme* à propos de Gil Blas, si le réalisme implique la ressemblance extérieure des figures et des actions, l'exacte imitation des dehors par lesquels se révèlent les dessous cachés de l'âme et de la vie ?

En vérité, Gil Blas n'est pas un caractère, j'en ai peur : c'est un fil qui assemble les parties de l'ouvrage. Je lui vois traverser bien des aventures; je n'oserais dire que je sens sous leurs pressions se modifier son âme. Je ne lui trouve à chaque moment que les sentiments, vices, vertus, ridicules, regrets, qui introduisent chaque épisode et jettent comme un pont jusqu'au suivant. Chaque partie vaut par elle même, met en jeu certain travers ou certaine passion, aboutit à certain précepte moral. Il n'y a que l'identité de nom qui relie les divers événements de cette vie : je ne sens nulle part toute l'âme du personnage, une âme individuelle et complexe, engagée dans l'action. Le caractère s'éparpille en tous sens, jusqu'à en être indéterminé. Cela me rapelle les romans d'éducation à l'usage de la jeunesse, où le héros prend l'une après l'autre toutes les mauvaises habitudes dont on veut purger le lecteur, toutes les qualités qu'on y veut greffer. Nous avons tour à tour Gil Blas vaniteux, Gil Blas fripon, Gil Blas poltron, ou libertin, ou cupide, Gil Blas ingrat aussi, mauvais fils, et puis Gil Blas résigné, ou modeste, Gil Blas honnête homme, bon mari, fidèle serviteur : je ne puis affirmer que le modeste d'aujourd'hui soit le vaniteux d'hier, que tous ces hommes-là soient un homme, un et divers, ondoyant et identique. Comment se relient, se combinent ces divers caractères, comment évoluent-ils, sortent-ils les uns des autres ? Tout cela n'est pas amalgamé, fondu, pour former cette combinaison, ou si l'on veut cette *réussite* unique, originale, qu'est la plus commune des âmes humaines. Et puis le hasard seul assemble et enchaîne les accidents qu'on prétend former et modifier Gil Blas : le hasard — ou la volonté d'instruire et d'amuser, qui est dans l'auteur. Combien rarement sent-on dans cette série d'événements la réaction du caractère intime ? Je vois bien que la poltronnerie, ou la vanité, ou l'ambition sont souvent l'*occasion* des disgrâces du personnage ; mais pour être vraiment, directement *causes*, c'est plus rare. Il n'arrive guère qu'une aventure commence ou se dénoue par un jeu de sentiments personnels : c'est le caractère qui fait Gil Blas dupe du flatteur de Peñaflor ; c'est le caractère qui le fait chasser par l'archevêque de Grenade. Mais qu'il sauve dona Mencia, ou don Alphonse, et même qu'il revienne à la cour et s'insinue auprès d'Olivarès, toutes ces actions manifestent-elles un caractère ? N'est-il pas visible que Le Sage prête sans cesse à son héros les pensées qui sont commandées par la nature des aventures où il le jette ? La conversion de Gil Blas dans la tour de Ségovie est vraisemblable : rien n'inspire de plus salutaires réflexions qu'une prison ; mais l'homme une fois en liberté, la solidité de cette conversion ne s'explique-t-elle pas surtout par l'intention qu'avait l'auteur de s'arrêter au troisième tome ? Et le retour de Gil Blas à la cour, après son veuvage, n'est-il pas faiblement motivé par les instances de don Alphonse et de Scipion ? Qui nous empêchera de concevoir un cinquième tome, ou bien cinq, dix, douze épisodes nouveaux à intercaler au milieu des quatre premiers ? Pourquoi ne verrais-je pas Gil Blas avocat, ou Gil Blas soldat, ou Gil Blas joueur, Gil Blas mari trompé, et pour finir Gil Blas moine, prédicateur, évêque ? Gil Blas n'est pas un caractère, ou, si l'on veut, c'est un caractère comme Scaramouche ou Arlequin dans la diversité infinie du répertoire italien : c'est une étiquette qu'on peut appliquer sur toutes les situations civiles et morales, sous réserve de respecter deux ou trois données très générales qui restreignent à peine la liberté de la fiction.

Les caractères des personnages de second plan sont plus arrêtés et d'une cohésion plus grande, peut-être seulement parce que chacun d'eux n'est attaché qu'à des aventures d'une couleur uniforme. Partout prédominent l'intrigue et l'action : et de là ce que la psychologie de Le Sage semble avoir de court et d'insuffisant. Il n'analyse pas, il n'explique pas la transformation morale de ses personnages : de chacun d'eux il me donne, comme de Gil Blas, une suite de photographies dans des attitudes et sous des costumes divers ; il ne me démontre pas l'homme intérieur. Je vois que Scipion est un *picaro* de race et de génie : comment triomphe-t-il si facilement de l'hérédité ? Impossible de comprendre l'origine et la force des pensées honnêtes qui se trouvent en lui à un certain moment. Dans le *Diable boiteux*, comment l'orgueilleuse demoiselle Hippolyte de Xaral s'éprend-elle soudain du fils de laboureur qu'elle voulait berner ? C'est l'amour, dit Le Sage : et c'est tout. Le nom générique de chaque passion lui tient lieu toujours de la description de ses effets intérieurs et individuels. Comparez une page de Le Sage à une page de Marivaux : vous sentirez ce qui manque à la psychologie de Le Sage. Et de plus vous apercevrez facilement combien l'observation de Le Sage, qui n'est jamais profonde, est rarement originale ou nouvelle : que nous dit-il du cœur humain qui ne soit vraiment pas dans La Bruyère ?

IV

Mais voilà où il faut s'arrêter : tous ces défauts, ces insuffisances et ces lacunes sont le revers des qualités de Le Sage. De la prolixité même et de la diffusion de son ouvrage et de l'absence de composition et de concentration, du pêle-mêle et du tohu-bohu de ces personnages français ou espagnols, en partie créés, en partie copiés par sa négligente facilité, une impression neuve, originale, inattendue, surgit. *Gil Blas* est un monde, et c'est le monde ; tant, en dépit des aventures impossibles et des extravagances exotiques, cela a l'air vivant et naturel. Il y a un tour de simplicité saine et robuste dans tous ces récits, qui les fait croire ; l'auteur nous conte tout sur un ton de bonhomie mordante, avec une ironie sérieuse, qui nous fait rire de tout et nous empêche de douter de rien. Je ne réfléchis pas quand je le lis, et j'ai souvent envie d'être choqué de la vulgarité, ou de l'immoralité de ses personnages, jamais de soupçonner leur réalité. Je ne retire ni ne contredis ce que je disais tout à l'heure : mais quand on dissèque l'ouvrage après réflexion, et quand on le lit naïvement, on obtient deux impressions, on aboutit à deux jugements qui ne se ressemblent pas. Le Sage a le don de la vie. Il a éminemment, avec intensité, le naturel : et c'est de là qu'il fait l'effet d'être original quand il imite ou traduit. C'est pour cela, non par orgueil national seulement, que les critiques espagnols ont tant cherché l'original de *Gil Blas.*

Gil Blas, c'est donc, dans une œuvre d'imagination, la première peinture à peu près exacte et complète de la vie et de la société : tous les caractères, toutes les conditions y sont représentés. C'est la première épreuve de la *Comédie humaine.* Roi, grands seigneurs, ministres, commis, gens de justice, médecins, auteurs, solliciteurs, brigands et filous, comédiens et comédiennes, duègnes, vertueuses dames et filles galantes : toute la vie civile est là. Il ne manque au tableau que le soldat et le prêtre, du moins dans leur caractère propre et essentiel. Cette foule ne grouille pas, elle défile ; les séries et faits ne s'enchevêtrent pas, ils se coupent ; il y a rencontre, ou juxtaposition des existences diverses, non réaction, ou pénétration. Ce sont les tourbillons de Descartes, non la gravitation de Newton. Mais, après tout, cette forme, trop facilement adoptée par Le Sage, était familière à ses contemporains. On l'acceptait par convention, et par convention elle exprimait la nature. C'était la forme qu'un art primitif et encore simple dans ses procédés devait d'abord rencontrer nécessairement. Ce n'était pas seulement la forme du roman *picaresque*, c'était la forme typique et universelle du roman : celle de la *Diane* et de l'*Astrée*, celle de *Clélie* et de *Zayde* : et, au fond, qu'est-ce autre chose que le cadre de l'histoire d'Hérodote ? Intercaler des récits épisodiques dans une narration principale, raconter l'histoire de chaque acteur en l'amenant sur le théâtre, c'était le moyen le plus simple et le plus naturel de distribuer un sujet complexe, touffu d'action, nombreux en personnages Depuis, on a perfectionné le mécanisme du roman ; et cependant voyez ce que devient la composition quand l'action se transporte en des milieux très divers, à des étages de la société qui ne sont pas contigus ou de plain-pied : lisez le *Nabab*, ou *Mensonges* ou *Pêcheur d'Islande*; voyez par quels procédés s'obtient l'unité, ou un semblant d'unité. Je ne sais que Balzac qui, dans la *Comédie humaine*, par le rappel des mêmes noms à travers ses divers romans que rattachent souvent les personnages du dernier plan, ait vraiment réussi à donner l'impression d'un monde à la fois disséminé et lié, unique et divers, sans faire paraître l'éparpillement comme un défaut, ni la liaison comme un artifice ; mais il opérait sur des romans distincts, et non sur les parties d'un même ouvrage.

On ne saurait nier aussi que Le Sage, en créant le roman de mœurs, lui ait donné un caractère réaliste. Ni ce qu'il y a de trop purement *picaresque* dans nombre d'aventures, ni le travestissement espagnol de tous les personnages, n'y font rien. L'accessoire est vrai, et le réalisme enveloppe la fantaisie. Je vois pour la première fois ce détail d'actions insignifiantes et vulgaires dont se compose la vie journalière : je vois les héros boire et manger, se vêtir, se laver parfois ; je les entends débattre le prix d'une mule ou d'un habit, retenir une chambre à l'hôtel ou un appartement meublé. Le Sage me met sous les yeux leur costume. Une gouvernante de chanoine porte « une longue robe d'une étoffe de laine la plus commune avec une large ceinture de cuir, d'où pendait d'un côté un trousseau de clefs et de l'autre un chapelet à gros grains. » Voyez le *hobereau* du *Diable boiteux*, « avec un habit de velours cramoisi tout pelé et un petit chapeau garni d'un vieux plumet tout usé. » Chaque personnage nous est présenté dans l'attitude caractéristique de son humeur ou de sa profession, avec le geste et l'accent qui y correspondent. Chaque tête même a son caractère : voyez dame Léonarde. Pour la première fois, l'homme n'est pas détaché de son cadre naturel. Le Sage n'aperçoit pas encore la nature : il n'est pas le moins du monde paysagiste ; il a une sécheresse d'impressions de voyages qui devient amusante à force d'excès. En revanche, il peint des intérieurs, des mobiliers avec le talent d'un Hollandais. J'aperçois ici et là des boiseries, une tenture de damas de Gênes jaune, des chaises de velours, une tapisserie de Flandre, une table à pieds dorés, « couverte d'un cuir qui paraissait avoir été rouge et bordé d'une crépine de faux or devenu noir par le laps de temps », une armoire d'ébène sculptée. Dans cette comédie, dont l'intrigue est trop souvent fantaisiste, le décor est vrai, le jeu des acteurs est vrai, plus que leurs rôles et leurs costumes : et de fait, j'ai l'illusion d'un monde réel et vivant.

Les Espagnols peuvent se dire créanciers de Le Sage : son maître est La Bruyère, dont on ne pourra jamais exagérer l'influence sur le roman comme sur la comédie, bien qu'elle n'ait pas produit les mêmes effets dans les deux genres. Je reconnais le disciple de La Bruyère dans cette recherche du détail expressif, dans cette exacte correspondance si soigneusement établie entre le physique et le moral, dans cet art de traduire les sentiments intérieurs par la physionomie, la démarche et les actes habituels de l'homme. Mais il y a quelque chose que Le Sage ajoute à La Bruyère, où éclate son invention et son mérite original : c'est la vie, c'est-à-dire le mouvement, l'action. La Bruyère avait admirablement classé, étiqueté tous les pantins de la comédie humaine : il en prenait un, vous en montrait tous les ressorts, tirait les ficelles, faisait jouer un moment les bras et les jambes devant vous, et puis le remettait dans sa boîte, pour passer à un autre. Le Sage, lui, a installé le théâtre et donne la comédie : il ne s'arrête plus à expliquer le mécanisme intérieur ; il a achevé de peindre et de costumer ses bonshommes ; il les fait aller, venir, parler. Avec une justesse extraordinaire, il les prend et les lâche, il les choque et les démêle ; il combine leurs mouvements et leurs gestes et, de sa voix nasillarde, aiguë, rauque ou sifflante, il imite tous les accents, exprime tous les sentiments, toute la diversité des tempéraments et des fortunes.

Qu'importe qu'il y ait quelques maladresses et quelque inexpérience dans la conduite de la pièce, si touffue et si accidentée ? L'essentiel est que cela vive, et cela vit ; que cela ressemble à l'humanité, et l'humanité s'y reconnaît. Et puis, par surcroît, le montreur du jeu est homme d'esprit : il a profité de la remarque de La Bruyère, que la langue française a été amenée au dernier point de netteté et de raison, et qu'insensiblement on est conduit à y mettre de l'esprit : il la justifie mieux que personne. Le Sage a infiniment *d'esprit*, un sens moderne et même contemporain du mot. Il précède et annonce Voltaire et Beaumarchais. Homme de transition, il tient un peu du passé ; le trait est encore parfois un peu phrasé, un peu tiré de loin, préparé et comme voituré par des *car* et des *donc,* et toute sorte de particules et liaisons oratoires, un peu souligné aussi et démontré, comme si le lecteur encore naïf avait besoin d'avertissement et de commentaire. En revanche, que de mots rapides, légers, imprévus, qui se coulent dans l'esprit sans presque qu'on les remarque et font éclater de rire au soudain éveil de l'attention ! Écoutez Fabrice nous conter ses aventures : « J'aimais une fille de famille d'Oviedo, j'en étais aimé... J'enlevai la petite personne... Je la promenai pendant six mois dans le royaume de Galice ; de là, comme je l'avais mise dans le goût de voyager, elle eut envie d'aller en Portugal, mais *elle prit un autre compagnon de voyage...* Je me plaçai chez un gros marchand de drap qui avait un fils libertin... Le père m'ordonna d'épier son fils, le fils de l'aider à tromper son père : il fallait opter. Je préférai les prières au commandement, et cette préférence me fit donner mon congé... etc., etc. » Que tout cela est leste, pétillant, jamais appuyé ni étiré ! Et le seigneur Manuel Ordonnez, qui, *dès sa jeunesse, n'ayant en vue que le bien des pauvres, s'y est attaché avec un zèle infatigable !* et son valet, le même Fabrice, qui espère bien faire fortune comme son maître : « car je me sens, dit-il, autant d'amour que lui pour leur bien ! » et le chanoine qui meurt épuisé de saignées, noyé d'eau chaude, *ce qui prouve que le plus habile médecin ne saurait prolonger nos jours, quand leur terme fatal est arrivé !* et le savant oncle Thomas, qui a fait de si belles remarques sur l'antiquité, grâce à quoi nous savons que « les enfants d'Athènes pleuraient quand on leur donnait le fouet » ! Et tant d'autres mots, si naturels, si aisés, si coulants, qui ne nous laissent pas reposer un moment et qui jamais ne fatiguent, qui font que la lecture de *Gil Blas* est proprement un charme.

V

La vie n'est jamais simple. Chaque partie de la réalité tient aux autres par tant de bouts que nous sommes obligés, pour la classer, de l'isoler artificiellement, sans laisser subsister qu'un ou deux points d'attache. Il n'y a point de visage dont l'expression soit unique et constante : le meilleur portrait ne ressemble pas tous les jours. C'est ce qu'on peut vérifier à propos de Le Sage, et il n'est pas aisé de le mettre tout entier dans une définition, tout limpide, peu profond et peu compliqué qu'il est. Il tend une main à Scarron, l'autre à Beaumarchais. C'est le dernier des *picaresques* et le premier des romanciers modernes. Il passe sa vie à traduire les plus extravagants et outrés des écrivains espagnols : et c'est un classique à la suite des Boileau et des La Bruyère. Il traite en réaliste les sujets familiers au *romantisme* des contemporains de Louis XIII, et son réalisme, d'inspiration classique, prépare de loin, mais prépare en vérité, la ruine de l'art classique. Car, avec Le Sage, l'art classique fait son dernier progrès. Tendant au vrai, il atteint au réel ; après l'âme, il dessine le corps, et saisit les faits moraux non dans leurs combinaisons et réactions réciproques, mais dans leurs signes et leurs prolongements externes. Mais ce domaine est trop vaste : il faut opter entre le réel sensible et le vrai intime ; on ne peut à la fois montrer le dehors et le dedans : si l'on veut faire admirer les délicatesses de l'épiderme, il faut renoncer à disséquer le sujet. De fait, avec Le Sage, déjà l'observation perd en profondeur ce que l'expression gagne en réalité. On pressent que ce qui a fait la grande force, la grande supériorité des purs classiques, la connaissance de l'homme intérieur, va s'amoindrir et se perdre, et qu'un art nouveau va naître, autant occupé des corps, des physionomies, des costumes, des mobiliers, des paysages et de tout ce qui est ton, lumière ou couleur, que l'art classique l'était des âmes, des nuances de sentiments et des enchaînements de pensées. On aperçoit que par une nécessité même de sa définition, et non par un défaut des écrivains, cet art ne sera pas une condensation d'expérience, qu'il s'étalera volontiers et s'amusera aux menus faits; que le commun lui paraîtra ce qu'il y a de plus vrai dans le vrai, et que l'insignifiant même sera accueilli comme signifiant par son insignifiance. Mais tout cela n'est encore qu'en germe dans Le Sage, et de plus il tâche d'amuser, d'intéresser; il n'en veut pas à la vie, qu'il ne flatte pas, et il sympathise avec ses héros, dont il se moque. Il n'est ni ennuyeux, ni pessimiste, ni féroce: c'est par là même que son réalisme est classique. C'est le « vieux jeu », qui n'est pas le pire.

LA COMÉDIE AU XVIIIe SIÈCLE

Voulant nous exposer le développement de la comédie française au xviiie siècle, M. Lenient a traité cet ample sujet avec une simplicité rare (1). Au lieu d'en prendre occasion, comme d'autres l'auraient fait, pour construire un système, il s'est effacé derrière ses auteurs. Il a lu avec courage, il analyse minutieusement le répertoire comique du siècle. Il n'a mis de lui dans son livre que la facile netteté de son esprit et sa belle humeur indulgente. Cette discrétion, sans doute, n'est pas vulgaire. Mais cela ne va pas sans inconvénients. Je n'imaginerais rien de mieux, s'il s'agissait de chefs-d'œuvre dont la beauté serait intacte et l'intérêt vivant : il ne faudrait que les approcher du lecteur et les laisser agir. J'ai peur, quand il s'agit des comédies du xviiie siècle, qu'elles ne nous disent pas grand'chose aujourd'hui, si le critique n'y met beaucoup du sien. De fait, quel intérêt peuvent avoir les analyses de la *Coquette corrigée*, des *Dehors trompeurs*, ou du *Cercle*, quand les pièces elles-mêmes sont ennuyeuses à la lecture, et vraiment insupportables à la représentation?

(1) C. LENIENT, *la Comédie en France au XVIIIe siècle*, 2 vol. in-16, Paris, 1888.

Et puis, comme il est à peu près aussi long d'analyser une mauvaise pièce qu'une bonne, tout se trouve ainsi sur le même plan. Un chapitre pour Piron, un chapitre pour Gresset, un chapitre pour Favart, un chapitre pour Florian, c'est beaucoup, quand Diderot n'en a qu'un, et Mercier un demi. J'ai peine à admettre que dans l'histoire de la comédie, l'opéra-comique doive tenir autant de place que Beaumarchais, plus que Marivaux. Ces paysanneries d'une naïveté apprêtée, d'une sentimentalité mièvre, d'une malice inoffensive, ces petits drames larmoyants dont l'émotion dès le premier jour est frelatée, pourraient tout au plus être invoqués comme des marques de la diminution du goût et du sérieux dans le public français : sans compter que l'opéra-comique n'appartint qu'un jour à la littérature, qui depuis longtemps n'en revendique plus les livrets. On peut écrire deux études sur la comédie au xviiie siècle : l'une qui s'attachera à la beauté des œuvres, à leur richesse d'impressions, à l'intérêt des idées qu'elles suggèrent; et alors ce n'est pas deux volumes qu'il faut écrire; on peut négliger Desmahis et Panard, et même Collé; on retiendra deux ou trois noms, et l'on écrira une centaine de pages. Ou bien l'on fera l'histoire de l'évolution du genre comique au xviiie siècle, et je ne vois pas encore à quoi servent Barthe et Saurin, et d'Allainval, et Piron. Je vois surtout en quoi ils nuisent; qu'importe même que Voltaire ait fait des comédies? Le sens, le rythme, et tous les caractères du mouvement apparaîtront mieux, quand il sera comme dessiné par les seuls noms de ceux qui en ont réellement modifié la vitesse ou la direction. Un peu de système n'aurait pas nui peut-être pour déterminer un choix parmi cette suite d'auteurs qu'on voit défiler dans le livre de M. Lenient, pour mesurer à chacun la place selon son mérite, pour marquer plus nettement les parentés et les écoles, de façon que Beaumarchais ne soit pas séparé de Diderot par Marivaux, d'Allainval, et tout ce que M. Lenient appelle les éphémères, par Voltaire, Palissot, et Collé, enfin par quatre-vingts pages de l'opéra-comique : ce qui en général est aussi contraire à la chronologie qu'à la philosophie du sujet.

Je me demande aussi s'il n'aurait pas mieux valu délimiter autrement le sujet. M. Lenient commence à Regnard et finit aux vaudevilles qui célèbrent le 18 brumaire : où est l'unité là-dedans ? Le xviii⁰ siècle, pour la littérature, ne s'étend pas de 1700 à 1800 : une époque finit en 1715, avec Louis XIV ; une époque commence en 1789, avec la Révolution : le xviiie siècle occupe l'intervalle. Donc Regnard qui meurt en 1709, Le Sage qui donne *Turcaret* la même année, Dancourt qui n'écrit rien d'important après 1715, sont vraiment du xviie siècle. Il est vrai pourtant que M. Lenient, en commençant par eux, a pris un point de départ excellent : rien ne saurait mieux montrer que ces trois auteurs ce que le siècle finissant transmet au nouveau siècle. Molière serait trop grand ; et il y a dans son œuvre quelque chose d'incommunicable qui ne saurait se léguer : au lieu que les talents très distingués de Regnard, Le Sage et Dancourt, ne sont point tellement supérieurs au temps qui les produit, qu'ils n'en découvrent à plein le véritable caractère. Ce qui me déconcerte, c'est la fin du livre, et non le début. Ne se terminait-il pas très bien sur Fabre d'Églantine, ce disciple enfiellé de Rousseau, et sur Mercier, par qui le mélodrame se rattache à Diderot ?

A quoi bon ces deux chapitres sur la comédie politique et sociale au temps de la Révolution qui ne se rattachent à rien? La plupart des pièces révolutionnaires sont en dehors de la littérature, comme *le Père Duchesne* et les écrits de Marat : loin d'être de la poésie dramatique, ce n'est même pas du journalisme. Tout au plus pouvait-on signaler à propos de Voltaire, de Palissot et de Beaumarchais, à quels excès indignes ils frayaient la voie en abusant comme ils faisaient de la comédie. Mais, puisque le livre se clôt par là, est-ce donc à cela qu'aboutit le développement de la comédie, le travail de tout un siècle spirituel et passionné? Si sévère qu'on soit pour le XVIIIe siècle et pour son théâtre, cela n'est point, et ce n'est pas non plus de ce bourbier qu'est sortie notre littérature dramatique. Les deux siècles communiquent par-dessus ces horribles ou dégoûtantes platitudes ; quelques noms, quelques œuvres continuent de l'un à l'autre la tradition comique, sans que le *Mariage du pape* ou le *Jugement dernier des rois* y soient pour rien.

I

La comédie du XVIIIe siècle vaut peut-être surtout, au moins pour nous, par son importance historique: elle prépare celle du XIXe siècle. Sans elle nous ne saurions passer de Molière, de Regnard, de Dancourt, à MM. Augier, Dumas et Sardou : Scribe même n'était pas possible, ou ne serait pas intelligible! De là l'intérêt singulier que prennent pour nous les œuvres comiques du XVIIIe siècle, et l'on verra que les plus oubliées, les plus ennuyeuses sont parfois les plus précieux anneaux de la chaîne.

Ce qu'il faut se demander d'abord, c'est en quel état le XVIIIe siècle reçoit la comédie, quelles habitudes, quel esprit régnaient sur la scène. En dépit du raffinement et de la politesse qu'on lui attribue, mais qu'on explique mal, en dépit ou plutôt à côté de ce goût qu'on lui a tant reproché pour le grand, le noble et le pompeux, le XVIIe siècle avait aimé le comique pittoresque, haut en couleur, les types excentriques, les charges grotesques : il se souciait médiocrement de la morale. L'esprit pousse alors dans tous les sens : s'il outre la délicatesse des sentiments et la finesse du langage, il ne répudie pas la franchise éclatante du rire, le mot plaisamment cru, la grosse farce. Voyez ses précieux inventer des tours de rapin, et sur les lèvres de ses Célimènes fleurir des trivialités dignes de Régnier. Voyez les Turlupins : ce sont les marquis de la jeune cour, dont l'esprit se débarbouille du précieux avec la bêtise énorme du calembour. Mme Panache, les poches pleines de potage et de sauce, fait la joie du grand roi, et la duchesse de Bourgogne joue à son chaste époux le bon tour de lui mettre une dame d'honneur dans son lit, pour s'amuser de la figure qu'il fera. Prenons-y garde : ni Boileau, ni Fénelon, ni La Bruyère ne nous donnent le ton ni le goût de leur temps en fait de plaisanterie. D'un bout à l'autre du siècle, à travers les variations des doctrines littéraires et la diversité des tempéraments individuels, le trait commun à tous les auteurs comiques, c'est la peinture large, colorée, l'outrance du type et du mot. Après Scarron, Cyrano, Desmarets, on a Montfleury, Poisson, Thomas Corneille. Même Molière, avec toute la supériorité de son génie, travaille souvent en ce genre: *Sganarelle, Pourceaugnac, la Comtesse d'Escarbagnas, les Précieuses*, maint caractère et mainte situation des grandes comédies sont des charges, qui expriment avec un relief saisissant des vérités profondes, mais ce sont des charges. Boileau, qui méprise le sac de Scapin et gronde Molière d'avoir fait grimacer ses figures, est-ce un comique fin ou discret qu'il nous donne, quand il veut faire rire ? Qu'est-ce que son repas ridicule, qu'est-ce que sa peinture du ménage Tardieu, sinon de franches caricatures hardiment enluminées ? Enfin Racine, le plus élégant, dit-on, et le plus poli des hommes de génie de ce temps-là, voyez ce qu'il nous présente dans ses *Plaideurs* : une ganache de juge, des avocats grotesques, et les *larmes* des petits chiens orphelins.

Toutefois, pendant le cours du siècle, un progrès se fait, de la fantaisie à la vérité. D'abord les types de convention, les matamores, les parasites disparaissent. Les situations de la vie réelle chassent de la scène l'intrigue accidentée et folle, à l'italienne. Puis l'extravagance déréglée des caricatures se réduit au grossissement grotesque, mais exactement proportionné, des caractères réels. Il en résulta une conséquence importante. Le public exigeait à la fois et la forte saveur de la plaisanterie et l'exacte vérité de la peinture. Comment concilier ces goûts en apparence contradictoires ? Le grand monde a ses ridicules ; mais ces ridicules sont fins plutôt que forts et risquent d'être déformés par l'exagération comique. Aussi Molière, qui fit un *Misanthrope*, revint-il sans cesse à la peinture des mœurs bourgeoises, où il encadra d'ordinaire ses caractères généraux. Les courtisans se plaignaient qu'il les occupât de M. et de Mme Jourdain, — le joli couple ! —

et des démêlés de Philaminte avec Martine, une bourgeoise qui met sa cuisinière à la porte ! Mais en riant largement, ils justifiaient le poète. Après Molière, on s'enfonça dans la même voie, on descendit plus bas. On s'attacha à peindre les mœurs basses, populaires, tout ce qui, vivant à côté ou au-dessous du monde, a pour le monde l'intérêt pittoresque de l'inconnu, l'agrément du ridicule ou la saveur du scandale. La comédie s'encanailla moins parce que la société se corrompait que parce qu'elle voulait du vrai qui la fît rire ; et ce vrai-là, on ne le voyait plus guère dans la vie des honnêtes gens.

Il est aisé de voir maintenant comment la comédie du XVIIe siècle se continue et s'achève en Regnard, Dancourt et Le Sage. « Regnard, dit fort bien M. Jules Lemaître, est un Montfleury qui a plus de style. » S'il touche à Molière, c'est par la moins forte, non la moins gaie partie de son œuvre : par *l'Étourdi* et par *les Fourberies de Scapin*, par les cascades imprévues de l'action renouvelée de Plaute et des Italiens. Il a le rire étincelant, le vers sonore, l'intrigue folle, les mœurs extravagantes. La gaîté chez lui voile la vérité. Cependant le fond de toute cette gaîté, c'est l'égoïsme débridé, l'appétit violent du plaisir : nul respect, nulle délicatesse, nulle honnêteté ; tout par l'argent et pour l'argent. Jusque-là il n'y avait que les vieillards qui sacrifiaient l'amour à l'argent : dans *le Légataire*, dans *le Joueur*, voici que les jeunes gens sont plus avides d'argent que d'amour ; est-ce pure fantaisie de l'auteur ? A cette heure, dans la dissolution des principes qui ont fait la force du XVIIe siècle, à la veille de la régence et du système, le théâtre de Regnard n'est pas si fou qu'il en a l'air : l'œuvre est plus sérieuse que l'auteur. Dancourt et Le Sage se tiennent plus près de la réalité, et comme ils aiment aussi les vives couleurs et le franc comique, ils descendent aux mœurs plus basses ou plus mauvaises. Chez Dancourt, ce ne sont que paysans finauds, commissaires, greffiers, procureurs âpres au gain, chevaliers effrontés qui vivent de l'amour ou du jeu, marquis de contrebande, comtes ruinés prêts à se vendre, bourgeoises enragées de leur roture et impertinemment orgueilleuses, ingénues savantes et délurées : tout un monde, enfin, amusant, pittoresque, mais frelaté, irrégulier, qui n'est ni le vrai peuple, ni la vraie bourgeoisie, ni la vraie noblesse, monde d'exception, de déclassés et de parvenus où, du haut en bas, tout adore l'argent, tout aspire à l'argent, où la vanité même n'est que la conscience de l'argent qu'on a. Le Sage, dans son unique chef-d'œuvre, nous donne encore pis : un traitant, ancien laquais, suffisant, ignorant, fripon sans scrupule et sans pitié, une veuve équivoque qui le pille, un chevalier joueur qui exploite la veuve, un valet et une soubrette unis pour voler le chevalier, la veuve et le traitant, voilà de curieux drôles. Où sont les honnêtes gens ? Je trouve une marchande à la toilette, effrontée commère, et un marquis toujours ivre.

Le XVIIIe siècle reçoit donc du XVIIe une comédie substantielle, étoffée, colorée, largement traitée plutôt que finement, avec plus de verve que de délicatesse. On aurait pu croire que la fièvre de plaisir et de libertinage qui emporta, sous la régence, la société française, allégée enfin du triste joug d'un vieux roi dévot, allait mettre la comédie plus à l'aise encore et la lancer dans la satire plus débridée et la folie plus libre. Ce fut le contraire qui arriva. Regnard venait de mourir. Dancourt le suivit bientôt. Le Sage abandonna la Comédie-Française pour le théâtre de la Foire, et réserva pour le roman le meilleur de son observation ; les survivants du siècle précédent une fois disparus, à peine trouverons-nous, de loin en loin, une œuvre qui rappelle leur facture et leur esprit. Déjà Dufresny, que M. Lenient nous présente entre Regnard et Dancourt, Dufresny, esprit chercheur, paradoxal, pétillant de mots, incapable de faire une pièce, annonçait des temps nouveaux. En sorte que les vrais peintres de la régence, qui nous en font sentir l'ivresse emportée, sont ceux qui firent *le Légataire, le Chevalier à la mode*, et *Turcaret*, avant la régence.

Comment cela se fit-il ? et comment la comédie changea-t-elle ? Tout d'abord il n'est pas sans exemple que la maladie morale dont un siècle est consumé n'ait jamais été mieux décrite que par un observateur qui l'a prise à sa naissance. Elle est plus facile à reconnaître à l'état d'exception dans la société que lorsqu'elle a tout envahi et mêlé partout son influence. Et puis le goût littéraire ne se règle pas toujours sur les mœurs. Il ne faut pas chercher au théâtre l'équivalent de la vie sous la régence. La comédie a changé de ton ; et, quelles que soient les mœurs, le goût lui impose sa forme et lui choisit ses objets. En effet, pendant que sous la sévérité hypocrite qu'imposait l'exemple du vieux roi, les mœurs devenaient plus licencieuses et plus grossières, le goût se raffinait et s'embarrassait de scrupules étroits. Les âmes étant moins fortes, d'une trempe plus molle, les tempéraments ayant moins de muscles que de nerfs, les esprits aussi, moins vigoureux, goûtèrent l'élégance, l'agrément, la finesse par-dessus tout. La politesse et l'étiquette mondaines, après avoir supprimé les expansions des passions, ont étouffé les passions elles-mêmes : après avoir réglé les dehors de l'homme, elles en ont imprégné tout le dedans et ont enfin donné la loi aux pensées et aux paroles. Ce qui n'était que le frein des âmes en est devenu le ressort. L'homme du monde, aimable, spirituel, souriant, froid, sans écart et sans éclat, est maintenant l'idéal où tout se ramène. On exige que le livre et la pièce soient faits à sa mesure. Les sociétés les plus diverses, les écoles les plus opposées, concourent alors à pousser la comédie hors de la libre gaîté dans la décence spirituelle. Le salon correct de Mme de Lambert, la cour guindée de Sceaux, les roués du Palais-Royal et les cyniques du Temple, les nouveaux précieux sectateurs de La Motte et de Fontenelle, les classiques respectueux de La Bruyère et de Boileau, Voltaire que Rabelais effarouche et qui goûte Quinault, tous méprisent le franc rire au théâtre comme grossier et populaire.

Molière est le génie révéré, le maître qu'on adore, mais on regarde comme indignes de lui les deux tiers de son œuvre. Au lieu d'y voir la production spontanée de son génie, on en fait l'obligation de son métier, un abaissement généreux du grand homme qui assure la recette pour nourrir sa troupe. On reprend les distinctions dédaigneuses de Fénelon et de La Bruyère ; on fait les mêmes réserves que Boileau, et même ce qu'il y a de plus noble et de plus délicat dans l'œuvre de Molière, ce qu'on aime et admire sincèrement, on ne l'aperçoit qu'à travers la théorie de l'*Art poétique*. On y voit l'exacte application des doctrines de Boileau. A vrai dire, Boileau fut l'inspirateur, le patron de la comédie du xviii° siècle. Imiter la nature, mais la nature noble, peindre la *cour* et la *ville*, c'est-à-dire la vie mondaine et les caractères qui se trouvent dans le monde,

> . . . un prodigue, un avare,
> Un honnête homme, un fat, un jaloux, un bizarre,

éviter le bouffon et le populaire, chercher l'*agréable* et le *fin*, semer les *bons mots*, sans sortir du bon sens, et rendre les sentiments avec délicatesse, voilà l'idéal que propose Boileau, et que le xviii° siècle a réalisé plus que le xvii°.

Ce ne fut pas la seule façon dont s'exerça l'influence de Boileau. Du moment que l'on faisait passer au premier rang parmi les qualités d'une comédie le goût et le style, toute différence essentielle entre le livre et le théâtre s'évanouissait. Or le livre avait été plus prompt que le théâtre à s'adapter à la politesse de plus en plus raffinée du siècle. L'esprit plus aventurier des écrivains dramatiques, leur vie moins enfermée dans la bonne société, le contact de la foule mêlée qui s'agite autour des acteurs, l'état de comédien qui mettait hors du monde quelques-uns d'entre eux, et des plus grands, tout cela avait dû soustraire la comédie au goût académique et à l'esprit des salons. Il arriva donc naturellement qu'on chercha dans les livres l'idée du comique de bon ton, qu'on ne trouvait pas suffisamment réalisée au théâtre. On l'aperçut dans un genre dont l'objet, analogue à celui de la comédie, était la peinture spirituelle et satirique du monde et des caractères. Parmi les moralistes, Boileau encore était un maître, et proposait cette fois ses exemples, l'ironie courte, mais sans malignité de ses *Épîtres* et de ses *Satires*, la brièveté frappante de ses vers sentencieux, la justesse décente de ses dialogues, qui semblaient être parfois de vraies scènes de comédie. La Bruyère, plus vaste et plus complet, avait des qualités mieux appropriées encore au goût du public. Il faisait l'effet d'avoir écrit pour le XVIIIe siècle, par l'ingéniosité et l'imprévu de son style, par le tour piquant et original de sa pensée. Cette ironie acérée, cet esprit qui avait autant de miroitement que d'éclat réel, ces dialogues pressés et vifs, ce style prodigieusement savant, tout en effets, où les mots prenaient un relief saisissant, cet art d'exprimer les caractères dans les particularités physiques, paraissaient répondre à toutes les conditions de la bonne comédie : le livre de La Bruyère était un répertoire inépuisable de mots et de types comiques.

De Boileau procède la comédie de caractère du XVIIIe siècle, tandis que la comédie de genre se rattache à La Bruyère. La première est représentée par Destouches, qui réagit contre la libre gaîté de Regnard et de Dancourt : avant d'être plaisant, avant d'être vrai, il veut être moral ; il se pique surtout d'être décent et instructif. Il le fut, c'est son mérite ; il ne fut que cela, c'est son défaut. Il ne doit rien à Molière que l'idée de l'utilité de la comédie, exprimée dans la préface de *Tartufe*. Au reste, Molière le dépassait trop pour qu'il le comprît. Il ne vit pas que Molière n'a peint les caractères qu'à travers les mœurs, qu'il faut passer par l'écorce pour aller au fond de l'âme humaine et qu'elle ne laisse saisir sa nature intime que dans ses manifestations sensibles. Au contraire, Destouches, qui n'avait pas le don de l'observation profonde, crut pouvoir créer des caractères sans exprimer les mœurs qui les contiennent et les soutiennent. Il s'imagina qu'il pouvait les combiner abstraitement, les construire en l'air et les priver de toute réalité, sous prétexte de la généralité qu'ils devaient avoir. Il prit pour maître Boileau, il en imita les procédés d'expression et de description, il sema sa comédie de vers proverbes, où sont enfermées beaucoup de vérités morales. Ses personnages dissertent sur les conditions et les humeurs des hommes ; ils en connaissent les faiblesses, les travers, les inclinations ; ils mettent leur expérience en maximes universelles. Ils pensent par *impératifs catégoriques*. Ils se détachent d'eux-mêmes et raisonnent sur leur rôle : ils savent la loi de leur caractère et en font leur règle de conduite. Un ambitieux, pour résister à l'amour, se dit qu'il est ambitieux et que toutes ses actions doivent être des effets de l'ambition. Les portraits, ingénieusement composés pour les soubrettes (nous voilà bien loin de Martine !), se mêlent aux raisonnements et aux maximes ; et quand tout le monde a bien expliqué les vertus et les vices en soi et dans les autres, l'auteur conclut et donne la moralité générale de la pièce. La comédie de Destouches n'est que l'*Épître* de Boileau distribuée par personnages. Où sont les caractères ? Promener à travers cinq actes un personnage qui réalise la formule de son rôle dans toutes les situations et qui provoque les remarques fines et piquantes des autres acteurs, ce n'est pas là créer un caractère. Cette idée abstraite, cette description raisonnée, peuvent suffire au moraliste : au théâtre, elles ne donnent pas la sensation du vrai ni de la vie. Destouches part de définitions générales, et de ses définitions il ne peut tirer que des dissertations. Il méprise la réalité ; il ne voit dans les travers et les ridicules contemporains qu'une mince et légère surface, mais c'est en effet l'affleurement des sentiments profonds et permanents. Que sert après cela qu'il aille choisir et combiner des incidents pour y ajuster, y recoller certaines façons de sentir et de penser ? Un caractère dans une action, ce n'est pas un tableau dans un cadre, c'est un homme dans sa peau.

Pendant que Destouches travaille avec plus de conscience que de bonheur à maintenir la comédie de caractère, les comédies de genre, satiriques, spirituelles et glacées, pullulaient. Les gens du monde aiment qu'on les occupe d'eux-mêmes. De plus, les écrivains, vivant dans les salons, n'ont sous les yeux que les mœurs de salon, où les caractères sont effacés sous le vernis uniforme du savoir-vivre. « Il ne reste proprement d'état dans un pays comme celui-ci que l'état d'homme du monde, écrivait Grimm, et, par conséquent, d'autre ridicule que celui de petit-maître. » Ce fut, en effet, sur la scène, pendant tout le siècle, mais surtout avant 1750 ou 1760, un défilé de petits-maîtres pétillants et pincés, de toutes variétés : l'*Homme du jour*, l'*Indiscret*, le *Babillard*, l'*Impertinent*, le *Méchant* (M. Lenient a fait trop d'honneur à la pièce de Gresset, qui n'a que les prétentions d'une comédie de caractère et qui ne vaut, en effet, que par la peinture des mœurs d'un moment). On ne sort pas du monde : quand Palissot se hasarde dans le demi-monde, il a beau affadir et gazer, il fait scandale. La comédie est un salon : le monde n'y veut pas de mélange et en tient les portes bien fermées à toutes autres mœurs que les siennes.

Il faut faire une place à part à Marivaux et le loger seul en son coin. Non pas qu'il n'ait point d'ancêtres et de parents. Mais il a tiré d'une tradition banale une œuvre originale. Un goût de tendresse romanesque avait pénétré dans la comédie dès la fin du xviie siècle : en l'absence de *caractères*, les amoureux avaient passé au premier plan. On était revenu à Térence et à ses délicieuses mignardises ; on avait mis au théâtre les contes de La Fontaine et leur froide sensualité. La *sensibilité* du siècle qui s'ouvrait s'annonçait par un amollissement de la comédie. Le xviiie siècle ne devait pas laisser tarir cette veine. L'amour y était la grande affaire de la société : mais l'amour compatible avec les convenances sociales, sans brutalité ni violence, apprivoisé, poli, refroidi. Cet amour mondain, fait d'esprit et d'égoïsme, est partie intégrante de la peinture des mœurs en même temps qu'il en donne le cadre. Mais souvent aussi on s'intéresse à lui seul, on l'isole, on en fait le tout et le fond de l'œuvre. On recherche toutes les nuances de l'amour du siècle, ses applications diverses, les ombres de passions dont il s'accompagne, la jalousie, point meurtrière, occasion de piques légères et de mines gracieuses, l'indiscrétion, les caprices, l'éveil des sens chez les adolescents, leur réveil chez les vieillards. Pour étoffer la pièce, on revient à la comédie d'intrigue en effaçant le valet derrière les amants, à qui appartiennent les ruses et les déguisements. Mais surtout il est une forme de l'amour que le xviiie siècle poursuit d'une curiosité infatigable : celle qu'il pouvait le moins connaître, l'amour ingénu. Que d'hypothèses on fait alors, en combinant à toutes doses la naïveté, la tendresse, la jalousie, l'inquiétude, qu'on suppose être les éléments du problème, en dépaysant l'amour mondain dans des fictions mythologiques ou féeriques, en l'habillant à la paysanne, à la grecque, à l'orientale, pour expliquer comment, dans un cœur tout neuf, s'éveillent des sensations inconnues qui en troublent l'innocence sans l'éclairer ! Si l'on ne réussit guère à résoudre la question, c'est que la donnée principale échappait : comme nous le montre La Chaussée, quand il prend Mlle Gaussin pour type de l'amour ingénu, cette bonne Gaussin qui, de sa vie, ne refusa à personne, comme on sait, ce qui ne lui coûtait rien à donner. C'est de là que sort Marivaux : toutes les formes de la comédie galante sont représentées dans son œuvre. Voici l'amour ingénu dans *Arlequin poli par l'amour*. Voici les déguisements et les quiproquos, dans l'*Épreuve*, les *Fausses confidences, le Jeu de l'amour et du hasard*. Enfin, la *Surprise de l'amour*, le *Préjugé vaincu*, le *Petit-Maître corrigé*, le *Legs*, c'est l'amour aux prises avec les préjugés, les bienséances et les habitudes du monde. Molière, en quelques scènes éparses dans son œuvre, avait marqué d'un trait juste et fort le progrès, la lutte, et l'accord des sentiments dans de jeunes cœurs. Après lui, toutes les affaires de l'amour, ses joies et ses peines, avaient été réduites à un mécanisme artificiel et monotone. Marivaux eut le mérite d'y remettre la vérité et la poésie. Il reprit l'ébauche de Molière et en fit d'après nature un dessin très poussé ; il rechercha tous les détails que le maître avait éliminés de ses larges études, accusant les moindres traits et les plus fines ombres. Il ne laissa rien à dire sur le jeu de l'amour-propre et de la coquetterie, sur les manèges de l'esprit qui, raffinant la sensualité et échauffé par elle, donne l'illusion de la passion profonde. Là est sa supériorité : il a vraiment, en ce genre, atteint la perfection de l'art. Par là il est unique et aussi impossible à retrancher de notre théâtre, que Racine ou que Molière, qui sont plus grands que lui.

Mais venons au grand fait dans l'histoire de la comédie au xviiie siècle : c'est la naissance de la comédie larmoyante, du drame, c'est-à-dire le passage du théâtre classique au théâtre moderne. Il faut, pour comprendre cette transformation décisive de la comédie, revenir à Destouches. Ce poète prétendait enseigner le bien et faire aimer la vertu; il voulait offrir « une pure et saine morale, modérément assaisonnée de bonnes plaisanteries et de quelques traits délicatement caustiques». Mais on ne fait pas au sentiment moral sa part; où il entre, il règne : c'est une juste remarque de Schiller. Dès que le poète nous appelle à juger de la qualité morale des actions, il empêche ou détruit toute autre impression que son œuvre pouvait faire : édifiés, nous n'avons pas envie de rire, et si nous rions, c'est que nous ne sommes pas édifiés. Tout est sérieux quand la morale s'en mêle. Les gens qui ont l'idée du bien sans cesse présente à l'esprit ne rient guère, ils se relâchent tout au plus à sourire. Ainsi en arriva-t-il de la comédie de Destouches : il dut prendre des héros vertueux. Qu'on ne dise pas qu'il y a dans le monde de grands hommes de bien qui prêtent à rire : si l'on veut me recommander leur exemple, il ne faut pas me faire regarder leur ridicule; pour que leur vertu fasse effet sur moi, il faut effacer tout ce qui n'est pas elle ou ne vient pas d'elle. Aussi tout est honnête chez Destouches, tout exhale une odeur de vertu, jusqu'aux valets : Pasquin, la larme à l'œil, offre à son maître ruiné ses petites économies. Si parfois le poète veut montrer le vice pour en détourner, il en inocule une dose modérée à quelque bonne nature qui doit l'éliminer au dénoûment, et *le Glorieux*, *le Dissipateur*, proclament, par leur conversion, la supériorité de la vertu. Dans un tel théâtre, le ridicule est accessoire ou épisodique : des saillies ou des tics. Le comique de caractère ou de situation n'est plus possible.

Cependant la comédie de Molière est morale et elle est gaie. Assurément, et cela tient sans doute au génie de Molière. Mais aussi il a pris pour moraliser un biais qui lui permet d'être franchement comique. Sa philosophie, comme M. Brunetière, l'a si justement définie, c'est la philosophie de la nature : la nature est toute bonne, toute-puissante ; on fait bien de la suivre, et on est impuissant à la vaincre ; elle se venge de qui la force, la fausse ou la brave. Cette philosophie, que je n'ai pas à discuter ici, a dans la comédie l'avantage de ne pas mettre en jeu l'austérité de la loi morale. Elle appelle la raison, non la conscience, à juger les actions : elle présente les caractères dans leur rapport au vrai. Le mal, le vice, se réduisent au faux, à l'absurde. Ceux qui vont contre la nature n'excitent pas la haine, quoiqu'ils pèchent, ni la pitié, quoiqu'ils souffrent : ils ne voient pas qu'ils ne souffrent que parce qu'ils pèchent ; ce sont des fous ou des sots, et par là ils sont ridicules. Mais quand on fait appel au jugement de la conscience, les seules émotions qui puissent s'y associer sont l'admiration et l'indignation. Aussi Destouches, en rapportant tout à l'idée morale, fut-il poussé tout doucement, et sans s'en douter, vers l'emploi du pathétique. Car enfin la comédie ne pouvait rester impassible, et, dès qu'elle ne faisait pas rire, il fallait qu'elle fît pleurer. Destouches fit donc *le Glorieux* : autour d'un comte momentanément glorieux, et d'un vieillard un peu grondeur, un peu libertin, un peu vaniteux, — voilà la part des vices, — il disposa un valet humble, une soubrette innocente, un jeune homme qui lui offre le mariage : à une femme de chambre ! En plein xviii⁰ siècle ! Puis un père... Ah ! ce n'est pas un père de comédie, ce père en haillons qui, drapé dans sa pauvreté et dans sa paternité, porte le pathétique, et parfois jusqu'aux larmes, dans toutes les scènes où il élève sa voix auguste. De dessein prémédité, l'auteur coupe court aux effets comiques que le sujet amenait naturellement : ce n'est pas en faisant rire qu'il eût « mis la vertu dans un si beau jour qu'elle s'attirât la vénération publique ».

Le Glorieux nous conduit aux extrêmes limites de la comédie définie par Boileau. Il n'y avait qu'un pas à faire pour en sortir. Ce fut La Chaussée qui le fit. *Mélanide* (1741) réalisa pour la première fois dans toute sa pureté le type nouveau du poème dramatique, ayant l'instruction pour but, l'émotion pour moyen, et pour matière la vertu malheureuse. Assurément toutes les pièces de La Chaussée, quoiqu'elles aient fait pleurer les femmes en leur temps, sont misérables, ridiculement romanesques, insupportablement moralisantes, sans caractères et sans psychologie, sans style. Mais ces œuvres, qu'on ne peut jouer, et qu'on ne peut presque pas lire, marquent un des points principaux de l'évolution de notre littérature dramatique. Il est oiseux de discuter si la comédie larmoyante est dans les anciens, ou dans Molière, ou dans Boursault, ou dans Destouches. C'est un fait : avant La Chaussée, la comédie en France est orientée vers le rire ; après lui, elle s'oriente vers les larmes. A ce moment la comédie se partage en deux courants qui divergent : le courant principal, unique au xvii⁰ siècle, soigneusement endigué par Boileau, s'étrécit et s'appauvrit de plus en plus ; l'autre qui se détache alors est allé, à quelques interruptions près, sans cesse grossissant et se renforçant. De nos jours les vrais héritiers de Molière sont relégués au Palais-Royal, tandis que la postérité inconsciente, mais authentique, de La Chaussée, a envahi la maison de Molière.

Dégageons, en effet, les tristes pièces de La Chaussée de leur triple enveloppe de mauvais style, de sensibilité fausse et d'absurdité romanesque : qu'y trouvons-nous ? Un mari à bonnes fortunes, écrasé par la grandeur morale de sa femme, et qui se met à l'aimer furieusement quand il s'est rendu indigne de pardon : voilà *le Préjugé*. Un fils naturel, rival de son père, et lui réclamant son nom presque l'épée à la main : voilà *Mélanide*. Une fille élevée loin de la maison et sacrifiée à un frère indigne par la préférence injuste de sa mère : voilà *l'École des mères*. Ainsi les relations de famille et leurs altérations, les affections et leurs troubles, leurs perversions, leurs révoltes, au contact des préjugés et des institutions, en un mot, dans notre vie que règlent les lois et les mœurs, tous les sujets de malheur et de larmes qu'introduisent les passions, tel est le domaine dont le nouveau genre prend possession dès le premier jour. Et il développe son action dans le cadre ordinaire de la vie bourgeoise, parmi les soins, les intérêts, les amusements qui font l'occupation du public, entre gens tels sur la scène que nous sommes, nous, de l'orchestre et des loges : de telle sorte que la comédie est bien de plain-pied avec nous. Cette définition de la comédie larmoyante n'est-elle pas en somme précisément celle de notre comédie contemporaine, morale, pathétique, et qui remplace pour nous la tragédie et le drame romantique ?

Diderot, qui passa de son temps pour un créateur, ne

fit qu'appliquer aux idées de La Chaussée sa logique fougueuse et son esprit de suite dans la rêverie. Il eut de plus l'avantage de connaître le théâtre anglais. En Angleterre s'était développé depuis le commencement du siècle, sous l'influence du rigorisme protestant, et par réaction contre les pièces dissolues de la Restauration, un genre sérieux et moral qui peu à peu avait abouti, comme en France, à remplacer le ridicule par le pathétique. Dans ce pays, comme chez nous, la sensibilité sévissait, et de ce côté nous n'avions rien à apprendre ni à envier. Mais le théâtre anglais, où les règles classiques n'avaient jamais pu s'acclimater, avait gardé une liberté d'allure, une violence d'action, une familiarité de langage, qui donnaient aux œuvres une forte saveur bien différente du sérieux réglé des pièces françaises. Aussi *Georges Barnwell, le Joueur*, quelques autres drames encore, qui à leurs mérites propres ajoutaient celui de venir du peuple libre et sensé, eurent-ils une influence considérable sur le développement de notre théâtre. Ces pièces suggérèrent à Diderot beaucoup de vues nouvelles : à défaut de la vérité, elles avaient le mouvement et l'énergie qui manquaient tant à nos comédies ; la grossièreté même de leur style mélodramatique était efficace pour nous désabuser de l'esprit chatoyant et du langage épigrammatique.

Les idées de Diderot valent mieux que l'usage qu'il en fit. Laissons là *le Fils naturel* et *le Père de famille* : ne regardons pas ses pièces, mais ses théories. Je sais bien que ces théories mêmes sont parfois aventureuses, et M. Lenient, après bien d'autres, signale ce qu'elles contenaient d'illusion et d'erreur. Je ne tiens pas, pour moi, à cette division de la poésie dramatique qui, plaçant aux deux extrémités de l'art le burlesque et le merveilleux, reliait la comédie et la tragédie par les genres intermédiaires de la comédie sérieuse et de la tragédie domestique. On peut encore mieux s'étonner d'entendre Diderot affirmer que, de son temps, l'art dramatique est encore dans l'enfance.

Il y a longtemps aussi que l'on a dit que peindre les conditions, et non les caractères, était une chimère. Car si l'on ne veut qu'expliquer les devoirs d'un état sans les présenter dans leur rapport avec les sentiments des hommes, on ne peut faire qu'un dialogue moral et non un drame. Pour bâtir une pièce sur la donnée que Diderot indique, il faut ou rechercher de quelle lente et puissante influence la condition pénètre le caractère et le modifie, ou exposer quels conflits surgissent de la condition aux prises avec le caractère. Mais l'erreur de Diderot n'est pas de conséquence, puisqu'en fait on ne peut séparer le caractère de la condition ; et au contraire elle peut devenir un principe fécond, si l'on y voit le conseil de ne pas peindre les passions abstraitement dans le vague, mais de les prendre dans les formes réelles dont les diverses professions des hommes les revêtent. Par là, Diderot nous force à nous rapprocher de la vie, et à retenir cependant les deux degrés de généralité dont un caractère est susceptible, de façon à nous empêcher de nous perdre dans l'insignifiante diversité des humeurs individuelles.

Je n'ignore pas enfin ce qu'on peut dire contre l'entêtement de Diderot, qui veut mettre dans les pièces des « tableaux » à la place des péripéties et des coups de théâtre. Mais replaçons son idée dans son temps, pour en voir le sens et la portée. Ces attitudes pittoresques par où les personnages expriment l'agitation de leur âme, si elles ne doivent pas naître d'une combinaison surprenante d'événements, quelle en sera la cause? Évidemment le contact et le conflit des passions. Ce qui revient à dire que l'intérêt du drame est dans l'expression des sentiments intérieurs ; et l'essence du poème dramatique redevient la peinture de l'âme humaine, non pas cette analyse descriptive qui n'est que la dissertation d'un philosophe, mais cette synthèse vivante par laquelle un poète exprime le sens profond des choses dans les apparences mêmes de la réalité. De plus, quand Diderot réclame la distribution des personnages aux divers plans de la scène en groupes vivants dans des attitudes expressives, il faut se représenter les acteurs d'alors resserrés dans un espace de quelques pieds par une foule bruyante de spectateurs qui s'étalaient sur la scène, et déclamant leurs rôles avec des gestes compassés, devant le trou du souffleur, faisant face au public invariablement, sans pour ainsi dire se douter qu'ils parlaient à d'autres qu'à lui.

En général, la théorie de Diderot n'est peut-être pas la meilleure qu'on pût imaginer, s'il s'était agi de créer de toutes pièces l'art dramatique, dans un pays qui ne l'aurait point connu jusque-là : mais puisque le théâtre en France avait un long passé, puisqu'on ne pouvait faire abstraction de tout le développement antérieur, puisqu'il s'agissait non d'une création absolue, mais d'une restauration, les idées de Diderot étaient peut-être relativement les plus justes et les plus capables de remédier à l'épuisement de la poésie dramatique. En tout cas, bonnes ou mauvaises, elles ont eu un mérite : la fécondité. Si elles n'ont pas suscité de nouveaux *Misanthropes* ou de nouvelles *Phèdres*, ce qu'elles ont produit valait mieux que tous les *Glorieux* et les *Méchants* dont elles ont débarrassé la scène. En effet,

Diderot réclame une action variée et naturelle, allant « au delà de la froide uniformité des choses communes », mais sans roman pourtant, où tout soit simple et nécessaire. Il veut un mouvement continu, qui ne cesse pas même dans les entr'actes, en sorte que la dissipation de l'émotion, pendant que la toile est baissée, soit compensée ensuite par le surcroît de force dramatique, dès que la toile se relève. Il préfère aux combinaisons d'incidents, aux coups de théâtre, le développement progressif des caractères et des passions. Il imagine la « possibilité de discuter au théâtre les points de morale les plus importans, et cela sans nuire à la marche violente et rapide de l'action » : et par conséquent il faudra que la thèse morale soit au cœur même de la pièce sans rayonner en maximes. Il proscrit l'esprit de mots, les surprises faites au spectateur : ce que les personnages ignorent doit être connu d'abord du public. Il admet les scènes épisodiques de personnages qu'on ne revoit plus, comme dans la réalité passent souvent des gens qui font en un moment notre bonheur ou notre malheur, et qui disparaissent comme ils sont venus. Il marque la prose comme la forme naturelle et convenable de la comédie vraie. Il recommande la vérité du décor, mais il n'admet que le décor nécessaire, qui explique et soutient l'action. Il exige que les acteurs vêtus conformément à leurs rôles aillent et viennent par toute la scène, se lèvent, s'asseyent, tournent même le dos au public ; qu'ils récitent naturellement, comme d'honnêtes gens qui parlent de leurs affaires ou que leurs passions emportent. Plus de cri que de chant ; de l'accent, mais pas de ronflement ; que les gestes, les jeux de physionomie traduisent exactement et largement l'esprit du rôle ; que la pantomime, qui soutiendra toujours le dialogue, y supplée même parfois dans des scènes muettes. Ces moyens que Diderot indiquait pour relever le théâtre sont précisément ceux qu'on a employés de nos jours, et s'il en est quelqu'un auquel M. Augier ou M. Dumas n'aient pas eu recours, nos naturalistes l'ont soigneusement ramassé pour révolutionner l'art dramatique. Au reste, Diderot ne prétendait pas annuler la poétique du XVIIe siècle en y substituant la sienne, il admirait plus que personne Racine et Molière : ce n'est pas contre eux, c'est contre leurs faux imitateurs qu'il écrit, et les conseils qu'il donne nous rapprochent au fond plus qu'ils ne nous éloignent de l'idéal classique. Diderot ne rompt pas avec les règles anciennes ; il a compris ce qu'il y avait de vrai, d'efficace, de convenable à la fois à la nature du poème dramatique et au génie français dans les conventions du théâtre et dans les unités. Mais il en observe l'esprit et non la lettre : il admet les monologues, comme moyens d'atteindre certaines vérités profondes que le dialogue ne saurait exprimer avec vraisemblance. Il veut l'unité d'action, et une action concentrée dans le temps et dans l'espace par l'élimination de tous les incidents étrangers ou inutiles. En somme, bien que Diderot n'ait pas su rendre, ni même voir la vie, sa doctrine avait pour but de replacer l'art devant la vie, qui en est l'objet, et d'écarter tout ce qui s'interposait entre eux d'habitudes et de procédés.

L'influence de Diderot fut immense. En France, Sedaine ; en Allemagne, Lessing, même Schiller et Goethe procèdent de lui. Mais, comme il ne sut pas réaliser ses doctrines dans des œuvres et joindre aux préceptes la souveraine clarté des exemples, il détruisit plus qu'il ne fonda ; on comprit mieux ce qu'il rejetait que ce qu il voulait. Quelques paroles imprudentes qui lui avaient échappé sur les classiques eurent de graves conséquences. Un de ses fidèles disciples, l'intempérant Beaumarchais, fit entendre le premier cri du romantisme en écrivant dans sa préface d'*Eugénie* : « Si quelqu'un est *assez barbare, assez classique*... » C'en est fait : comme dans l'ordre politique, la guerre au passé va devenir pour cinquante ans le mot d'ordre des réformateurs littéraires. Le *Mariage* ne peut que nous confirmer dans l'idée que Beaumarchais est un précurseur du romantisme. Qu'est-ce, en effet, que le romantisme au théâtre ? En négligeant le *costume* et tout ce qui est pour les yeux, c'est une transposition du comique au tragique : le romantisme fait passer un courant d'enthousiasme grandiose et de sensibilité effrénée à travers des situations, des accidents et des personnages que l'esprit classique ne prenait pas au sérieux. Le *Figaro* du cinquième acte, drapé dans son orgueil plébéien et disant son fait à la société, est le véritable père de *Ruy Blas* et de *Richard d'Arlington*. Mais la forme, chez Beaumarchais, est du xviiie siècle, spirituelle, raffinée, aristocratique : Mercier va au delà, et, forme et fond, veut tout créer. Amalgamant les idées de Diderot et les exemples des Allemands, il répudie l'idéal classique, le style classique, et il conçoit un drame démocratique qui glorifiera la vertu du peuple dans le langage du peuple. Il greffe un nouveau genre sur le rameau détaché par La Chaussée et Diderot, et, fondant le répertoire de l'Ambigu et de la Porte-Saint-Martin, il nous prépare, par ses étranges tableaux d'histoire et de mœurs, à goûter les beautés populaires de *Calas*, de *Marie-Jeanne* et du *Chiffonnier*. Avec Mercier, nous sommes hors de la comédie, même sérieuse. Mais il est à noter que le premier et plus sensible effet des doctrines de Diderot est une dégradation de l'art. Tout ce qu'elles réussissent à faire naître en France au XVIIIe siècle, c'est le mélodrame. C'est qu'il était plus facile de renoncer d'un coup à l'art, pour s'établir dans la grossièreté et la vulgarité, que de renouveler la forme ancienne ou d'en créer une nouvelle.

Comme Marivaux dans la première moitié du siècle, dans la seconde Beaumarchais occupe une place à part : la grande route de la comédie qui, de Regnard par Destouches et La Chaussée, nous conduit à Diderot, puis à Mercier, ne rencontre pas plus *le Barbier de Séville* et *le Mariage de Figaro* que *le Legs* et *les Fausses confidences*. Il faut donc faire un crochet pour visiter Beaumarchais. Le *Barbier* est un réveil brillant de la comédie d'intrigue, effacée depuis Molière et Regnard par la vogue des peintures satiriques ou sentimentales, et négligée par les auteurs qui n'avaient guère que l'esprit de mots ou le génie de la déclamation : c'est l'éternel sujet de la comédie italienne, le trio bien connu, Arnolphe, Horace, Agnès, gaîment habillé à l'espagnole par un Parisien qui a lu *Gil Blas*. Quant au *Mariage*, mélange unique de tous les genres et de toutes les sortes d'esprit, imbroglio larmoyant, satirique, sensuel, politique, bouffon, philosophique, poème et pamphlet à la fois, il ne peut vraiment se comparer et se rattacher qu'à la comédie d'Aristophane. Le XVIIe siècle n'avait regardé que Plaute et Térence, et *les Plaideurs* nous montrent combien on est loin alors d'Aristophane, même quand on l'imite. Molière, dans la discipline de son temps, n'a pu dessiner que quelques profils de médecins et de pédants. Le XVIIIe siècle, au contraire, devait, à ce qu'il semble, marcher librement dans la voie de l'ancienne comédie : l'indépendance de la pensée, le goût de l'abstraction et de l'allégorie, les luttes d'écoles et de doctrines, l'affaiblissement de l'autorité, l'esprit de persiflage et d'ironie, tout semblait lui rendre le succès facile en ce genre. Rien toutefois ne parut, ou peu de chose : quelques fantaisies vraiment peu meurtrières de Delisle et de Marivaux, les essais médiocres et seulement injurieux de Palissot et de Voltaire, le fatras encyclopédique et féerique de *Tarare*, ne méritent pas vraiment qu'on évoque à leur propos le souvenir d'Aristophane. D'où vient cette pauvreté inattendue? La censure a pu gêner les auteurs, non les glacer : une cause plus profonde explique que, là comme dans les autres genres dramatiques, le xviiie siècle ait si peu produit d'œuvres durables, et j'y reviendrai tout à l'heure. Il ne reste donc que *le Mariage de Figaro* pour représenter un genre où l'art, qui, selon Aristote, a pour objet le général, revêt d'une forme idéale et impérissable ce qu'il y a de plus particulier et de plus passager, les passions politiques d'une génération. Un siècle s'est passé, et *Figaro* n'a pas encore de pareil chez nous, malgré *Rabagas*.

Nous voilà à la fin du xviiie siècle, et nous pouvons voir ce qu'il a fait de la comédie. Il a voulu inventer, et ce qu'on ne saurait trop remarquer, il semble las et désillusionné de son invention. La sensibilité qui a aidé le drame bourgeois à naître, le fait doucement mourir. Dans les premiers temps, les âmes avides d'émotion ne trouvent rien d'assez saisissant, d'assez effrayant; on aime à se sentir le cœur serré, à répandre des torrents de larmes. Mais sous Louis XVI, l'optimisme triomphe et fait préférer l'attendrissement douceâtre aux déchirements violents. On ne peint plus la vertu désespérée, on l'aime heureuse ; elle est touchante par essence, et il suffit qu'elle soit, sans agir et sans souffrir, pour que les yeux deviennent humides. Un enfant dans un berceau remue les bras et vagit : à ce tableau d'innocence, toute la cour déborde d'enthousiasme et d'émotion. Même sous la Révolution, les âmes que la réalité fait si violentes, gardent cette fade mollesse au théâtre ; jamais on n'a vu plus d'idylles sur la scène : « La comédie, dira bientôt Marie-Joseph Chénier, a regagné des qualités qu'elle avait perdues, le naturel et la gaîté ; il lui reste à regagner encore la profondeur dans le choix des sujets et la hardiesse dans l'exécution. » Entendez le naturel de Collin d'Harleville, un sous-Destouches, et la gaîté de Picard, un sous-Dancourt. On a quitté Diderot sans revenir à Molière, la comédie a achevé de se vider ; il ne lui reste à l'entrée du XIXe siècle que de la bonne humeur, l'observation des ridicules légers et des sentiments superficiels, un style agréable, un vers correct, l'art de faire un plan et parfois l'instinct du mouvement scénique. Cependant, par les tentatives faites pour élargir l'art, — sans compter que deux genres sont nés : opéra-comique et drame, — dans la comédie elle-même est entré un certain esprit de liberté qui se marque par le mélange ordinaire de quelques scènes touchantes aux scènes purement comiques, d'une façon que l'*Art poétique* n'autorise pas, par une moindre aversion de la bouffonnerie et de la charge, enfin par une variété plus grande des sujets pris dans toutes les conditions et même dans l'histoire. Mais surtout, sous cet épuisement apparent, la comédie que le XVIIIe siècle transmet à notre siècle contient les germes de l'avenir, qui paraîtront en leur temps.

II

Destouches, La Chaussée, Marivaux ; Diderot, Mercier, Beaumarchais, voilà par quels noms se résume l'évolution de la comédie au xviii° siècle. Maintenant, si l'on regardait la beauté des œuvres, l'intérêt des images ou des idées qu'elles présentent, au lieu de six noms, j'en retiendrais deux : Marivaux et Beaumarchais, les deux qui précisément sont le plus isolés dans leur siècle, et qui, ne rappelant pas le passé, n'annonçant pas l'avenir, ne représentent vraiment qu'eux-mêmes. Ce n'est pas le lieu d'étudier Marivaux ; d'autres l'ont fait, avec toute l'étendue que le sujet comporte et plus d'autorité que je n'en saurais prétendre. Je ne veux faire qu'une ou deux observations.

Marivaux, a dit Sainte-Beuve, est plus solide et plus substantiel qu'on ne croit communément et que la forme de ses pensées ne ferait croire. Peut-être, en revanche, est-il moins dramatique qu'on n'a voulu le dire. C'est un charmant esprit, original, et qui fait penser à mille choses dont on ne s'aviserait jamais. Mais son théâtre est surtout fait pour être lu. Cela est manifeste pour ses pièces féeriques et allégoriques : ce sont de très spirituels dialogues ; et même dans ses comédies amoureuses, qui ont fait et qui entretiennent sa popularité, partout où il a réalisé dans sa pureté le type dramatique qu'il avait conçu, il est froid : cela manque de corps. On se rompt la tête à peser les expressions et les sentiments, à saisir les nuances, à distinguer les moments ; et toutes ces choses nous paraissent si indiscernables, si impondérables, que notre intelligence s'y épuise et s'y perd. On ne sait où s'accrocher, ni où l'on va, ni si l'on avance. Peut-être est-ce notre faute : nous sommes devenus trop brutaux, trop matériels, trop ignorants des finesses du beau langage. Mais c'est un fait : allez entendre au théâtre *la Surprise de l'amour* si charmante à la lecture. Où Marivaux supporte le grand jour de la scène et ne s'évapore pas presque en entier pour nos sens trop peu subtils, c'est quand l'intrigue plus forte rend le mouvement sensible, quand les incognitos, les quiproquos donnent du corps à l'action : dans *le Jeu de l'amour et du hasard*, dans *les Fausses confidences*, dans *l'Épreuve*.

Et puis ce théâtre est, je ne dirai pas superficiel, car il ne laisse rien, il laisse même trop peu à ignorer sur son objet : c'est cet objet qui est, si je puis dire, superficiel. M. Lenient fait remarquer qu'il n'y a pas de caractères dans Marivaux : ses comtesses, ses Dorantes, ne se distinguent pas très bien les uns des autres. C'est qu'en fait, ce que Marivaux peint n'est pas individuel : ce sont certains sentiments, certaines combinaisons de sentiments qui peuvent, dans un certain âge, se produire à fleur d'âme et se superposer au caractère personnel dans un monde poli et sensuel. Il n'est pas d'homme qui ne puisse être Dorante à un moment donné ; il n'est pas de femme qui n'ait, à son heure, senti comme une de ces comtesses. Le fond des âmes n'importe pas : c'est une légère maladie que tout le monde peut gagner en ce siècle et qui s'en ira sans modifier la constitution intime. En voulez-vous la preuve ? Essayez d'imaginer ce qu'ont été avant la pièce, ce que seront après, les personnages de Marivaux : cela est impossible. Marivaux, pourtant, était capable de quelque chose de plus grand et de plus profond. Il a donné sa mesure dans ses journaux d'observation morale et dans ses romans inachevés.

Quant à Beaumarchais, il se résume en Figaro : le Figaro du *Mariage*, bien entendu. Car celui du *Barbier*, malgré quelques saillies irrévérencieuses, n'est encore qu'un cousin de Mascarille et de Gil Blas : c'est un valet d'ancien régime, non un tribun révolutionnaire. Au point de vue du théâtre, le *Mariage* ne vaut pas le *Barbier* : l'action y traîne parfois dans des conversations satiriques ou des sentimentalités maussades. L'esprit n'y est pas toujours de qualité : il y a là beaucoup de « bourre », comme disait le vieux Malherbe. Surtout cet esprit est moins spontané, moins primesautier qu'on ne l'a cru longtemps. Ce n'est pas non plus par la profondeur de l'observation morale que vaut la pièce : elle ne nous apprend pas grand'chose sur l'homme. Figaro, avec ses mots de journal, n'a pas la valeur typique de Sosie ou de Gil Blas. Almaviva est dans vingt comédies du siècle. Basile est une silhouette amusante d'hypocrite, qui donne envie de lire *Tartufe* ou la tirade de *Don Juan*, pour connaître l'hypocrisie. Suzanne est « verdissante », et puis « sage ». Il n'y a que la comtesse démoralisée par l'ennui, au point que le cou blanc d'un enfant la bouleverse, il n'y a que ce polisson de Chérubin, encore gamin et déjà libertin dans son premier rêve d'amour, qui soient réels et vivent avec intensité. Mais tout cela n'était pour Beaumarchais qu'un accessoire et comme l'assaisonnement de sa comédie. Elle fit son effet par d'autres mérites. M. Lenient nous en raconte le succès, « plus fou que la pièce ». Il s'étonne, comme on le fait à l'ordinaire, que les privilégiés aient pu applaudir à ce qu'il appelle « un préambule des cahiers de 1789 », que l'auteur et le public aient si gaîment mis le feu à la mine qui devait les faire sauter tous. Il est vrai que cela est étonnant, et l'on ne savait pas ce qu'on faisait, en 1784, quand on battait des mains aux saillies de maître Figaro. Mais savait-on plus où on allait, en 1789, quand on ouvrait les Etats généraux avec cet éclat de joie universelle ? C'est une loi de l'histoire que les effets des idées et des actes se prolongent bien au delà de la prévoyance de leurs auteurs. Mais il y a dans la pièce de Beaumarchais quelque chose de plus étonnant, et qu'on ne remarque pas assez. Il n'est pas étrange que les idées de 1789 aient été applaudies en 1784, mais il l'est à coup sûr qu'on ait accepté la forme dans laquelle l'auteur les présentait. Quoi! voilà ce qui représente la France nouvelle, voilà ce qui traduit la protestation généreuse de l'opinion publique contre l'arbitraire, le privilège et les abus ! Voilà le signe avant-coureur de l'éclatante revendication de Sieyès ! Où donc est le tiers-état là-dedans ? Sera-ce ce fripon de Bartholo ou cet ivrogne d'Antonio ? Les belles images des vertus bourgeoises et champêtres ! Mais non, c'est Figaro, qui jette le premier cri de la révolution : ah ! le bel apôtre de la réforme tant désirée, que ce valet de grand seigneur, aussi corrompu que son maître, ni bourgeois ni peuple, ce déclassé, spirituel, intrigant, impudent, avide d'argent, qui crie contre les abus quand ils le gênent, du reste sans principes comme sans scrupules, et qui ne veut qu'avoir part au gâteau. « Tandis que *moi*, morbleu !... » Je me refuse à voir là l'illusion de 1789, la soif d'égalité et de justice. C'est le cri de l'égoïsme individuel : le jour où *lui* sera satisfait, où *lui* sera parvenu, il défendra les privilèges, parce qu'il en jouira. Figaro n'est pas l'incarnation du Tiers : c'est le type du politicien, qui a désarmé et escamoté la révolution. Comment donc ce public nourri de Montesquieu et de Rousseau, enivré de belles illusions, épris d'universel et d'absolu, qui, pour réaliser son rêve de liberté, d'amour et de vertu, allait faire le serment du jeu de paume et la nuit du 4 août, comment, gentilshommes et gens du Tiers, de Montesquiou à Barnave, et de Barnave à Robespierre, n'ont-ils pas senti que la pièce avilissait l'idéal qu'ils adoraient, et que les belles maximes de philosophie sociale étaient dégradées par le drôle qui les débitait ? Je ne saurais être de l'avis de M. Lenient : le *Mariage de Figaro* n'est pas « le préambule des cahiers de 1789 » : c'en est tout l'opposé : ceux-ci sont le rêve sublime, celui-là la réalité immorale, dans laquelle le rêve se résout. La pièce, en soi et surtout par son succès, découvre l'égoïsme radical et l'absence de sens moral, qui sont le fond des âmes, sous l'enthousiasme superficiel des imaginations surchauffées. Figaro ne représente pas l'esprit de 1789 ; il représente autre chose qui a rendu la révolution possible, mais qui l'a stérilisée, qui lui a survécu, pour faire éclater et avorter successivement toutes les autres. Son fond, et la raison intime de l'enthousiasme qu'il excita, c'est qu'il prêche le mépris de l'autorité, et que son apparition sur la scène est elle-même une défaite de l'autorité. Ce jour-là se révèle le mal profond, et peut-être irrémédiable, de notre société. De ce jour, le Français, ennemi-né du pouvoir, croit qu'il faut être fonctionnaire ou vendu pour le défendre, qu'on ne l'exerce que pour faire sa main, et qu'il suffit de l'attaquer pour être honnête homme. Cette incurable manie va si loin que les classes mêmes qui devraient avoir le plus de souci de la conservation sociale, se font, par honte ou par peur, les complices des meneurs bruyants de l'opinion. Cela a l'air souvent d'un sot idéalisme, qui risque sans cesse de tout perdre, pour vouloir tout avoir; mais au fond, il n'y a que ceci : nous ne sommes pas capables d'être gouvernés ; l'autorité nous pèse, et nous sommes pour le gouvernement de demain, qui n'a encore que des phrases, contre celui d'aujourd'hui qui a des actes. Voilà la disposition des âmes françaises qui se révèle avec Figaro. Si Figaro n'a pas vieilli, quoiqu'il n'y ait plus ni Bastille ni grands seigneurs, et qu'on puisse tout écrire et tout dire, c'est que cette disposition n'a pas changé, et que notre démocratie est travaillée du mal qui mina la monarchie.

Avec un peu de complaisance, je mettrais Sedaine en compagnie de Marivaux et de Beaumarchais. *Le Philosophe sans le savoir* est une bonne pièce, *assez* vraie, *assez* vivante, *assez* tout ce que peut être une bonne pièce, et rien avec l'intensité qui fait les œuvres supérieures. Elle n'a point de dessous profonds, et n'est pas matière à de longues rêveries. Cependant le voisinage de *Figaro* la met en valeur. Sedaine et Beaumarchais ont dressé à la scène deux types qui ne disparaîtront pas de longtemps de notre société : les gens obscurs, qui travaillent ; les gens bruyants, qui parviennent. Et leurs fortunes au théâtre ont été aussi diverses qu'elles le sont dans la société.

Après cela, tout le reste qu'on joue, qu'on lit, qu'on connaît ou qu'on ne connaît pas, me paraît absolument ennuyeux et vide sous les agréments surannés d'une forme dite littéraire. Je n'excepte ni *le Glorieux,* ni *le*

Méchant, ni *la Métromanie* : cela ne vit pas, cela ne compte pas. Voltaire avait raison :

> Un vers heureux et d'un tour agréable
> Ne suffit pas.

Ce qu'il y a de plus essentiel au théâtre, et ce que nous demandons surtout aujourd'hui (plus souvent que nous le rencontrons), c'est le sens de la vie. Le xviii° siècle ne sait ni la regarder ni l'exprimer. D'abord il n'a pas de naïveté. Il mêle partout l'esprit ou l'ironie. Il nous fait penser aux qualités du sujet plus qu'à la nature de l'objet. L'écrivain veut se distinguer de ce qu'il exprime, il craint de paraître dupe de ce qu'il voit; il substitue un jugement critique sur la chose à l'impression vive de la chose. Aussi ne peut-il évoquer la réalité : il ne peut que la disséquer. Au reste, avec son mépris de l'histoire, son incapacité d'observation, sa prétention de tout mettre en raisonnements, ses idées préconçues sur l'homme, comment le xviii° siècle pourrait-il représenter l'être vivant? Ils opèrent tous, quelles que soient les différences de talent et de doctrine, ils opèrent tous sur l'homme et sur la société, comme si ce n'étaient que des chiffres et des signes. Ils prennent pour l'équivalent de la réalité complexe et vivante un concept incomplet, une définition de leur esprit où elle s'évapore en partie et en partie se fige. Ils ne font qu'analyser des abstractions, et en déduire le contenu. Ils ignorent la substance et la force de l'être, le jeu incessant des actions et des réactions. Il n'y a pour eux que des formes immobiles et superficielles, et la réalité leur apparaît découpée en minces feuillets juxtaposés, à peine adhérents, sans pénétration réciproque ni communication intime. Ils ne sont capables que d'analyser, et ils ne savent pas analyser : ils appliquent leur méthode non à l'expérience, mais à des conceptions en l'air. Il n'y en a pas un qui sache voir et dire ce qu'il voit ; leur cerveau est meublé de définitions et de formules où toutes les passions, leurs causes, leurs effets, leur jeu, sont notés ; ils n'aperçoivent jamais les choses elles-mêmes, mais le résumé sec et précis déposé dans leur raison. La science de l'homme et de la vie est faite, à ce qu'il semble ; ils ne font tous que répéter et amplifier.

De là leur impuissance à peindre des caractères : haute comédie, comédie larmoyante, drame bourgeois, quelque genre qu'ils traitent, ils n'y mettent pas un caractère vivant. Leurs personnages ne sont jamais des êtres moraux, mais seulement des définitions morales. Tout ce qu'ils disent n'est que leurs définitions traduites en termes particuliers, tout ce qu'ils font est l'expression symbolique de leurs définitions. La vie n'a pas cette précision sèche et rectiligne : son plus sensible caractère est que tout y rayonne, que chaque chose touche et tient à plusieurs, que rien n'est signe, effet ou cause d'une chose qui ne soit ensemble effet, cause ou signe de quelques autres. Au contraire, dans la comédie, chaque mot, chaque acte d'un personnage ne contient que la formule et la contient toute : un rôle est une série d'équations où l'un des termes ne varie pas. Il n'y a pas de développement du caractère : tout ce qui est au commencement se retrouve à la fin, quand l'auteur ne l'annule pas d'un trait de plume. Le *glorieux* ne dit rien, ne fait rien qui ne le proclame glorieux ou qui annonce autre chose en même temps : le mécanisme est trop bien réglé, d'un jeu trop sûr et trop continu ; je devine un automate et non un homme. Le *père de famille* est partout et toujours père de famille : en parlant, en se taisant, en s'asseyant, en marchant, dans son geste, dans son costume, il se déclare père de famille. Il ne se repose pas : son ressort est monté, il faut qu'il fonctionne sans arrêt, même à vide.

Rien ne contribua plus à boucher les yeux de nos auteurs dramatiques que la sensibilité qui envahit la scène vers le second tiers du xviiie siècle. Cette maladie, que Rousseau rendit générale, mais qui gâte déjà toute l'œuvre de La Chaussée, rend impossible toute étude de l'homme. Elle impose aux écrivains une psychologie de convention par son dogme fondamental de la bonté essentielle de la nature humaine. Et la bonté se mesure à la sensibilité. L'homme sensible a reçu de la nature les germes des vertus ; il est fait pour l'amour, pour l'amitié, pour la bienfaisance ; il ne peut voir un être bon ou innocent, un effet de bonté ou d'innocence sans s'attendrir ; même à l'idée abstraite et sur les mots de vertu, d'humanité, de nature, d'amour, un trouble puissant agite son âme ; à tous les instants de sa vie il sent ; et, comme il est fier de sentir puisque c'est par là qu'il prend conscience de sa vertu, il ne contient pas, il étale ses sensations ; il se pare de son désordre et de ses larmes ; et tout son cœur se fond dans une sympathie délicieuse. Le méchant, c'est l'égoïste, à l'œil sec. On le montre rarement : car la nature est bonne et le spectacle de la vertu est doux ; l'homme sensible est dans toutes les pièces.

Quel théâtre veut-on qu'il sorte de là ? une comédie idéaliste ? Oui, en un sens ; et capable de discréditer l'idéalisme. Partout la même idée d'une raison courte est substituée à l'observation des faits ; et la fausseté de cette idée n'a d'égale que sa stérilité. A vrai dire, il n'y a point de philosophie dans ce théâtre d'un siècle philosophe, car piquer une maxime et plaquer un couplet sur l'égalité naturelle, sur l'injustice des lois ou sur les préjugés de la société, ce n'est point faire une pièce philosophique. Il ne suffit même pas d'inventer une action qui réhabilite les parties injustement méprisées de l'humanité, le marchand, l'homme du peuple, le paysan, le sauvage, le nègre : à ce compte, il n'y aurait rien de plus profond que les opéras-comiques, où s'étale l'innocence des champs, ou les mélodrames qui devant le banquier scélérat dressent l'ouvrier sublime.

Sauf Diderot et quelques autres, les auteurs du XVIIIe siècle se servent de la philosophie, ils ne sont pas philosophes. Ils exploitent des idées qui sont populaires, en vue du succès ; ou bien, par paresse ou par faiblesse, d'esprit, ils abrègent leur besogne en coulant dans leur intrigue des notions banales de morale individuelle et sociale ; ou bien enfin, parce qu'ils sont du monde, ils ont foi aux théories dont le monde est enthousiaste, et ne voient pas plus loin que le public pour lequel ils travaillent. Car, si la condition des gens de lettres est devenue meilleure, ils se sont amoindris en s'élevant. Le monde, en effet, à force de craindre le pédantisme, s'est fait de l'ignorance un idéal. Contraint par la politesse à cacher ce qu'il peut avoir de talent ou de connaissances spéciales, l'honnête homme s'est insensiblement dispensé d'apprendre ce qu'il ne lui fallait pas montrer. Il ne devait être, selon Pascal, ni mathématicien, ni guerrier, ni rien qu'honnête homme. Le meilleur moyen d'éviter la tentation d'avoir une « enseigne », c'est assurément de ne posséder point de marchandise. L'ignorance aimable se façonnait dans les collèges et dans le commerce du monde. L'éducation littéraire s'était tournée de plus en plus vers l'acquisition du goût, de l'élégance dans l'expression, et de l'ordre dans l'exposition des pensées : elle n'était plus qu'une rhétorique peu substantielle et traitait l'esprit comme un instrument qu'il faut aiguiser, non comme une force qu'il faut développer. La société donnait à l'homme ainsi formé sa perfection dernière, la grâce aisée et l'invention spirituelle dans ces mille riens dont se compose l'agrément des rapports sociaux, le tour piquant du mot, l'imprévu de la riposte, et, sur toutes les choses frivoles ou graves, mille idées ou formes d'idées, claires et minces, sans liens, sans racines, sans fécondité, jouets plutôt qu'outils de la pensée. Nos écrivains donc, devenus hommes du monde, — cela commence dès la fin même de xviie siècle, — en ont l'irrémédiable légèreté. Ils font ce qu'on appelle la pure littérature : c'est-à-dire que, vides de toute connaissance précise, incapables de toute réflexion profonde, ils donnent à des ombres de pensées la plus agréable et parfaite forme. Ils font des comédies avec des souvenirs de collège et le jargon des salons ; ils n'ont souci d'aucun des grands problèmes qui intéressent l'humanité et la société ; en soupçonnent-ils seulement l'existence ?

Ainsi s'explique que la comédie du xviiie siècle soit, au fond, si peu philosophique. Elle a suivi pas à pas le mouvement des esprits, elle ne l'a pas créé, elle ne l'a pas même sensiblement accéléré ; rarement elle l'a manifesté d'une façon originale et forte. Il n'y a rien au théâtre qui ressemble aux *Lettres persanes* ou à *Candide*, rien qui ait la portée de *l'Esprit des lois* ou de *l'Essai sur les mœurs*, le retentissement de *la Nou-*

velle *Héloïse* ou de *Paul et Virginie*. Prenez toute l'œuvre comique de Voltaire : le moindre de ses dialogues a plus de sens. A vrai dire, il n'y a que Figaro qui compte à cet égard ; et là même tout est dans la forme et non dans la pensée ; mais cette fois la forme emportait le fond. Aussi tous les historiens du théâtre qui veulent rehausser la valeur philosophique des comédies du XVIII° siècle sont-ils obligés de nous montrer non les œuvres elles-mêmes, mais leur représentation. En effet, plus certaines pièces, certains mots nous paraissent aujourd'hui vides ou pâles, plus l'enthousiasme qui les accueillit devient significatif ; mais ce succès ne nous révèle que l'état moral du public, qui, tout plein de certaines doctrines, en reconnaissait, en applaudissait les moindres traces. C'était en lui qu'était la philosophie. Il donnait plus à la comédie qu'il n'en recevait.

Quelle idée de l'homme et de la vie nous donneront tous ces littérateurs de salon ou d'académie ? Destouches nous dit qu'il faut être bon : ni glorieux, ni ingrat, ni ambitieux, ni dissipateur, ni irrésolu ; qu'il faut aimer la raison, la vertu, la médiocrité ; que le mariage est un état honorable, et que c'est un grand bien qu'une bonne femme. Excellentes leçons. Mais je me doutais déjà de tout cela, et cela n'ajoute pas grand'chose à la somme d'idées dont je dispose. Prenez les autres, Piron, Gresset, La Chaussée, Diderot même et Beaumarchais, et tous les ouvriers comme tous les ennemis de l'Encyclopédie, les disciples de Voltaire comme les enthousiastes de Rousseau : vous n'en trouverez pas un dont on puisse exprimer une philosophie sérieuse, qui ait fait tenir dans son œuvre une conception large de la destinée humaine ou de la société. Les meilleurs au point de vue dramatique, Sedaine ou Marivaux, ne nous suggèrent rien sur ces hautes questions. Sedaine se maintient dans un optimisme un peu court : évidemment, il vaudrait mieux que tous les hommes fussent droits et simples, et bienfaisants comme Van Derk. Et quant à Marivaux, il ne nous fait pas même désirer un monde idéal où les femmes seraient sans coquetterie et les hommes sans amour-propre : car alors de quoi ferait-on des pièces ? et qu'on se retrancherait de jolies choses à dire !

A défaut d'idéalisme, trouvera-t-on au moins dans le théâtre du xviiie siècle une représentation exacte de la réalité? Je ne parle même pas de ce naturalisme substantiel et puissant qui, exprimant la réalité entière, l'invisible aussi bien que la visible, la ramasse dans une représentation si caractéristique que cette condensation de l'expérience ne se distingue presque plus des conceptions de l'idéalisme. La comédie du xviiie siècle nous fournira-t-elle au moins une peinture vive, expressive, complète de la réalité extérieure? Hélas! non. Ils n'ont même pas l'idée de la vérité. Beaumarchais croit être vrai, parce qu'il fait ranger des meubles et allumer des lampes par des laquais pendant les entr'actes ; il croit donner ainsi à son drame le mouvement continu de la vie réelle, où rien ne s'arrête. Quoi qu'on en ait dit, l'information que nous tirons de la comédie est mince. Avec cet étonnant Figaro, le document le plus important sur les mœurs est encore l'ennuyeux théâtre de La Chaussée, parce qu'il est la première manifestation considérable de la sensibilité dans la littérature, quinze ans avant Jean-Jacques Rousseau. Mais, en général, il n'y a rien dans toutes les œuvres dramatiques du siècle qui n'ait été dit ou plus fortement, ou plus justement ailleurs. Elles ne servent guère que de justification, d'éclaircissement, d'illustration aux documents essentiels. Si je veux connaître les mœurs de ce temps-là, pour une ou deux comédies qu'il me faudra feuilleter, combien de romans, de contes, de dialogues, de mémoires, de lettres, sans compter les tableaux et les estampes, me seront plus précieux et plus instructifs ! Voyez où MM. de Goncourt, pour étudier la *femme au* XVIII*e siècle*, M. Taine pour décrire la société de *l'ancien régime*, ont puisé leurs renseignements. Au contraire, qui ferait l'histoire des mœurs du XVII*e* siècle sans interroger sans cesse et Molière et Corneille et Racine, souvent aussi Dancourt et même Regnard? C'est qu'ils ne répètent pas, ceux-là : ils ajoutent et ils révèlent. Et même pour peindre les mœurs, il faut peindre la vie : et j'ai dit que le XVIII*e* siècle ne le peut pas. L'esprit qui peut, dans le roman, dessiner des profils amusants, est impuissant au théâtre à faire vivre des personnages. Comparez l'effet des *Précieuses ridicules*, charge outrée d'un travers disparu, avec l'impression produite par *le Cercle*, portrait si fidèle de la frivolité mondaine, qu'on accusa l'auteur d' « avoir écouté aux portes » : *les Précieuses* font rire tous les jours les spectateurs les plus ignorants du passé, et pour une fois qu'on nous a rendu *le Cercle*, vous vous rappelez quel lourd ennui assomma la salle entière. C'est que ce qui nous touche, c'est la vie, non la finesse de l'imitation ; ou plutôt, au théâtre, la finesse ne consiste pas dans l'imperceptible ténuité du trait, elle est dans la pointe pénétrante qui touche à l'essentiel et manifeste l'invisible.

Tout concourt à rendre la peinture des mœurs

insuffisante et fausse. Il n'y a pas de dessous ; tout est à fleur de peau, on ne me montre rien de profond, rien même d'intérieur. Ces jolis abbés, ces colonels galants, ces marquises du bel air, quelle est leur âme intime, leur ressort secret ? Ils papillotent, ils voltigent, ils font leurs grâces, ils sifflent leurs airs Et puis, que sont-ils au fond ? Rien, dites-vous ; le dedans est vide, la peinture est donc exacte. Mais qu'on me le rende sensible, ce vide, et quand je ne vois que des surfaces, qu'on ne me laisse pas me demander avec inquiétude si c'est insuffisance de l'auteur, ou caractère du modèle. Et pourtant je les connais d'ailleurs, ces hommes du jour et ces femmes à la mode. Quoi qu'on en dise, il y a un dessous à cette politesse raffinée, à cette conversation spirituelle. Ce dessous, les mémoires, les lettres, les romans nous le découvrent assez ; c'est le siècle de Richelieu, de Lauzun, et de Faublas aussi réel qu'eux. De toute cette corruption des mœurs, de tant d'amours sans passion, qu'est-il passé dans la comédie ? Une pointe de sensualité, un air de libertinage, certaine façon d'attacher le goût des femmes à la bonne mine des hommes. Idéalisme, dira-t-on ; mais quel idéalisme est-ce donc que celui-là, qui consiste à supprimer le caractère essentiel de l'objet qu'il représente ?

C'est qu'une double fatalité pèse sur les écrivains. Hommes du monde, comment songeraient-ils à regarder ce qu'il y a au fond de la vie du monde ? La forme est tout ; car s'il n'y a que les apparences qui distinguent l'homme du monde de celui qui n'en est pas, rien n'est plus réel, plus important que les apparences. Les signes prennent une valeur absolue et empêchent de songer aux choses. De plus, les lois du bon ton interdisent aux écrivains de représenter non seulement tout ce qui est brutal et violent, mais même tout ce qui est nature et nécessité. La société repose sur une fiction : c'est que tous ceux qu'elle réunit sont de loisir, entièrement libres de corps et de pensée, ne faisant rien que par choix et pour le plaisir commun. Les éclats des passions extrêmes, l'âpreté impérieuse des appétits et des besoins doivent rester à la porte des salons, et la comédie, par conséquent, ne peut les recevoir. En second lieu, les auteurs dramatiques, comme hommes de lettres, sont esclaves des règles. De l'*Art poétique* interprété par deux ou trois générations d'écrivains polis, est sortie une gênante étiquette qui emprisonne la littérature, comme le savoir-vivre asservit la société. Les auteurs traînent après eux, comme un poids mort et lourd, tous les préceptes, les traditions, les habitudes de leurs devanciers. Le choix du vocabulaire correct, élégant, noble, l'art des expositions, des développements, des dénoûments, les procédés de généralisation et d'abstraction, la loi de tout voiler, de tout atténuer, de tout subtiliser, enfin la langue et les règles ne laissent rien passer que de banal et de pareil à ce qu'on a déjà vu. Ceux qui seraient capables de voir la nature ne peuvent la rendre, parce que les moyens qui sont à leur disposition s'y opposent. Même quand ils ont pris le contact de la vie, il n'en arrive, il n'en demeure dans leur œuvre que ce que M. Taine appelle si bien un « résidu évaporé ». Ceux qui apportent une observation nouvelle ne parviennent pas à la mettre en valeur ; voyez Palissot et sa comédie des *Courtisanes*, hardie de conception, d'une exécution si insuffisante et si pâle.

Peut-être a-t-il manqué à la comédie du XVIII° siècle un Molière. Cependant, à voir l'impuissance de tant de gens, dont beaucoup eurent du talent, je serais tenté de croire qu'il fallait quelque chose de plus qu'un homme. Il fallait que le temps et les révolutions fissent leur œuvre. Il fallait que le vocabulaire élégant, le style académique, le purisme grammatical, fussent détruits, que les salons et le goût des salons fussent emportés, que les moules, les formules, les règles et les genres fussent brisés, que la liberté de tout dire fût rendue et permît de tout penser et tout représenter. Non qu'il n'y eût dans ces choses destinées à périr beaucoup de bon. Mais en se fixant elles avaient perdu l'efficacité : de soutiens, elles étaient devenues des gênes. Ce qu'elles avaient d'excellent était impérissable, et devait se retrouver dans des formes nouvelles, mieux adaptées au temps présent. La ruine de la société du XVIIIe siècle et le romantisme, voilà les deux conditions sans lesquelles la comédie ne pouvait renaître. Le romantisme n'a rien produit en fait de comédie ; mais il a déblayé le terrain et mis le talent de ceux qui viendraient après en état de produire. Alors, ce sont précisément les principes de Diderot qui se sont réalisés dans des œuvres que l'avenir classera, mais qui, certes, sont parfois originales et fortes. Les circonstances sociales et les habitudes littéraires en avaient suspendu la fécondité : elle s'est manifestée tout entière, quand la société et la littérature eurent été renouvelées.

LA PARODIE DRAMATIQUE AU XVIIIe SIÈCLE

Si les lois de la littérature étaient les mêmes que celles de la nature, et si la critique était une science, je n'aurais pas besoin de justifier l'étude d'un des plus vulgaires sous-genres de la poésie dramatique (1). L'existence de l'objet en légitimerait la description : or, les 200 parodies et plus, que j'ai enregistrées de 1710 à 1789, montrent suffisamment qu'on est en présence d'un genre stable et défini. Seulement l'histoire littéraire serait impossible, si elle devait tenir compte de tout ce qui reçut l'existence : et je n'oserais affirmer que nos parodies aient assez de beauté pour s'imposer à la critique. Mais elles peuvent intéresser un moment ceux qui veulent connaître le théâtre du xviiie siècle : elle achève de préciser dans notre esprit le caractère des œuvres, et le tempérament du public qui accueillait avec une égale

---

(1) *Les Parodies du nouveau théâtre italien*, 1738, 4 vol. *Théâtre de la Foire*, de Lesage et d'Orneval, 1721. OEuvres de Regnard, de Piron, de Vadé, de Gallet, de Favart, de de Piis, etc. Clément et la Porte, *Anecdotes dramatiques*, Paris, 1775, 3 vol, in-8°. Nougaret, *les spectacles des foires et des boulevards*, 1773-1788, 8 vol. in-24. Abbé de la Porte, *les spectacles de Paris*, 1751-1815, 46 part. in-24. Grimm, *Correspondance*, etc.

faveur les tragédies de Voltaire et les copies burlesques des Dominique et des Lesage. Où peut-on mieux saisir la vraie nature de ce public que dans ces pièces uniquement destinées à l'amuser, et servilement adaptées à son goût, à ses caprices ? La parodie ne se pique pas d'être une œuvre d'art : elle ne veut que faire rire tout le monde avec l'esprit de tout le monde. Et enfin — sans trop promettre — il ne se peut que dans ses plus plates fadaises, le xviiie siècle ne se retrouve pas quelquefois, et ne justifie l'opinion qu'on a communément du plus spirituel des siècles.

I

« Parodie, disait Mercure dans une pièce de Piron : laboratoire ouvert aux petits esprits malins qui n'ont d'autres talents que celui de savoir gâter et défigurer les belles œuvres (1). » Piron faisait des parodies : mais d'autres aussi en faisaient, et c'était à eux qu'il pensait. Il résumait là le sentiment des graves auteurs qu'on parodiait : cette liberté irrévérencieuse qu'on prenait avec leurs œuvres les mettait hors d'eux. « L'art de ces travestissements, écrit Lamotte, est bien simple. Il consiste à conserver l'action et la conduite de la pièce, en changeant seulement la condition des personnages. Hérode sera un prévôt, Mariamne une fille de sergent, Varus un officier dragons ; Alphonse un bailli de village, et Inès se transforme en Agnès servante de bailli. Cette précaution prise, on s'approprie les vers de la pièce en les entremêlant de temps en temps

(1) *L'antre de Trofonius*, t. I.

de mots burlesques et de circonstances ridicules, i ne le deviennent que davantage par le contraste du sérieux et du touchant auxquels on les marie. » Cette description est tout à fait exacte, mais voici où perce la mauvaise humeur de cet homme poli : « Ainsi de l'ouvrage même qu'on veut tourner en ridicule, on s'en fait un dont on se croit fièrement l'inventeur, à peu près comme si un homme qui aurait dérobé la robe d'un magistrat, croyait l'avoir bien acquise en y cousant quelques pièces d'un habit d'Arlequin, et qu'il appuyât son droit sur le rire qu'exciterait la mascarade (1). »

Cette diatribe émut un des producteurs les plus féconds de ces sortes d'ouvrages, et Fuzelier démontra gravement que la parodie est « un badinage innocent, permis par les lois, créé par le goût, avoué par la raison et plus instructif que bien des tragédies (2). » Avec une exactitude scientifique, il citait l'abbé Sallier et sa « dissertation imprimée dans l'*Histoire de l'Académie des Inscriptions et Belles-Lettres*, année 1733, tome VII, p. 398, édition de Paris. » Voici les mots décisifs : « La parodie devient entre les mains de la critique le flambeau dont on éclaire les défauts d'un auteur qui avait surpris l'admiration. » Le docte abbé, dans son enthousiame, pensait à ses chers Grecs, Hégémon, Aristophane : s'il avait lu *Agnès de Chaillot* et *Marotte*, il eût peut-être hésité à les appeler des « flambeaux ».

En réalité, Piron et Lamotte ont raison. L'ébauche de parodie d'*Andromaque* qu'on trouve dans la *Folle querelle* de Subligny (1667), les imitations d'acteurs contenues dans l'*Impromptu de Versailles* sont des faits

---

(1) Discours à l'occasion de la tragédie d'*Inès*.
(2) Discours sur les Parodies, *Recueil*, t. I.

isolés et sans conséquence. La parodie n'est pas née du désir d'éclairer le goût public : ses origines sont ailleurs. Elles sont dans les habitudes mêmes de la troupe italienne qui fut la première à jouer des pièces de ce genre. On sait que les comédiens italiens prenaient souvent les scénarios de leurs bouffonneries dans des œuvres imprimées : c'est ainsi qu'ils empruntèrent à une comédie de Cicognini le canevas de leur *Don Juan*. Quand ils se mirent à parler français, ils ne changèrent pas de méthode : en 1674, ils jouent le *Triomphe de la Médecine*, grossière copie du *Malade imaginaire*. Dans cette voie, les auteurs français devaient forcément rencontrer la parodie : le *Virgile travesti* leur indiquait ce qu'ils avaient à faire.

Il n'y avait pas si longtemps que la vogue du burlesque était passée. La tradition n'en était pas éteinte, et il est plaisant que l'impitoyable juge de Scarron ait contribué à l'entretenir : on sait la part que prit Boileau au *Chapelain décoiffé*. Ce fut aussi un ami de Boileau, ce fut Chapelle qui donna la formule de la parodie dans ce refrain fameux par lequel il résuma Bérénice : « Marion pleure, Marion crie, Marion veut qu'on la marie. » Ce n'est pas là un jugement littéraire, mais simplement une transposition dans le goût burlesque. Fatouville (1), Palaprat (2), Regnard (3), qui donnèrent à la fin du XVIIe siècle les premières parodies, ne firent pas autre chose : ils appliquèrent les procédés de Scarron dans ces contrefaçons d'œuvres

---

(1) *Arlequin Protée*, 1683 : on y trouve une parodie de *Bérénice*.
(2) *Arlequin Phaéton*, 1692, parodie de l'opéra de Quinault.
(3) *La Foire Saint-Germain*, 1695 ; le 2e acte contient une parodie d'*Acis et Galatée*, et une tragédie burlesque de *Lucrèce*.

littéraires qu'il était de tradition de jouer à la comédie italienne. Voilà pourquoi ils ne prirent plus que des tragédies et des opéras, des œuvres sérieuses, pathétiques, et non des comédies (1).

La parenté du burlesque et des parodies dramatiques éclate dès qu'on les rapproche. Lisez, dans Scarron, la tirade emportée de Didon : « Je vais bien te chanter ta gamme » ; et voyez ensuite de quel ton Dondon (2), la Didon de la foire, aborde son amant :

> Je ne suis rien moins qu'une sotte :
> Vous n'aimez plus votre Dondon
> Comme vous l'aimiez dans la grotte.

Il y a là identité de goût, de style, pareille attaque du couplet. Dans les *Troyennes de Champagne* (3), Astyanax devient Castagnette, et on lui dit :

> Vous n'êtes encor qu'en jaquette,
> Mais avec l'âge on devient grand :
> Vous me retracez votre père.
> Ce souvenir me désespère.
> Pour rien il se battait souvent,
> Il était même un peu méchant.
> Mais entre nous, on a beau l'être :
> Tôt ou tard on trouve son maître.
> Soyez moins brave, mon enfant,
> Vous serez plus longtemps vivant.

Dans la parodie d'*Atys*, de Piron, Cybèle rappelle à Sangaride qu'elle est fille du petit fleuve Sangar, tandis

---

(1) Je trouve une seule parodie de comédie (comédie pure, non larmoyante, bien entendu) : la parodie d'*Amphitryon* jouée par Raguenet à la Foire.
(2) Parodie de la tragédie de Le Franc de Pompignan, par Piron, Panard et Gallet, 1734.
(3) Parodie des *Troyennes*, de Chateaubrun, par Vadé, 1755.

que Célénus, l'amant dédaigné, est fils du grand Neptune : le mythe, traité par le procédé burlesque, donne ceci :

> Il est bâtard de Neptune,
> Son père est noble, et le tien
> Portait de l'eau chez le sien.

Dégradation du ton, anachronisme violent et baroque, c'est tout le burlesque, et c'est toute la parodie aussi, qui assied une divinité grecque dans une « duchesse, siège de nouvelle invention », qui fait d'Iarbe le Suisse Bellebarbe, de Philoctète le Gascon Finebrette, et substitue aux lieux illustres de la fable et de l'histoire ancienne les auberges, et les guinguettes de la banlieue et des faubourgs parisiens. L'équivoque des sens, le calembour étalent toutes leurs beautés : Mérope devient Marotte, et Créuse, Céruse. Et dans *Castor et Pollux* viennent danser des meuniers coiffés de chapeaux blancs en castor. Dans cette transposition, les parodies d'opéras conservent à l'ordinaire (non pas toujours) les noms et les qualités des héros : les parodies de tragédies attachent les caractères et les situations à des noms ridicules, à des conditions triviales. La parodie est donc, par définition, la forme dramatique du genre burlesque ; au reste, la coutume de reproduire exactement le plan et le mouvement de l'œuvre parodiée montre assez que le jugement littéraire n'est pas la fin première et essentielle du genre.

II

Cependant il était impossible que la critique et la satire ne devinssent pas l'assaisonnement ordinaire des parodies. Scarron n'avait pu travestir l'*Enéide* sans souligner les faiblesses de Virgile. Ainsi en arriva-t-il au théâtre, et plus l'œuvre parodiée eut de renom ou de valeur, plus aussi le parodiste fut homme d'esprit et de goût, comme était un Piron ou un Le Sage, plus, naturellement, les bouffonneries prirent air et portée de censure littéraire.

Mais il y eut surtout une circonstance qui tourna la parodie vers la satire agressive : ce fut la rivalité des théâtres. On se rend compte de l'ardente concurrence qui existait entre les comédiens français et les comédiens italiens, lorsqu'on voit ceux-là afficher en 1695 la *Foire de Bezons,* et ceux-ci, un mois plus tard, le *Retour de la Foire de Bezons ;* ceux-ci, à leur tour, donner la *Foire Saint-Germain*, et ceux-là donner bientôt aussi une autre *Foire Saint-Germain*. Les prologues et les pièces que Regnard composa pour les Italiens sont tout émaillés de traits et de couplets mordants à l'adresse des comédiens français (1). De là ces jets, pour ainsi dire, de parodie satirique qui partent à chaque instant dans les pièces de la comédie italienne : Arlequin dans la *Lingère du Palais* (1682) imite Mlle Champmeslé.

Rodrigue, qui l'eût cru ? — PASCARIEL. Chimène, qu'il eût dit ?
ARL. — Que ce vin prêt à boire aussitôt se perdît.

Mais c'était bien pis encore à la Foire, où l'on trouve des parodies depuis l'année 1709. Je n'ai pas à raconter ici la lutte tragi-comique des théâtres de la Foire contre les théâtres privilégiés : l'arrêt du

---

(1) Cf. la scène finale des *Chinois*. La pièce offre de nombreux traits de parodie.

Parlement, en 1709, et la démolition de la salle de
Dolet par les menuisiers de la Comédie-Française,
en présence du procureur qui la représente ; les
subterfuges des *écriteaux* et des monologues successifs,
par lesquels on élude les défenses de parler et de dialoguer ; les malheureux forains écrasés entre le double
privilège de la Comédie-Française et des Italiens
(rétablis en 1716), sauvés par un troisième privilège,
celui de l'Opéra, qui leur vendit très cher le droit
de chanter ; malgré cela, nouvel orage en 1722 ; Piron
faisant le tour de force d'écrire pour le théâtre de
Francisque un monologue en trois actes, Le Sage et
d'Orneval faisant dialoguer des marionnettes à défaut
d'acteurs en chair et en os ; enfin, après des années
de tolérance et de paix, la catastrophe de 1745, l'opéra-
comique supprimé pendant sept ans, rouvert en 1752,
pour se réunir décidément à la Comédie-Italienne en
1762. On n'aura pas de peine à concevoir que les acteurs de la Foire, ainsi menacés et vexés, fissent payer
aux grands théâtres leur hostilité jalouse ou leur coûteuse perfection. Ils le leur rendaient en épigrammes
salées, en irrévérencieuses bouffonneries. Jusqu'aux
marionnettes étaient costumées, coiffées, gesticulaient,
parlaient à la ressemblance des illustres comédiens et
comédiennes des Français ; et « cent carrosses plantés
à la porte du seigneur Polichinelle » attestaient le plaisir
que « toute la noblesse » prenait à l'entendre, « en
grand pontife de Rome », nasiller ses répliques à
Pierrot Romulus, et à Tatius, roi des Sabins, qui
paraissait « en bonhomme Jembroche (1). »

Le développement du genre de la parodie est sub-

---

(1) Parodie de la tragédie de La Motte, *Romulus*.

ordonné aux vicissitudes de l'existence de la Comédie-Italienne et de la Foire, Apparaissant dans les dernières années de l'ancienne comédie italienne, disparaissant avec elle (1697) pour ressusciter avec elle (1716) et devenir l'un de ses spectacles ordinaires, elle s'acclimate pendant cet intervalle à la foire, recourt aux écriteaux, descend aux marionnettes, se transforme en pantomime. Elle a deux périodes de splendeur de 1725 à 1745 et de 1752 à 1762 (1). Vers la fin du siècle, quand l'opéra-comique prend de la dignité, elle renaît à la Foire, aux Boulevards, chez l'Ecluse, chez Nicolet, chez Audinot, dans son ancien et naturel milieu, entre les singes savants et les marionnettes, et celles-ci encore aident à la maintenir.

III

Il ne vaut pas la peine de nous arrêter aux parodies simplement burlesques : *le Virgile travesti* épuise suffisamment l'idée du genre. Ce caractère domine, en somme, dans les parodies d'opéra. Elles offrent cette particularité d'être la transposition bouffonne du livret et de la musique. A peine emprunte-t-on de loin en loin un air aux partitions de Lulli et de Rameau : le plus souvent les couplets semés parmi le dialogue en prose se chantent sur des airs de vaudevilles populaires : *Jean Gille, joli Jean*, ou *Mariez-moi, ma mère, O ricandé, O ricandaine*, ou *Monsieur de la Palisse est mort*. Piron se moque de ses confrères qui ne savent

---

(1) Sur 190 parodies enregistrées dans Clément et Laporte, on en trouve 78 de 1725 à 1745, et 64 de 1752 à 1762.

que répéter *tourelouribo, lanturelu, faridonaon, mirlabibobette, turelure,* et *farlababibobé* : mais lui-même, le railleur, combien de fois n'a-t-il pas employé *Va-t'en voir s'ils viennent, Jean,* et *loulanladeriri* ?

Cette remarque confirmerait l'idée qu'on peut avoir d'ailleurs, que jusque vers le milieu du siècle et la grande querelle de la musique italienne et de la musique française, l'opéra prenait nos Français par les yeux et par l'esprit plutôt que par les oreilles : le décor et le drame les attachaient, la musique était un « agrément » accessoire. Voilà pourquoi dans les 4 parodies de Phaéton, dans les 5 parodies d'Atys, c'est toujours Quinault, jamais Lulli qui fait les frais de la charge.

Jugeant d'après les relations actuelles du livret et de la musique, nos critiques en général ne font peut-être pas assez attention à l'influence que l'opéra, depuis Quinault et pendant tout le xviiie siècle, a exercée sur le développement de l'art dramatique, et notamment de la tragédie. Il ne serait pas difficile d'établir que les splendeurs enivrantes de l'Académie de Musique ont excité, aidé la Comédie-Française à développer chez elle l'action et le spectacle, ont contribué à opérer peu à peu chez le public un réveil des sens, d'où sont nés de nouveaux besoins esthétiques. On peut étudier cette influence dans l'œuvre et dans l'esprit de Voltaire. Or les parodies de la Comédie-Italienne et de la Foire en ont exercé une autre d'un genre analogue. Elles ont, elles aussi, éveillé les sens du public, fixé ses yeux sur les objets vulgaires, les actions triviales, les milieux ignobles, les mœurs, les caractères, la vie des basses classes. Sans doute cela est vrai de tout le répertoire des petits théâtres : mais c'est plus vrai des parodies que d'aucun autre genre de pièces. Car l'imagination des auteurs et le goût du public, comme rassurés par l'intention burlesque, et trouvant une raison suffisante à tous les excès dans le rapport intelligible de la copie triviale à l'original noble, s'y affranchirent plus librement des règles et des habitudes qui assujettissaient la littérature classique. Le paradoxe est fort, de présenter l'opéra-comique comme un théâtre de progrès, défenseur de l'art libre, de l'art réaliste : c'est que, n'ayant guère marché depuis un siècle, il se trouve fort distancé aujourd'hui par les autres genres et par le goût général. Mais il est vrai qu'entre 1720 ou 1760, il fit la fonction d'un théâtre libre : il y avait une foule d'objets qu'on ne pouvait alors montrer qu'enveloppés et marqués de burlesque. L'opéra-comique les montra, préparant ainsi les yeux du public à regarder ces objets en eux-mêmes, pour eux-mêmes, dans le sérieux d'une imitation objective.

Arlequin-Roland (1) se termine comme *Henriette Maréchal* commence, au bal de l'Opéra. Il y manque l' « abonné de la *Revue des Deux-Mondes* ». Mais on voit la salle illuminée, « ornée de glaces ». Roland, qui est entré pour ses six francs (on n'en payait que quatre avant la nouvelle décoration : ce n'est pas d'aujourd'hui que les réparations des salles se traduisent par la hausse du prix des places), Roland donc attend Angélique qui le fait « poser » : il tire sa montre impatiemment, circule au milieu des masques ; « le limonadier vient à lui avec un panier plein de carafes de liqueurs, il lui présente un verre de limonade », qui coûte une pistole : colère de Roland :

---

(1) Parodie de Dominique et Romagnesi, Italiens, 1727.

> Au diable les empoisonneurs !
> Dix francs ! pour qui me prend ce drôle ?
> N'a-t-on pas taxé les liqueurs ?

Et plus furieux d'être écorché par le limonadier que lâché par sa maîtresse, il casse tout, carafes, glaces, porcelaines.

Ici (1) l'on voit une guinguette des faubourgs avec son jardin et ses bosquets ; des bourgeois la fréqen tent ; « on y fait des parties de boules et des soupers. » Ailleurs (2) le rideau se lève sur « une place publique dans un goût burlesque », avec des crocheteurs, des maçons, vendeuses de pommes, de châtaignes, et autre populace. Voici (3) le cabaret de Pont-aux-Choux, à la Chasse Royale, où viennent banqueter les dieux : Pâris, gardant ses moutons, joue de la flûte sous un arbre de la banlieue, tandis que Vénus sort des flots de la Seine, où elle vient de faire une pleine eau. Dans un chœur (4) éclate soudain un des cris familiers de Paris :

> Harengs frais, harengs frais !
> Merlan, mon beau merlan ! Goujons, goujons à frire,
>   à frire, Carlets, gros Carlets !

Et c'est un peuple trivial de poissonniers et de poissonnières, cabaretiers et cabaretières, de bouquetières, boulangères, rôtisseurs, meuniers, sergents, soldats, Suisses, Gascons, Normands, figures narquoises ou

---

(1) *Momus exilé*, de Fuzelier, Italiens, 1725.
(2) *Arlequin Persée*, de Fuzelier, Italiens, 1722.
(3) *Le Jugement de Pâris*, par d'Orneval, Foire Saint-Laurent, 1718.
(4) *Les noces d'Arlequin et de Silvia*, de Dominique, Italiens, 1724.

naïves, bons lourdeaux et fins matois qui viennent montrer aux spectateurs leurs cotillons et leurs vestes.

C'était le temps où la Comédie-Française que Dancourt avait un moment orientée vers le réalisme pittoresque, se relevait gravement avec Destouches et La Chaussée vers le haut comique qui parle à l'âme, non aux yeux : où, chez les Italiens même, Marivaux occupait le public de sentiments finement analysés : où du haut en bas, enfin, la comédie littéraire ne sortait des salons ou des intérieurs bourgeois, que pour pousser quelques pointes dans les idéales régions du « pays bleu ». La parodie, cependant, collaborait avec les romans de Le Sage et de Marivaux, et, sans s'en douter, faisait faire au public, qui ne s'en doutait pas non plus, l'apprentissage d'un art réaliste. Il faut bien le remarquer : dans la parodie, en vertu de la définition du genre, c'est à la forme des choses, au milieu, aux costumes, au jargon qui représentent l'invention du parodiste, que le public s'attache ; le problème à résoudre est de trouver les particularités de la vie vulgaire et des mœurs basses qui peuvent s'appliquer aux sujets pathétiques.

Sans doute la mise en scène est encore bien sommaire et bien insuffisante. La fantaisie y règne d'abord. Arlequin-Thetis (1), avec un corps et des paniers, couvert de plumes, de bijoux et de rubans, coiffé, poudré en belle dame, fait une beauté un peu noiraude sous son inséparable masque. Mais le besoin d'offrir du nouveau, de renchérir sur ce qui avait été déjà fait, déjà vu, introduisit forcément dans le décor et les cos-

---

(1) Parodie de Le Sage, Foire Saint-Laurent, 1713.

tu mes un souci plus grand d'exactitude. Il y avait à peine deux mois que s'était faite la réouverture de l'Opéra-Comique, quand Vadé y porta le genre *poissard*, aussi conventionnel à notre goût qu'insipide en sa trivialité, mais qui fut à son heure une tentative sérieuse pour mettre plus de réalité dans l'expression des mœurs populaires. Or Vadé débuta par *la Fileuse*, parodie de l'opéra d'*Omphale* qui fut jouée à la foire Saint-Germain le 8 mars 1752. Il suffit de lire cette indication scénique, pour saisir la portée de l'essai dramatique de Vadé :

« Le théâtre change, et représente une veillée, ou *encreigne* : une vieille est occupée à filer au rouet, et s'endort de temps en temps, pendant lequel (*sic*) deux jeunes personnes quittent leur ouvrage pour jouer au pied de bœuf, et le reprennent quand la vieille s'éveille. Babet d'un autre côté, dévide du fil sur les mains de Daphnis, tandis que Matamor, une quenouille au côté, s'amuse à filer, etc… Une petite fileuse se détache du groupe et danse une fileuse, tandis que les autres exécutent tout ce qui se pratique dans une veillée de village. »

N'était le français et les noms qui sont bien « vieux jeu », cette note n'aurait-elle pas tout à fait le goût du réalisme rustique de George Sand ?

Un an plus tard, le 26 sept. 1753, la Comédie-Italienne jouait *les Amours de Bastien et de Bastienne*, parodie du *Devin du Village* : décalque plutôt que parodie. Favart reprend la donnée de Jean-Jacques, et baisse seulement le dialogue de quelques tons. A la mièvrerie sentimentale de l'idéale bergerie, il substitue une naïveté plus triviale et plus populaire : non pas de vraies âmes de paysans, mais des figures au moins qui viennent du village. Mme Favart, le véritable auteur de la pièce, costume Bastienne avec un souci bien nouveau de réalité : elle met « un habit de laine, tel que les villageoises le portent ; une chevelure plate, une simple croix d'or, les bras nus, et des sabots. » Chanville, qui faisait Colas, la seconda : un chapeau de feutre à bords plats, des cheveux courts, un ample habit de drap commun à grands boutons, des guêtres hautes, des sabots, un air de bonhomie narquoise, le voilà tel que de Lorme l'a peint dans ce rôle, descendant la colline en chantant. Il est paysan, paysan de 1750, de la tête aux pieds. La nouveauté causa beaucoup de surprise, quelque scandale : mais dans une parodie, il n'y avait pas à se fâcher, et la chose passa, comme bouffonne. Vers le même temps, Lekain coiffe Achille d'un casque horrifique, chargé d'un buisson de plumes, et d'un dragon tortueux et couronné. Il agite un panache tumultueux sur la tête de Gengis-Kan, qu'il crée en 1755. Voyez les costumes de la reprise d'*Athalie* en 1771, à l'occasion du mariage du Dauphin, les paniers, la queue, les colliers, les plumes, l'aigrette de Mlle Clairon elle-même (1) : vous apprécierez l'initiative de Mme Favart.

Je n'oublie pas que Mlle Clairon fit à la même époque des tentatives heureuses Elle supprima les paniers de Roxane et d'Idamé ; dans l'*Electre* de Crébillon, elle parut en simple habit d'esclave, échevelée, et les bras

---

(1) Cf. Guillaumot, *les Costumes de la Comédie-Française* (xviie et xviiie siècles), Paris, 1884. Il suffit de feuilleter ces curieuses et fidèles reproductions, pour s'assurer que la réforme du costume opérée par Lekain et Clairon a été moins radicale que ne l'a dit Marmontel dans ses *Mémoires* (l. V). Ce qu'il dit de Clairon soulève quelques difficultés de chronologie : j'indique ici, je crois, la solution vraisemblable.

chargés de chaînes. » On prétend même qu'elle montra la reine de Carthage dans un déshabillé nocturne tout à fait de circonstance, mais qui parut trop ressembler à une simple chemise. Cependant l'*Orphelin de la Chine* est de 1755 : voilà pour Idamé. Pour Electre, Marmontel dit que la représentation eut lieu « quelque temps » avant la reprise de l'*Oreste* de Voltaire, qui est de 1761. Il semble donc bien que la priorité appartienne à Mme Favart, et il se pourrait que son exemple eût inspiré à la très intelligente tragédienne l'idée de compléter par une réforme du costume la réforme de la déclamation qu'elle avait tentée dès 1752 à Bordeaux. Ainsi le mouvement qui a renouvelé l'art dramatique dans sa partie matérielle, aurait commencé par deux parodies, jouées à la Foire et la Comédie-Italienne.

IV

Les épigrammes dont toutes ces parodies sont semées pleuvent au hasard. Ce n'est pas dans ces sortes de pièces qu'on se refuse le plaisir d'un bon mot. Médée s'enlève dans son char magique. « Ma carabine ! que je la tue au vol ! » s'écrie Jason, et ce mot final, qui n'a ni rime ni raison, fait rire par l'inattendu (1). « Vénus ! bonne nouvelle ! » crie Mercure : « La pièce finit-elle ? » riposte Vénus : la pièce serait un chef-d'œuvre que la riposte partirait de même (2). Cependant, en général, ce que la parodie vise impitoyablement, c'est l'invraisemblance de l'opéra, l'irréalité continue ou répétée

---

(1) *Médée et Jason*, de Dominique et Romagnesi, Italiens, 1717.
(2) *Hésione*, des mêmes, Italiens, 1729.

du spectacle. Cambise reconnaît Psamménite, et chante :

> Messieurs, comptons. Voici déjà
> Une reconnaissance.

Deux minutes après :

> Quoi ! vous êtes le fils du roi ?
> Autre reconnaissance.

Cinq fois Piron s'amuse à compter les surprises du même genre : la dernière est menée assez vivement :

> NITETIS : Maman je suis votre fille, — Apriès est mon papa.
> LA REINE : Ah ! vous voici !
> NITETIS : Ah ! vous voilà !
> TOUTES DEUX : Ah ! vous voici ! vous voilà ! vous voici (1) !

On raille les entrées et les sorties mal justifiées, les effets de pur ornement ou de banale convention, les *ficelles* de tout genre. « Je m'écarte prudemment, dit certaine nymphe ; un tiers gâterait cette scène. » « Je te fais confidence de mes amours, dit une déesse à une nymphe, seulement pour l'intelligence du sujet : car je ne compte tirer aucun service de toi par la suite. » Ailleurs Protée (2), consulté sur le destin de Phaéton, se change en arbre, en âne, en cochon, en vendeur de tisane, jusqu'à ce qu'étant « au bout de son rolet », il donne paisiblement son oracle : là-dessus, la sage Climène :

> Puisqu'il devait se rendre,
> Pourquoi tant différer ?

---

(1) *Colombine Nitetis*, aux Marionnettes de Francisque, 1722.
(2) *Arlequin Phaéton*, de Dominique et Romagnesi, Italiens, 1722.

Mais l'astucieux Triton :

> Quand il s'agit d'oracle,
> Toujours par un spectacle
> Il le faut préparer.

Quinault avait, dans un vers assez ridicule, ordonné aux démons d'étaler aux yeux d'Alceste « les attraits de l'enfer » : la parodie ne le manque pas (1). Pluton loue la vertu d'Alceste : « Cela mérite, ajoute-t-il, un diververtissement qui sera même fort bien placé. » L'inopportunité des divertissements et des ballets, si gauchement jetés au travers de l'action dramatique, est un thème inépuisable de plaisanteries.

La parodie révolte le bon sens public contre l'extraordinaire horreur des situations, l'inhumanité héroïque ou scélérate des sentiments, la morale paradoxale, qui sont comme le pain quotidien de l'opéra. Stenobée, qui s'est empoisonnée, chante en expirant :

> O l'excellent remède
> Pour les forfaits.

Un confident effaré : « Seigneur, elle est morte! » Le roi flegmatique : « Que nous fait cela ? — N'y a pas d'mal à çà. N'y a pas d'mal à çà (2) ». Ce refrain est d'une application trop facile pour ne pas revenir souvent. Voici pour les horreurs : Progné chante :

> Cher époux, j'ai mis
> Ton palais en cendre
> Et tué ton fils.
> G'nia pas de mal à çà. G'nia pas de mal à çà (3).

(1) *Alceste*, de Dominique et Romagnesi, 1728.
(2) *Arlequin Bellérophon*, des mêmes, 1728.
(3) Philomèle, de Piron, Italiens, 1723.

Et voici pour la morale : Arlequin Atys résout un cas de conscience :

> Manquez de parole,
> Soyez un ingrat,
> Et jouez le rôle
> D'un vrai scélérat.
> N'y a pas d'mal à ça ; n'y a pas d'mal à ça (1).

Et, continuant en prose, il formule nettement la doctrine de l'irresponsabilité de la passion. « Je vous plante là, n'y a pas d'mal à ça », fredonnera encore Térée en lâchant Progné. Il avait eu pourtant des scrupules, et disait à un confident :

> Ta morale,
> Ta morale
> Est un peu sale

Sur quoi le confident répliquait :

> Seigneur, je vous parle là a a a a a a,
> En confident d'opéra a a a a a a.

On voit que la convention du chant, la convention essentielle de l'opéra, n'est pas épargnée. Dans Hésione, on chante : « Il adore Vénus u u u », et l'on répond : « Vos cris sont superflus u u u. » Cette fois, la satire, sous le nom d'invraisemblance, attaque le fondement même de l'art. Mieux inspirée est la parodie des chanteurs italiens. Brodanti, dans *Momus exilé*, chante : « Le perfide Roland me fouit i i i i i i i i i i. » C'est ainsi, dit-il, qu'on fait « galoper l'i pour peindre un héros qui s'éloigne de son amante ».

(1) *Arlequin Atys*, de Pontan, Italiens, 1726.

Naturellement le jeu des acteurs n'était pas ménagé. Il faisait bon voir Arlequin, en déesse d'opéra, pendant qu'on jouait la ritournelle d'un air tendre, faire lentement le tour de la scène, le mouchoir au bout des doigts, puis s'arrêter au bord des planches, face au public, et entamer languissamment : « Tristes honneurs, gloire cruelle (1). » Tout le public s'égayait de ces façons, qu'il applaudissait ailleurs. Le Sage, dont on reconnaît ici le goût de vérité, préparait les voies par sa critique à la réforme de Mme Favart.

V

Les parodies les plus intéressantes pour nous sont à coup sûr les parodies de tragédies et de drames. Quand il s'agit d'*Œdipe* ou d'*Inès de Castro*, de *Zaïre* ou de *Mérope*, de la *Gouvernante* ou du *Père de Famille*, de l'*Honnête criminel* ou du *Roi Lear*, la bouffonnerie n'a pour ainsi dire qu'à se laisser aller pour devenir critique littéraire. Voltaire surtout a été pendant un demi-siècle comme une cible dressée en permanence sur les scènes de la Foire et de la Comédie-Italienne : son talent, son amour-propre, sa popularité, tout invitait à tirer dessus. Il est même le seul peut-être dont la personne ait été parfois atteinte à travers les œuvres. Dans une parodie de Persée (2), toute une scène visait la réclame faite autour de la *Henriade* :

> Un gros poème épique
> Imprimé par souscription,

---

(1) *Arlequin Thétis*, de Le Sage, à la Foire, 1713. Cet effet a été souvent reproduit : ainsi dans *Armide*, de Bailly, 1725, etc.
(2) *Arlequin Persée*, de Fuzelier, Italiens, 1722.

> La faridondaine,
> La faridondon :
> On en doit voir un grand débit.

Et l'on parodiait le prospectus de cette souscription tapageuse : on chantait, sur trois airs, une liste de deux pages, où défilent tous les noms des villes où l'on peut souscrire : « Limoges, Tours, — Rome, Venise, — Lyon, Saint-Flour, — Saint-Pétersbourg, etc... » L'infatigable Piron, dans *Arlequin Deucalion*, dans les *Chimères*, s'amusait à faire coup double sur Lamotte et sur Voltaire, à choquer Inès contre Marianne.

Quelques exemples donneront une idée des parodies tragiques et de la portée de leur critique.

Œdipe travesti (1) relève justement la froideur et l'inutilité de Philoctète, devenu le Gascon Finebrette, amoureux de Jocaste Colombine, qui tient une auberge au Bourget. Mais le clou de la pièce était la dernière scène, où Trivelin Œdipe arrivait en aveugle du Pont-Neuf, conduit par un gamin. Or Voltaire n'avait pas osé ramener Œdipe sur la scène après le châtiment qu'il s'inflige : la parodie passe donc par-dessus la pièce française et porte sur la tragédie de Sophale. On saisit ici le goût timide et sec de l'époque. Voltaire et Dominique, chacun à sa façon, nous insinuent qu'Œdipe aveugle est un objet comique et ne peut être autre chose. Même remarque, à propos des sorcières de Shakespeare : Ducis osera à peine les faire entrevoir dans Macbeth. Mais, pendant tout le siècle, à tout propos, la parodie nous en présente avec leur chaudron, leur gros chat, leur bizarre jargon. Même remarque sur les enfants : c'était une grande audace à Lamotte

---

(1) De Dominique, Italiens, 1719.

d'avoir fait venir dans une tragédie les deux petits enfants d'Inès de Castro. Tout le monde pense aux petits chiens des *Plaideurs*, et Agnès de Chaillot, présentant quatre enfants au bailli, disait les vers même de Racine : « Venez, famille désolée, etc. » Je sais gré à Dominique de n'avoir point été jusqu'à la réplique de Dandin. Ces enfants criant de leurs voix aiguës : « Mon papa, mon papa, mon papa, mon papa ! » mirent tout le monde en joie. Ainsi tout ce qui était ou trop horrible ou trop familier, ne pouvait être présenté à la scène que sous le voile de la bouffonnerie.

Cette parodie d'*Agnès de Chaillot* (1) est une des plus fameuses : elle ne manque pas de verve, ni de justesse. Trivelin, quand son fils se révolte, délibère s'il sera père ou bailli, et met en lumière le rythme artificiel des monologues tragiques :

> Eh bien ! bailli, tu dois punir un criminel !
> Quoi ! Père, pourras-tu te montrer si cruel ?
> Bailli, point de quartier ! exerce ta justice...
> Père, ne permets pas que ton cher fils périsse !
> Punissons !... pardonnons !... soyons dur !... soyons tendre !...

Quand Agnès se déclare femme de Pierrot, comme Inès de don Pèdre, et produit ses enfants, le bailli objecte sensément à cet artifice pathétique :

> Pour prouver un hymen, petite impertinente,
> Vous montrez des enfants : la preuve en est plaisante.

Mais Agnès, plus avisée qu'Inès, a dans sa poche son contrat de mariage, et le bailli peut se livrer en tout

---

(1) De Dominique, Italiens, 1723.

repos à sa tendresse de grand-père. Il a pourtant une chose qui l'ennuie :

> Mais pourquoi m'avouer si tard un tel forfait ?
> Dès le commencement vous deviez l'avoir fait,
> Vous dire de mon fils épouse, et non maîtresse.
> Mais vous avez voulu faire durer la pièce.

Il pardonne du reste, et tout est à la joie. Mais, dans la tragédie, il faut du pathétique : Inès meurt empoisonnée. Cette catastrophe si peu nécessaire légitime la bouffonnerie énorme de la parodie :

> TRIVELIN : Chère Agnès, qu'avez-vous ? — AGNÈS : Seigneur, j'ai la colique...
> ARLEQUIN : Tirons tous nos mouchoirs, voilà la belle scène.

Après quoi, Pierrot s'étant dûment lamenté, inondé de larmes, un flacon de la Reine de Hongrie mis sous le nez de l'héroïne la ranime, et fait voir que sa mort n'était pas sérieuse. Tout ce qu'il y a de fâcheux dans la tragédie de Lamotte, d'escamotage et d'insincérité dans son pathétique, ressort ici plaisamment.

La parodie d'*Artémire* (1) souligne les atrocités d'action et de sentiment où la tragédie se complaisait. Trivelin, commis d'un marchand, emprunte à Voltaire cette pompeuse maxime, que « le crime est approuvé quand il est nécessaire » : et voici la déclaration galante qu'il tourne :

> Aussitôt que j'aurai par de nobles efforts
> Mis le vieux Pantalon dans la foule des morts,
> Après ce grand exploit, ici je vous présente
> Du sang de votre époux ma main encor fumante...
> Cela vous convient-il ? Répondez, ma mignonne ?...
> Il faut opter des deux : m'épouser, ou périr.

(1) De Dominique, 1720.

La *Mariamne* de Voltaire mit en émoi tous les fournisseurs de la Foire et de la Comédie-Italienne. On rappela toutes les Mariamnes qui avaient déjà paru à la scène, et Fuzelier fit les *Quatre Mariamnes* : aussitôt Piron, parodiant la parodie, ajouta ces *Quatre Mariannes* aux autres, et fit jouer les *Huit Mariannes*. Dominique et Legrand se contentèrent de travestir l'œuvre de Voltaire. Chose curieuse : ces ennemis de la boursouflure ne peuvent souffrir la familiarité ; l'une est contraire à la nature, l'autre incompatible avec la tragédie, si bien qu'elle mourra de cette contradiction. La parodie veut un Hérode toujours furieux et hurlant : elle condamne les parties de tendresse qui font la vérité du rôle. Elle rapproche Hérode d'Arnolphe : mais c'est peut-être le plus bel éloge qu'on puisse faire du caractère tragique esquissé par Voltaire. Plus juste est la satire de certains artifices du plan où l'on sent trop la main de l'auteur, et celle du dénouement : Barbarin Hérode apprend l'innocence de sa femme, et va se tuer. Arlequin Narbas lui retient le bras ; et d'un ton suppliant :

> Souffrez auparavant que je puisse achever.

Alors Barbarin Hérode, se rendant à cette juste requête, écoute la description des grâces alanguies de sa dolente femme, et la narration pathétique de son naufrage.

Bolus (1731), parodie de *Brutus*, est une des plus ineptes qu'il y ait : cependant elle contient d'excellentes observations. Très juste est le reproche d'avoir détruit le sujet en l'affadissant : Voltaire a voulu avoir un Titus si sympathique, si peu coupable, qu'en vérité dans sa faute il n'y a pas de quoi fouetter un chat. C'est là que Voltaire a donné cours pour la première fois à ses idées réformatrices : il a voulu animer le spectacle, et la parodie s'égaie de ces gauches essais, où, respectant la lettre et rejetant l'esprit de l'unité de lieu, le poète réunit dans la même chambre chez Brutus les ambassadeurs de Tarquin et le sénat romain, les conspirateurs et les juges. Voltaire était tout fier d'avoir montré les sénateurs en toge : mais Shakespeare ne lui a pas dit le secret de faire rire les foules ; ses sénateurs sont muets : de là, la recommandation prudente de Bolus à l'assemblée : « Messieurs, ne parlez pas ; — écoutez seulement. »

Dans *les Enfants trouvés ou le Sultan poli par l'amour* (1), parodie de *Zaïre*, qui est un des meilleurs échantillons du genre, le placage pathétique de la pièce, la sentimentalité un peu molle et pleureuse du rôle de Zaïre sont heureusement relevés. Mais deux critiques surtout portent à fond. L'une découvre la ficelle qui fait durer la pièce, cet inexplicable silence de Zaïre prolongé à travers deux, trois entretiens qu'elle a avec le sultan : c'est que si elle disait le mot de sa naissance, plus de coup de poignard, plus de dénoûment, plus de larmes et de terreur. C'est ce que comprend Témire, quand elle supplie Diaphane de différer leur mariage, et que, pressée de dire ses raisons, elle répond : « Je les dirai tantôt. » *Tantôt*, donc, le sultan renouvelle ses instances : « Permettez que je sorte », s'écrie alors Témire avec une comique brusquerie. Et le confident Jasmin empêche le troisième entretien, en faisant remarquer qu'il ne servira à rien. Mais, malicieusement, Carabin Nérestan dit « Ma sœur » à Témire, et ce mot si simple rend toute

---

(1) De Dominique, Romagnesi et Fr. Riccoboni, Théâtre-Italien, 1732.

effusion de sang impossible. En second lieu, le défaut du caractère du sultan est bien marqué : tout le monde, et lui-même, s'étonnent de sa turque bénignité. « Tromper un si bon homme ! » gémit le confident, et Témire convient que le roi de Tripoli

> Est, malgré sa moustache, un seigneur fort poli.

Diaphane aussi se dit qu'il est trop humain pour un Turc, et s'explique ainsi sur son humeur :

> Si je tiens un sérail, ce n'est que pour la forme,...
> Et je suis un sultan de nouvelle fabrique.

Tout le monde entre et sort, et circule dans cet étrange sérail aussi public que le Palais-Royal ; et quand Diaphane un moment fâché le ferme, il joue le malin tour à Voltaire d'employer les deux vers de Racine qu'a délayés Orosmane :

> Que désormais à tous le sérail soit fermé,
> Et que tout rentre ici dans l'ordre accoutumé.

Marotte (1), parodie de *Mérope*, est consacrée encore à faire saillir le peu de solidité qu'il y a dans la construction de l'œuvre tragique de Voltaire. A la première rencontre de Marotte et de Cadet, la voix du sang se fait entendre chez la mère et chez le fils dans ce duo plein d'émotion :

> MAROTTE. Je sens certain je ne sais qu'est-ce.
> CADET.   Je sens certain je ne sais quoi.

(1) Par Gallet, Panart, Pontan et Laffichart, opéra-comique, 1743.

Barnabas, dont tout le rôle tombe d'aplomb sur Narbas, arrive à temps pour arrêter le bras de Marotte levé sur Cadet : « Quoi, dit-il, ensanglanter la scène contre les règles ! » Mais « quelle situation ! » il faut l'exploiter, et l'accorte soubrette Simone place les acteurs pour faire le « tableau » : Cadet, ici, entre les gardes, Narbas, là, à genoux devant Marotte, celle-ci, la tête penchée sur l'épaule de Simone dont le bras la soutient, demi pâmée, mais noble en sa pâmoison. Tous restent fixes : c'est le « tableau », la nouvelle mode dans le grand art. On sent que Diderot allait venir, pour achever de la lancer. Cependant Barnabas se frotte les mains d'être tombé si à point.

> Le hasard fait bien les choses :
> Avouez-le donc, s'il vous plaît,
> Le hasard fait bien les choses.

C'est toute la critique de Lessing dans sa dramaturgie. A la fin de la pièce, devant l'irréel héroïsme des bravades tragiques, part le cri du fond des cœurs, le cri de la réelle humanité : « Vive la vie ! morbleu ! vive la vie ! »

Une chose frappera dans toutes ces parodies de Voltaire : ce que nous serions tenté d'y reprendre n'y est jamais repris ; ainsi l'étalage des maximes et des dissertations philosophiques. Tant elles s'adaptaient à l'âme du siècle. De même on se souvient que, dans *Zaïre*, parmi divers éléments et symptômes de mélodrame, se trouve employée la *Croix de ma mère*. Croirait-on que Dominique, Romagnesi et Riccoboni, à eux trois, ne l'y aient pas vue ? C'est que la *Croix de ma mère* n'était pas usée : elle chassait les accessoires grecs et romains, qui opéraient depuis deux mille ans les reconnaissances tragiques : *tissus*, épées, cuirasses, etc. La *Croix* de Zaïre ne valait-elle pas bien la cuirasse de Mérope ?

Mais il faut passer sur toutes les autres *parodies*, sur les trois d'*Alzire*, les deux du *Père de Famille*, sur celle du *roi Léar*, sur ce roi Lu (1) qui sous la tempête, dans la forêt, gardait son parapluie sous son bras, et disait gravement : « Philosophons à l'air. » Je ne veux plus m'arrêter qu'aux *Rêveries renouvelées des Grecs*, de Favart : par l'ampleur, par la finesse, par une certaine naïveté de bouffonnerie, c'est le chef-d'œuvre du genre. La parodie vise le livret de l'*Iphigénie en Tauride*, de Gluck, mais elle atteint la tragédie de Guimond de La Touche, que les librettistes avaient simplement adaptée aux conditions de l'opéra : et par delà la tragédie de Guimond de La Touche, elle atteint le genre même de la tragédie, et l'imitation des anciens.

Iphigénie attire l'attention du public sur le décor qu'on lui montre : « funeste rivage, mer agitée, vents furieux », puis, se tournant vers ses prêtresses :

> Pendant que l'on verra ce tableau curieux,
> Implorez avec moi l'assistance des dieux.

Là-dessus on chante, Iphigénie guidant le chœur :

> Vers les dieux en assurance
> Levons nos sanglantes mains.
> Nous vivons dans l'innocence
> En égorgeant les humains.

Mais Iphigénie est triste, elle a eu un songe. Une prêtresse curieuse l'interroge :

> Qu'avez-vous donc rêvé ? Cela doit être beau.
> Iph. Ce que je vous dirais ne serait pas nouveau...

(1) De Parisau, 1783.

Vous trouverez le mien dans l'Almanach des songes.
Eclairs, mugissements, spectres, pâles flambeaux,
Gémissements, terreur, lieux funèbres, tombeaux,
Horreur, bruit souterrain, la terre qui s'entr'ouvre,
Un fantôme sortant de l'enfer qu'on découvre,
Abîme, accents plaintifs, poignards, lambeaux sanglants,
Ombre, crime, remords, effroi, genoux tremblants,
Autel, temple, cyprès, coupable encens, idole,
Ou père, ou mère, ou sœur, ou frère qu'on immole :
Voilà quel est mon songe, et l'on reconnaît là
L'histoire de tous ceux que l'on a faits déjà.

1ʳᵉ Prêt. Racontez-nous le vôtre, Auguste Iphigénie !
Il nous amusera.

Iphigénie raconte donc ce songe plein d'horreur ; l'air est guilleret :

Iph.   J'étais dans mon lit tranquille...
       J'entends marcher à grands pas.
Chœur (levant les bras au ciel) : Ah ! ah !
Iph.   La frayeur me rend muette.
       Je m'enfonce dans mes draps.
Chœur (même geste) : Ah ! ah !
Iph.   Je sens trembler ma couchette...
       Par les pieds deux mains me tirent,
       Plus froides que des carreaux.
Chœur (même geste) : Oh ! oh ! oh ! oh !

Sans aller plus loin, il y a là certainement un sens de la bouffonnerie, une verve d'opérette, un don de manier drôlement la bêtise énorme qui fait penser à la *Belle Hélène* et à *Orphée*. On connaît l'action d'*Iphigénie en Tauride* : il est inutile de suivre pas à pas la parodie. Nous voyons venir Thoas, truculent et bonasse le bras toujours levé sans retomber jamais, Oreste doux et forcené, qui veut mourir, et Pylade qui lui chante avec conviction cette vérité profonde :

       Sitôt que nous serons morts,
       Nous ne serons plus en vie.

Iphigénie refuse d'écouter les explications d'Oreste, par sollicitude pour le dénouement, et promet de sauver l'un des deux étrangers. Ici se place le classique débat des deux amis. Oreste demande à Pylade ses titres pour être immolé : « As-tu battu ta mère ? es-tu fou ? hanté de spectres ? poursuivi par l'enfer ? » Et Pylade, modeste :

> On ne saurait avoir tous les biens en ce monde.

Iphigénie cependant choisit Pylade pour victime : la douce âme, elle soupire avec sentiment :

> C'est mon devoir d'ôter ici la vie !
> Il me serait plus doux de la donner.

Puis la reconnaissance, filée selon les règles : « C'est toi. — C'est moi. — Lui. — Moi ». Et tout le monde s'embrasse quand Thoas arrive avec ses gardes : mais ceux-ci l'abandonnent, car, dit un Scythe bien élevé,

> Nous respectons les dames.
> Et ce n'est pas ainsi qu'on attaque les femmes.

VI

Il est aisé de voir, à travers toutes ces citations et ces analyses, combien « les idées de théâtre » sont rares dans les parodies. Tous ceux qui lisent M. Sarcey savent ce que c'est qu'une « idée de théâtre » ; traduction d'une idée par une action, réduction de l'abstrait au concret, régression de la décomposition analytique à la forme synthétique. En veut-on des exemples ? L'Odéon venait de jouer, en 1844, l'*Antigone*, de MM. Meurice et Vacquerie. Les chœurs à la grecque avaient déconcerté, ennuyé le gros public, qui ne veut au théâtre que de l'action : voilà l'idée à traduire. Clairville, dans sa revue *Paris à tous les diables*, amena Antigone, lui fit dérouler sa tragique histoire dans un long récit ; et cependant le chœur, paisible, passait et repassait, traversait la scène, coupait le récit, en chantant : *Marie, trempe ton pain*, et *Vive, vive la mère Camus*. Dans la *Caravane*, de Grétry (1784), le dénouement est fait par l'arrivée d'un père inattendu, qui a l'air de « tomber des nues ». Ce *père tombant des nues*, la parodie, réalisant la métaphore, le fit descendre en ballon ; c'était le temps où les ballons étaient dans leur nouveauté, et où l'on parlait de l'ascension de MM. Charles et Robert. Mais ces effets sont assez rares dans les parodies : à l'ordinaire, on n'y trouve que l'esprit de mots, l'esprit analytique qui indique et critique l'idée pour l'intelligence ; des épigrammes et des couplets, voilà le fort des auteurs : ce sont des journalistes et des chansonniers. S'il y a pourtant un genre où il fallait surtout de la verve imaginative, si grosse qu'elle fût, le sens des effets matériels et scéniques, fût-ce au détriment de l'idée et du style, c'est certes ce comique de foire. Hé bien ! là comme ailleurs le théâtre meurt d'un excès de littérature, et rien peut-être ne met plus en évidence la raison pour laquelle ce siècle, si spirituel, mais trop « intelligent », n'a pu produire, sauf exception, que de médiocres comédies.

On peut s'étonner enfin que le même public, qui allait pleurer à *Zaïre* et frémir à *Mérope*, ait pu prendre plaisir aux travestissements bouffons de *Zaïre* et de

Mérope. Il avait l'esprit tout plein encore des vers du poète, l'émotion qui l'avait pénétré n'était pas encore dissipée : et il allait bafouer l'œuvre qu'il savait par cœur, l'enthousiasme dont il vibrait encore. Il livrait tous ses souvenirs encore frais et charmants à la parodie, dont il se faisait le perpétuel collaborateur. Ne faut-il pas en conclure que la tragédie n'était qu'un jeu d'esprit pour le public? que sa raison estimait *in abstracto* la valeur affective des passions et des situations, et que ses terreurs et ses larmes ne furent attachées qu'à des conceptions de son intelligence ? J'ai bien peur, en effet, que la sensibilité du siècle n'ait été que dans la tête, du moins pendant longtemps, que ses émotions aient été surtout des représentations d'émotions dont l'esprit concevait la raison d'être, qu'enfin la tragédie n'ait péri dans la rhétorique par un manque essentiel de conviction et de profondeur.

Elle entraîna la parodie dans sa décadence. Toujours déclinant et pâlissant, elle finit par n'avoir plus assez de force pour susciter l'image qui la reflète plaisamment. Grimm, en 1787, se plaint qu'on ne fasse plus de bonnes parodies : il regrette le temps des chefs-d'œuvre, des *Agnès de Chaillot*, des *Enfants trouvés*, et fait l'oraison funèbre du genre. Les petits théâtres avaient gagné de la liberté, de la sécurité ; ils avaient insensiblement élevé leur genre. L'opéra-comique avait Sedaine, Grétry, Monsigny. Aux boulevards, on ne prenait plus guère la peine de parodier *Zaïre*, on la jouait, en l'appelant le *Grand Turc mis à mort :* on jouait *Beverley*, le *Père de Famille*, avec de simples changements de titre. Mais surtout Audinot, Nicolet, les Associés, tout le boulevard du Temple, avaient un répertoire, des genres nouveaux et spéciaux, vaudevilles, mélodrames, pantomimes à grand spectacle : on pouvait laisser en paix les opéras et les tragédies.

Puis l'esprit public n'était plus le même. L'œuvre de Rousseau était accomplie. De la tête, la sensibilité était descendue dans le cœur. Quand Mlle de Lespinasse allait s'enfermer toute seule dans une loge de l'opéra pour goûter le trouble délicieux de la musique de Glück, quand Mlle Phlipon passait toute la nuit dans un fauteuil à feuilleter un Rousseau qu'on lui avait donné, toute palpitante et noyée de ses larmes, il est évident que ni les salons ni le peuple ne sont plus au ton de la parodie. La mode est passée de l'ironie légère, de l'intelligence aiguë qui joue avec les idées ; le temps de la passion, des désespoirs et des frénésies est venu. La parodie alors ne peut plus être qu'un accident, un fait exceptionnel. Mais ne la croyez pas morte : elle revivra. Elle aura de beaux jours encore avec *Cadet Roussel beau-père,* les *Petites Danaïdes,* et *Harnali.*

L'IMMORTALITÉ LITTÉRAIRE

A propos d'un livre de M. Paul Stapfer

Il y a du courage, et un fier dédain de l'actualité à publier en l'année 1894 un ouvrage sur les *Réputations littéraires* (1) : quatre cents pages de réflexions, de méditations, de raisonnements sur les conditions et les chances de durée des œuvres littéraires ; quatre cents pages sur un sujet qui ne comporte pas un fait positif, pas une démonstration certaine, mais d'où l'on écarte aussi toute anecdote, toute réalité particulière et tangible ; quatre cents pages *d'idéologie* : assurément M. Paul Stapfer n'est pas « dans le train ».

M. Stapfer pense pour penser, par activité d'esprit, et par volupté aussi, parce que c'est un bonheur pour lui de remuer des idées : il n'a pas besoin qu'elles le mènent à un résultat certain, à un savoir définitif ; il lui suffit qu'elles soient probables, ingénieuses, délicates, nobles, comme peuvent les former une intelligence cultivée et une honnête nature. Aussi nous semble-t-il qu'il a manqué son heure : quand je lis son livre,

(1) P. Stapfer, *Des Réputations littéraires*, Hachette, 1894.

je crois avoir en main un livre du dernier siècle. Ces dissertations étendues sur des sujets généraux, cette discussion piquante et judicieuse de questions indéterminées et insolubles, ce style abstrait et neutre, soigneusement égayé par intervalles de métaphores élégantes : tout cela a dû s'imprimer à Genève ou à Neuchâtel vers 1760, et cela a dû s'intituler : « Essais sur la gloire et sur le génie. » L'auteur a dû recevoir une lettre flatteuse de Voltaire à qui il avait envoyé son livre, et le *vieux Suisse* n'a pas ménagé les compliments à son jeune compatriote, qui savait unir tant de goût pour les lettres à une si tolérante philosophie. M. Stapfer est bon Français et bien vivant ; mais voilà bien la patrie et la date de son livre, c'est bien la Suisse et le xviiie siècle.

Il est amusant, au reste, ce livre. Chacune des quinze ou seize dissertations qui le composent est une causerie sagement humoristique qu'on écoute avec intérêt, pour peu qu'on aime les « idées » et qu'on ait des lettres, comme on disait autrefois. M. Stapfer a beaucoup lu, il a beaucoup pratiqué les bons auteurs français et il est du petit, très petit nombre de nos compatriotes à qui les Anglais et les Allemands sont vraiment familiers. Il est de la famille de Montaigne et d'Addison, et, à propos de son sujet, il nous fait revoir, il nous apprend mille choses intéressantes.

Sur ce sujet lui-même il y a beaucoup à dire, et l'on n'a jamais tout dit. C'est une riche matière à philosopher que le sort des écrivains et des livres : pourquoi écrit-on, sinon pour se rendre immortel ? Mais parmi ceux qui l'essaient, combien y réussissent ? Et ceux qui réussissent, pourquoi réussissent-ils ? pourquoi eux et non pas d'autres ? pourquoi ceux-ci plus que ceux-là ? Vous voyez s'indiquer les trois thèmes autour desquels on peut se divertir à faire tourner toutes sortes de considérations, après dîner, entre lettrés, quand on a fini la besogne utile du jour et qu'on ne veut pas disputer sur la politique.

I

De quelque façon qu'on pose le problème de la destinée, sous quelque forme particulière que ce soit, et à quelque partie spéciale de l'humanité qu'on l'applique, l'inconnu domine, la certitude s'évanouit, et l'imagination peut se donner carrière.

Quelles sont les causes du succès? Tout le monde dira qu'il y en a deux : le génie de l'auteur, et les circonstances. Où défaut l'une, l'autre agit. Mais quel est le rapport de l'une à l'autre? Quelle est la principale ou l'accessoire? Le génie peut-il triompher des circonstances, les circonstances dispenser du génie? Les circonstances suffisent peut-être pour le premier succès : pour la durée du succès, ne faut-il pas une force intrinsèque?

Il y a des livres, il y a des auteurs qui semblent immortels : ont-ils vraiment une vertu qui les garde de mourir? L'*Iliade* et l'*Odyssée* n'ont-elles pas duré par un concours heureux de circonstances, comme ces merveilleux vases de Vaphio, que ni leur matière ni leur travail n'ont sauvés, mais une arbitraire et fortuite destination? La valeur de l'*Iliade* et de l'*Odyssée* n'est-elle pas le produit de l'abolition de toutes les œuvres similaires, comme un tesson mycénien vaut par la disparition d'un nombre infini de vases d'un prix égal ou supérieur? Ce qui n'est pas mort, ne pouvait-il mourir?

ne mourra-t-il pas? L'*Iliade* et l'*Odyssée* ne s'éteindront-elles pas insensiblement, comme la *Jérusalem délivrée*, comme la *Henriade*?

Est-ce l'auteur qui fait le livre immortel, ou le livre qui fait immortel l'auteur? N'entre-t-il pas beaucoup de respect traditionnel dans l'immortalité des chefs-d'œuvre? et les admire-t-on parce qu'on y trouve de la beauté, ou bien y trouve-t-on de la beauté pour les admirer? C'est la fameuse question : Alexandre, Condé, Napoléon ont-ils gagné des batailles parce qu'ils étaient de grands capitaines? ou sont-ils de grands capitaines parce qu'ils ont gagné des batailles? Le génie n'est-il pas une illusion de notre raison attardée à la recherche des causes et des substances? Le génie n'est-il pas la formule scolastique du succès? quelque chose comme la *vertu dormitive* de l'opium?

Il peut paraître oiseux de demander si Racine a fait *Athalie* parce qu'il avait du génie, ou s'il a du génie parce qu'il a fait *Athalie*. Mais Scribe? A-t-il fait réussir ses pièces par la qualité de son esprit, ou parce que le public n'avait pas besoin d'une qualité supérieure d'esprit? Et ainsi n'est-il pas grand en raison de sa médiocrité même, accommodée à la médiocrité de la bourgeoisie de son temps? Plus fin, plus profond, plus artiste, plus poète, plus penseur, enfin s'il n'eût pas été Scribe, il eût moins « convenu », et il aurait manqué la gloire en la méritant plus.

Il y a des livres que les circonstances portent, et qui portent ensuite les hommes qui les ont faits. Il y en a qui dépassent leur auteur, auxquels l'auteur est comme annexé; on s'y reporte distraitement, indifféremment, lorsqu'on pense que tout écrit suppose un écrivain. Ils vivent pour ainsi dire en marge de leur œuvre : elle seule a la solidité, la réalité. Qui ne connaît la *Satire Ménippée* ? Mais les bons bourgeois qui la firent, les Leroy, les Gillot, les Rapin, ne faut-il pas un effort de mémoire pour les retrouver ? L'abbé Prévost est une ombre pâle à côté de son livre ; Manon et son chevalier existent plus que lui qui les a créés. Qu'est-ce que Shakespeare ? Il n'y a de réels que lady Macbeth, Othello, Hamlet, Roméo : ceux-ci sont les formes qui durent. Shakespeare n'est que le terme général, abstrait, *idéologique*, dans lequel notre esprit groupe certaines réalités concrètes. Regardez les enfants dont le jugement spontané est souvent si sûr : le *Télémaque*, *Gulliver*, *Robinson Crusoë*, voilà pour eux ce qui est, ce qui vit. Fénelon, Swift, de Foë, savent-ils ce que c'est ? Que leur disent ces noms au dos ou au titre des livres ? Les peuples jeunes sont comme les enfants : ils n'ont pas besoin de savoir *de qui c'est*. Ils ne vont pas au delà de la jouissance immédiate et directe qui sort de l'œuvre, et ils arrêtent leur curiosité à l'œuvre : de là l'anonymat fréquent des œuvres littéraires ou artistiques. L'extension, parfois le transport de l'intérêt du livre à l'auteur est un raffinement, peut-être une perversion du sens littéraire : le plaisir esthétique commence à se déplacer par là, et tend déjà à se résoudre en connaissance positive.

Cependant il y a des auteurs qui vivent à côté, hors de leur œuvre ; — ils ont comme une plénitude substantielle de personnalité : Pascal, Bossuet, et Racine même, si objectif, sont dans ce cas. Est-ce dans une collection plus ou moins copieuse de faits biographiques qu'il faut chercher la raison de cette inégalité ? Il y a autre chose encore, sans doute. Rabelais a une biographie assez fournie : il ne vit que par son livre, il est ce que son livre le fait, en dépit de sa biographie. Enfin il y a des écrivains qui vivent plus que leur œuvre : ils la soutiennent et la font durer. Ou bien ils vivent sans elle, et leur gloire se passe maintenant de soutien. Qu'est-ce que *Mérope* et le *Siècle de Louis XIV*, et *Candide* même, auprès de «Voltaire»? L'*Emile*, la *Nouvelle Héloïse*, ont-ils l'éclat de ces trois mots : «Jean-Jacques Rousseau»? Comparez ce titre : *Pensées* sur *l'interprétation de la nature*, avec ces trois syllabes : «Diderot.» Les œuvres ont l'air fané des vieilles choses, des choses mortes : les hommes sont tout frais et frémissants de vie. On a comparé les livres philosophiques du siècle passé à des brûlots éteints : comment se fait-il que les noms des auteurs ont gardé toutes leurs propriétés explosives ? Il n'est personne qui n'accorde qu'on puisse parler aujourd'hui tout à son aise de la *Lettre sur les aveugles* ou des *Questions sur l'Encyclopédie*; mais manquez un peu de respect à Diderot ou Voltaire, vous risquerez d'être lapidé. Demandez plutôt à M. Faguet.

Ne serait-ce pas que la littérature vivante est comme tournée en légende ? Elle fournit des symboles où chaque âge met son âme et son intelligence. Quand le symbole est le livre, c'est le livre qui vit : ainsi Hamlet ou Manon. Mais il arrive aussi que l'auteur a une valeur symbolique ; alors il vit à côté de son livre : ainsi Bossuet, symbole légendaire de l'absolutisme oppressif, du catholicisme persécuteur. D'autres fois l'auteur seul est représentatif : le livre qu'on ne lit plus, ne dit rien. Ainsi Voltaire, Diderot, Rousseau, expressions symboliques des croyances révolutionnaires et démocratiques. Il en est des livres et des écrivains comme des faits et des personnages historiques : l'immortalité c'est la légende. On a l'épitaphe d'Eggihard, mort à Roncevaux ; on ne sait rien de Roland : des deux, lequel existe le plus ? La légende fait vivre, parce qu'elle transforme.

Il y a des écrivains qui passent trop vite grands hommes, et leurs écrits, chefs-d'œuvre par faveur ou par chance, parce qu'ils flattent le public, ou parce que les vrais grands hommes manquent. La postérité revise les grades : elle casse Mlle de Scudéry, Lamotte-Houdar, J.-B. Rousseau, Delille. Mais elle ne donne guère d'avancement aux mérites malchanceux ou dédaignés. Ce que l'on appelle réhabilitation n'est qu'un mot. Lit-on d'Aubigné beaucoup plus que Lamotte ? Que lit-on de Ronsard ? Retrouvera t-il jamais ce que deux siècles d'oubli lui ont fait perdre ? N'y a-t-il pas prescription pour la gloire comme pour la propriété ? Le droit s'abolit par la non-jouissance.

Une œuvre dure quand elle peut s'accommoder à tous les milieux qu'elle traverse, quand elle est assez réceptive, si l'on veut, pour que chaque génération trouve à y loger sa foi, son goût, ses idées, à y satisfaire ses appétits, ses besoins. Mais pour qu'elle possède cette réceptivité, il ne faut point d'interruption d'existence ; et voilà pourquoi il est si difficile de faire revivre vraiment un écrivain oublié. Les œuvres célèbres continuent d'évoluer, de se transformer : elles changent avec la société, elles se modifient dans leur valeur, leur sens, leur couleur, et par ces transformations continuelles elles s'adaptent délicatement à chaque état des intelligences. Molière est aussi près de nous qu'Augier, parce qu'il vivait encore autant qu'Augier il y a vingt ans ; mais Scarron ou Montfleury nous semblent lointains, parce qu'ils sont restés fixés au moment où le sort les avait fait naître; ils sont à deux siècles de nous, de notre esprit, de nos manières. Jamais Scarron ne rattraperait l'avance prise par Molière qui se faisait le contemporain de chacune des générations qui passaient. Vous connaissez le vaudeville de Scribe, *Avant, Pendant et Après*. Molière, c'est le ci-devant noble qui n'a pas quitté la France, qui s'est transformé avec elle à travers les révolutions et qui vit en 1820 de la vie commune de la nation. Scarron, c'est le vicomte naufragé avec Lapérouse, qui a quitté la France sous Louis XVI et qui rentre tout d'un coup sous Louis XVIII, incapable de rien comprendre à ce qu'il voit, n'ayant pas une idée, pas une habitude conforme aux idées et aux habitudes des hommes au milieu desquels on le ramène.

Voilà quelques-uns des problèmes qu'on peut tâter, et l'on voit qu'on peut y raisonner à l'infini. Les réponses approximatives sont évidentes et faciles, les solutions rigoureuses et constantes sont impossibles.

On peut se jouer à signaler les bizarreries, les anomalies du hasard, ou, inversement, fournir une explication rationnelle de toutes les singularités. On peut montrer qu'il y a bien du caprice dans l'inégalité des réputations : on peut établir aussi qu'il n'y a pas d'injustice.

Mais qu'est-ce que l'immortalité d'un écrivain ou d'un livre? où commence-t-elle? combien de temps faut-il pour qu'apparaisse l'aptitude à l'immortalité? Homère, Virgile, Corneille, Racine, l'ont-ils? oui, sans doute. Mais Voltaire mort il y a un siècle ? mais Balzac mort il y a quarante ans ? mais Hugo mort il y a dix ans ? Et à quoi se reconnaît-elle ? avoir un article dans *Bouillet*, une mention dans les manuels d'histoire littéraire, est-ce l'immortalité ? consiste-t-elle à être inscrit aux programmes de l'enseignement ? ou bien à être lu effectivement ? S'il n'y a de vivants que les auteurs qu'on lit, que peu vivants sont les chefs-d'œuvre ! Pour un poète dramatique, la vie n'est-elle pas d être joué ? Combien de fois par an vit donc Corneille ? Et l immortalité de Corneille et de Racine tient-elle toute à l'institution de la Comédie-Française ?

Entre l'oubli complet, la notoriété et la gloire, que de degrés, que de nuances ! Il y a une immortalité qui consiste à occuper les critiques de profession : celle-là, tout écrit l'a en puissance. Quel est l'auteur assez déshérité pour n'être pas « sujet de thèse ? »

Comment se fait la sélection des œuvres et des noms destinés à l'immortalité ?

Les conditions actuelles de la littérature rendent cette recherche plus piquante. Quels sont le rôle et la part des éditeurs, des directeurs de théâtre, de la publicité des journaux, dans la gloire des écrivains ? Si Lamartine n'avait pas trouvé d'éditeur pour ses *Méditations*, que serait-il advenu ? Mais *pouvait-il* n'en pas trouver ? Si le *Théâtre-Libre* n'avait existé, M. de Curel, avec le même talent, la même originalité, et à cause de cela, pouvait n'être jamais joué : il a fallu M. Antoine pour le lancer. Quelle est actuellement la somme de *génie* égarée dans les tiroirs des éditeurs ou des directeurs de théâtre ? Qui le saura jamais ? Que de jeunes n'ont dû leur premier succès qu'à la nécessité de boucher soudainement un trou du répertoire, à l'effondrement brutal d'une œuvre connue ! Une société d'artistes tâche à vivoter pendant la fermeture du théâtre : on met la main dans les cartons du directeur ; on y pêche au hasard le *Procès Veauradieux* qui se trouve fournir un des succès étourdissants, un des chefs-d'œuvre cocasses du vaudeville contemporain.

Mais que peut ou ne peut pas la publicité? La publicité, la vulgaire réclame, là comme ailleurs, est singulièrement efficace; elle fait connaître que le livre existe : le plus célèbre ne peut s'en passer : un Sardou, un Zola le savent bien. Il faut qu'on voie *Lourdes, Rome, Paris*, en grosses lettres sur tous les murs : c'est la moitié du succès. L'auteur arrivé peut se passer de la critique, jamais de la publicité. Un livre auquel on n'assure pas une *publicité* suffisante, par économie ou par maladresse, est un livre mort-né; il n'a qu'une chance de vie : c'est de tomber aux mains d'un critique à voix retentissante qui remplace la publicité mal faite.

Il se peut que la critique ne puisse pas grand'chose pour les œuvres manquées : il se peut qu'elle ne puisse pas grand'chose contre des œuvres souveraines, et surtout des œuvres qui sont en parfait accord avec un besoin latent du public. Quels coups d'épingle de la critique pouvaient, en 1802, dégonfler le succès du *Génie du Christianisme*? Que peuvent actuellement les vertes gronderies de M. Sarcey, les ironies fuyantes de M. Lemaître, les réserves sages de M. Larroumet, contre la vogue des romans et des pièces scandinaves? Ibsen, selon la disposition présente du public, est indémolissable. Dans trois ans, M. Larroumet, M. Lemaître, M. Sarcey, plaideront peut-être pour Ibsen. La critique n'est pas forte contre les courants d'opinion; mais elle peut tuer ou faire vivre bien des œuvres. Que serait Stendhal à l'heure présente sans Taine? Taine l'a vraiment ressuscité : pour combien de temps? Qui ne sait combien d'honnêtes bourgeois aujourd hui attendent l'article de M. Sarcey pour savoir si la pièce nouvelle est *à voir* ou *à ne pas voir* ? M. Sarcey s'en défend quelquefois : pure modestie ! Il est certain que nombre de nos contemporains sont décidés à se divertir ou à ne pas se divertir, selon le jugement de M. Sarcey. M. Jules Lemaître, par un petit article, a coupé net la gloire déjà florissante de M. Ohnet. M. Ohnet, qui, après tout, en vaut d'autres, allait à l'Académie, il allait à l'immortalité : M. Lemaître l'a rejeté dans le groupe des illustres « ratés » ; il en a fait un Cotin ou un Chapelain : ceux que M. Ohnet charmait, y prennent plaisir encore, mais ils n'estiment plus leur plaisir.

Le concert des journaux impose au public : pourquoi les journaux parlent-ils d'un livre ? Parce qu'il est bon ? Souvent, pas toujours. Et surtout parlent-ils de tout ce qui est bon ? Combien M. Pouvillon, ce peintre délicat et fort des paysans gascons, combien a-t-il d'articles quand il publie une œuvre nouvelle ? Aussi, pourquoi vit-il à Montauban ? Je ne veux nommer personne : mais X.., *le fils à papa*, qui porte un nom sollicitant le reportage, Y... qui est du Tout-Paris, Z... qui est un confrère, *échotier*, *salonnier*, *soiriste* ou *lundiste :* dès qu'ils lâchent un méchant roman, quel tapage ! tout le monde s'attelle au succès, et le bon public croit au chef-d'œuvre jusqu'à ce qu'il ait ouvert le livre. Il est vrai que le public se méfie : il ne lâche plus facilement ses 3 fr. 50. Il a été si souvent pris, il tâche de lire pour rien. Celui-ci *carotte* un exemplaire à l'auteur ou à l'éditeur, un autre feuillette le roman au cercle ; le reste prend les nouveautés au cabinet de lecture, où l'on ne perd après tout que ses trois sous.

On se demanderait comment fera la postérité pour

mettre à part dans l'amas des productions et le mensonge des réclames, les œuvres qui méritent de vivre, si l'on ne voyait comment cela se passe. Songez à ce qui faisait du bruit vers 1860, vers 1868, vers 1875, il y a dix ans encore, et comme insensiblement cette masse s'est réduite. Tout doucement la plus grande partie des livres coulent dans l'oubli ; les gens de mon âge ont vu s'éteindre C. Delavigne et Ponsard. Il y a vingt ans, un roman de Feuillet était encore un événement ; et que reste-t-il de Feuillet ? Je dis pour les jeunes qui n'ont pas vu le temps où l'actualité le soutenait. Ne sentons-nous pas déjà une forte partie de M. Zola s'en aller rejoindre les trois quarts de Balzac et de George Sand ? Il y a dix ans, M. Sardou était un auteur volumineux : voyez ce qu'il pèse aujourd'hui ? Nous voyons ainsi, à mesure que nous vivons, à mesure que nous nous en allons, s'amincir, se vider, s'évanouir des réputations littéraires qui, en notre jeunesse, nous ont paru prestigieuses. Et c'est une distraction macabre et philosophique de voir fumer, pâlir, noircir des gloires comme des lampions où manque l'huile à la fin d'une nuit de fête.

Mais être connu, est-ce vivre ? N'est-ce pas sur une notion fausse que repose la croyance à l'immortalité ? N'est-ce pas sur une équivoque, sur une métaphore prise à la lettre ? C'est une illusion de tranporter la vie du sujet pensant à l'idée, de réaliser objectivement cette idée : il n'y a pas d'écrivains immortels ; une œuvre immortelle est simplement une « possibilité permanente » de pensées et de sentiments. Ainsi les recherches sur l'immortalité littéraire sont tout justement une enquête sur l'état moyen du goût et des connaissances dans une certaine société à une certaine date. Il n'y a de vivant là-dedans que le lecteur ou l'admirateur : le chef-d'œuvre (si l'on ne parle pas de la conservation matérielle), le grand homme, sont des *idées*. Une autre chose pourtant est réelle: le désir de l'écrivain d'aujourd'hui qui travaille à passer grand homme et fonder un chef-d'œuvre, l'espérance d'immortalité qu'il conçoit devant les noms radieux de ses devanciers. Corneille est immortel par métaphore : mais cette immortalité métaphorique met du cœur au ventre de tous les petits Corneille d'aujourd'hui, elle les assure de l'avenir, et les aide à jouir par anticipation des applaudissements de la postérité, qu'ils ne pourront pas entendre.

Ceci nous ramène au livre de M. Stapfer, et à quelque chose qui met un intérêt pathétique dans ses causeries littéraires.

II

Beaucoup de lecteurs, sans doute, connaissent M. Paul Stapfer, l'excellent doyen de la Faculté des lettres de Bordeaux. Ils estiment ce philosophe et ce lettré, son sérieux aimable, sa science solide sans fracas d'érudition, sa curiosité large et son ouverture d'esprit, qui le font passer de Rabelais à Gœthe, de Racine à Shakespeare et de Sterne à Victor Hugo, sa sincérité loyale, par laquelle la critique littéraire, cessant d'être un exercice professionnel, devient la révélation de la vie intérieure, des entretiens intimes d'une âme attentive à se cultiver dans la moralité comme dans l'intelligence.

Lorsque l'on peut dire d'un homme, sans flatterie, ce que je viens de dire de M. Stapfer, sa part, semble-t-il, est assez belle. M. Stapfer sait qu'on peut le dire et qu'on le dit. Pourtant il est triste, et ce livre sur les *Réputations littéraires* nous apporte la confidence de ses chagrins et de ses mécomptes. M. Stapfer, qui n'est pas un vieillard, mais qui n'est plus un jeune homme, se retourne et jette un regard sur son œuvre : il ne lui semble pas qu'elle ait eu le succès qu'elle méritait, ou, en tout cas, qu'il désirait. Il a écrit pour durer, pour vivre après la vie, pour fixer un peu de son être, pour éluder la loi commune des phénomènes, la mort. Et la gloire, à ce qu'il croit, lui manque. Il n'est plus sûr de vivre, même en ce *double* de sa personne qui est son œuvre.

Cette arrière-pensée donne un accent personnel à ses réflexions : quels sont les écrivains qui vivent, pourquoi vivent-ils ? Toutes ces questions en recouvrent une autre, la question angoissante qui se pose entre toutes les lignes : « M. Paul Stapfer vivra-t-il ? » Quand même M. Stapfer ne nous le dirait pas dans sa *préface*, tout le livre crierait de quelle intime inquiétude il est né. Il y a quelque chose de très simplement, très profondément touchant dans ce spectacle.

Je ne chercherai pas à flatter M. Stapfer : la loyauté de l'examen de conscience qu'il nous offre m'assure que la vérité ne l'effraie pas. Je n'ose le réconforter par des promesses de vie éternelle. M. Stapfer, avec son talent très distingué, a contre lui trois choses : il n'est pas Parisien, il n'est pas journaliste. Et puis il est sage : même dans l'ordre intellectuel, la sagesse n'est pas ce qui tente ! Un peu de folie n'aurait pas nui aux écrits de M. Stapfer.

Mais surtout il faut bien se dire que la critique, en général, ne mène pas à l'immortalité ! Le critique est un professeur : quand il prend sa retraite, son œuvre est faite, et il n'y a pas de raison pour qu'elle se prolonge après lui. Il a dit à ses contemporains ce qu'il voyait dans les œuvres littéraires et ce qui devait les séduire ou les choquer. Il l'a dit avec le goût et selon les idées de son temps. Mais la génération suivante aura besoin d'autres critiques qui lui parleront son langage, qui répondront à ses préoccupations, qui l'aideront à prendre dans les ouvrages nouveaux le plaisir ou l'instruction qu'il lui faudra. Le critique d'il y a trente ans n'intéresse plus guère que les historiens de la littérature. Et en général il les intéresse médiocrement.

Il n'y a qu'une espèce de critiques qui peuvent se tenir assurés de l'immortalité, ce sont ceux qui marquent dans l'histoire des idées, ceux dont l'œuvre enveloppe toute une philosophie, toute une esthétique, ceux surtout qui opposent une philosophie ou une esthétique à des théories régnantes. L'histoire du goût en France se fait depuis la Renaissance par du Bellay, Malherbe, Boileau, Perrault, Voltaire et Diderot, Chateaubriand et Mme de Staël, Victor Hugo, Sainte-Beuve, Taine : voilà les chapitres nécessaires. M. Brunetière, j'en suis sûr, ne sera pas oublié : que sa doctrine soit vraie ou fausse, il n'importe. Sa généralité, son rapport à un certain moment précis du mouvement intellectuel la maintiendront. Mais la postérité ne s'embarrassera pas de ce qu'un homme d'esprit aura pu écrire en 1835 ou en 1875 sur des œuvres particulières : elle s'en inquiétera, si l'on veut, comme on s'inquiète de ce que La Harpe a dit de Cicéron, ou Fontanes du *Génie du Christianisme*. Déjà Saint-Marc Girardin et Paul de Saint-Victor ne se font plus lire ; dans trente ans leurs noms mêmes seront à peine connus ; une mémoire incertaine, un clair-obscur d'immortalité, voilà en conscience tout ce que doit se promettre un excellent critique : une phrase dans une préface, une citation dans une note, voilà son lot ; et je mets tout au mieux. Celui qui veut plus, qu'il fasse des romans, des poèmes, des drames : qu'il crée. La vraie attitude du critique, c'est celle de M. Sarcey qui n'a jamais voulu détacher ses chroniques du journal où elles sont nées, qui n'a jamais voulu en faire « un livre », un monument à durer. Et il est pourtant des cinq ou six à qui on pardonnerait de faire toilette pour se présenter à la postérité.

Le critique se dévoue à faire connaître le talent d'autrui : sa fonction est d'aider les immortels à naître, non pas de se rendre immortel lui-même. Notre métier ne vaut que par l'effacement de notre personne.

Cette âpreté de désir, cette amertume d'incertitude que je sens chez M. Stapfer sur cette question de l'immortalité littéraire, m'étonnent. M. Stapfer a écrit pour durer, et il est persuadé que tous ceux qui font des livres sont mus aussi surtout par la volonté de durer. Le néant l'épouvante, et il lui semble qu'il doive épouvanter tout le monde. « Tout homme réellement vivant, que l'idée de la mort n'épouvante pas, ment ou se trompe lui-même ; et c'est ainsi que mentent ou se trompent les écrivains qui se figurent n'avoir aucun souci de leur vie à venir. » Un livre n'est donc qu'un effort de l'être éphémère qui aspire à se fixer.

Je crois que M. Stapfer généralise ici sa sensation. Il me semble que Lucrèce a raison : si la mort est un épouvantail, c'est qu'on imagine de la souffrance ; on se représente la douleur de l'agonie, la tombe froide, noire, humide ; on prête des sentiments au corps qui gît au cercueil. Mais si l'on peut se représenter l'absolu anéantissement, l'état où l'on ne sent plus, où l'on ne souffre plus, où ce *moi* qui actuellement veut être, n'est plus, je ne crois pas qu'on ressente nécessairement de l'horreur ou de l'épouvante. Le difficile est de se représenter ce néant : même aux jours de lassitude où l'être renonce à l'être, où l'on aspire à ne plus agir, à ne plus sentir, à se coucher délicieusement dans le repos définitif, même alors on a peine à ne pas mettre quelque chose de positif dans cette idée du non-être. Mais enfin toutes les natures ne sont pas également avides d'être. Il y a des ambitieux qui veulent posséder le monde, des détachés qui ne demandent rien. Il y en a qui veulent remplir de leur personne l'espace infini : d'autres restent dans leur coin. Ce qui est vrai de l'espace, doit l'être du temps : M. Stapfer a besoin d'une immortalité ; qu'il ne nie pas la sincérité de celui qui sincèrement accepte sa mortalité.

Je doute surtout que l'écriture soit toujours un effort de la personne pour s'assurer de la durée. Que de candidats à l'immortalité il y aurait à l'heure présente ! M. Stapfer est-il bien sûr que tout ce qui se publie de romans, de pièces et de vers, en notre temps, soit le produit de l'inquiétude qui le travaille ? J'admets que l'expérience, autorisant toutes les prétentions, puisque enfin beaucoup d'écrivains anciens ou récents jouissent en fait d'une gloire durable, suscite chez certains débutants le goût, l'idée de l'immortalité ! J'admets que certaines natures où l'amour-propre est plus actif et plus énergique, saisissent plus ardemment l'espoir et les moyens de se faire une existence perpétuelle. Mais je doute que le plus grand nombre des écrivains d'aujourd'hui aspire à l'immortalité.

Certains prétendent à vivre, voilà tout ; à vivre leur vie présente, celle de leur personne réelle et concrète. Et ils écrivent comme d'autres labourent ou tissent. Cela paraît très vulgaire, et cela ne l'est pas tant qu'il paraît. J'estime, pour moi, le modeste qui ne s'en fait pas accroire, qui ne se compare pas aux Homères et aux Racines, qui ne se juge pas fait de la même matière et pour la même destinée, le brave homme qui écrit, qui fait du roman, du théâtre, de la critique, parce qu'il s'est aperçu un jour qu'il pouvait en faire, parce qu'il se satisfait en les faisant, et parce que, de plus, par cette écriture il se nourrit, s'habille, se loge, lui et les siens. Il n'a pas besoin de penser à la perpétuité pour faire de son mieux, pas plus que l'ouvrier qui tient à rendre un travail bien fait. Un fond d'intérêt, suffisamment d'amour-propre, de cet amour-propre sain qui devient l'honneur, ajoutez par-ci par-là une pointe de sens moral qui intéresse la conscience à soigner l'œuvre : et vous avez de quoi expliquer l'activité littéraire de tant d'honnêtes travailleurs qui croiraient qu'on se moque d'eux, si on les accusait de prétendre à l'immortalité.

Nous vivons dans un siècle où il est difficile de désirer sérieusement l'immortalité : car le désir ou l'espérance ne vont pas sans un peu de foi. Nos contemporains ne sont pas assez assurés d'avoir une âme immortelle pour se flatter vraiment de se rendre immortels. Ils savent bien qu'ils ne *sentiront* pas leur gloire, qu'ils ne vivront pas leur immortalité. Aussi ne se représentent-ils pas une existence future de leurs noms et de leur œuvre pour se consoler de l'anéantissement où ils se sentent glisser, mais bien pour enrichir leur personne présente, pour lui ajouter des sensations intenses. Ils ne prolongent pas leur être, ils le gonflent. Ce n'est pas à la durée qu'ils pensent ; mais ils caressent délicieusement leur amour-propre par la pensée actuelle des publics qui les acclament d'âge en âge : c'est un surcroît de griserie qui décuple le prix de chacun de leurs succès.

Au reste, à parler franc, combien y en a-t-il même ainsi qui se promettent l'avenir ? Chateaubriand, Victor Hugo, quelques poètes voués à l'idéalisme, ou des *ratés* que leurs « fours » trop certains rejettent vers la postérité ! Mais il me semble que nos auteurs à succès cherchent à étendre leur personne dans l'espace, plutôt que dans le temps. Quand on borne ses pensées à la terre, quand on pense que la vie qui peut manquer de jour en jour est la seule vie, le souci d'être le plus possible l'emporte sur celui d'être le plus longtemps possible, et le sentiment intéressé de l'artiste ou du littérateur se convertit : la popularité y prend la place de la gloire. Malgré tout, c'est une représentation bien froide que celle des applaudissements incertains du siècle à venir : combien plus sensibles et prochains et doux sont les applaudissements de tout un pays, de toute l'Europe, de tout l'univers civilisé ! Au lieu d'envoyer son œuvre à la postérité, on songe à lui faire faire le tour du monde. On renonce à ce qu'on appelait jadis *l'estime des connaisseurs*, et on quête l'adulation des foules, leur curiosité tout au moins. Voir son nom renvoyé chaque jour par les journaux du monde entier, voilà une sensation qui n'est pas une illusion : il y a une réalité substantielle dans la célébrité actuelle, auprès de quoi toute la gloire jusqu'à la fin des siècles est une viande bien creuse !

Et puis il y a les marchands de littérature, experts

en réclame, friands de publicité, mais parce qu'ils savent ce que cela rapporte :

> La popularité, c'est la gloire en gros sous.

C'est la gloire du moins qui se convertit en gros sous. L'auteur qui ne fait pas imprimer ses pièces pour faire ses conditions aux impresarios de la province ou de l'étranger, le romancier qui surveille jalousement sa propriété et crie au voleur dès qu'on le reproduit ou le traduit sans avoir passé à sa caisse, ces deux-là que nous connaissons, ne sont pas des candidats à l'immortalité ni à aucun équivalent de l'immortalité : ce sont des fabricants dont la pensée constante est l'inventaire annuel. Leur vanité, s'ils en ont, c'est la grosse vanité de l'industriel qui fait sonner son chiffre d'affaires, et prend la mesure de son mérite sur le nombre de millions qu'il gagne.

Au fond, M. Stapfer est tout simplement une nature religieuse. Il s'est éloigné des religions : il a gardé un des sentiments qui sont la raison d'être de la religion, l'appétit de l'immortalité. L'homme a fait ou deviné Dieu pour plus d'une raison, mais en grande partie parce qu'il ne voulait pas mourir ; et il n'y avait qu'un être éternel tout-puissant et tout bon qui pût lui garantir qu'il entrait à jamais dans la vie par la mort. Rien ne peut remplacer Dieu, rien ne peut remplir la fonction dont on l'écarte. Tous les substituts qu'on lui cherche sont de misérables chimères ou des sottises ridicules, et l'une des plus puériles superstitions est celle qui s'efforce d'attacher quelque survivance de la personne à la fixation de la pensée écrite. Celui qui ne veut pas mourir en a le moyen, sûr et prochain : qu'il aille à

Dieu, non pas à ce Dieu des philosophes, qui est une *idée* de Dieu, mais à la *réalité* de Dieu, au Père qui bénit et qui punit. Qu'il fasse le saut périlleux, le *salto mortale* de ce Jacobi dont M. Lévy-Bruhl vient de ranimer la gloire par une excellente étude ; qu'il croie et qu'il adore ; qu'il aille à l'église catholique, au temple luthérien, à la chapelle méthodiste ! Là est la vie éternelle, et là seulement, parce que là seulement est la foi.

LA LITTÉRATURE ET LA SCIENCE

Tous ceux qui suivent d'un peu près le mouvement de la littérature seront aisément d'avis qu'elle est en voie ou sur le point de se renouveler, et que, si elle n'a pas épuisé encore toute sa vitalité, elle approche d'un de ces tournants comme il s'en trouve deux ou trois déjà dans la courbe de son évolution (1). Le romantisme est fini : le naturalisme, qu'il le veuille ou non, ne l'est pas moins. Dans la confusion présente, où est le germe de l'avenir ? Comment, par quelle loi, dans quelle forme s'en fera le développement? Le symbolisme, mot nouveau, est-il une chose nouvelle ? Est-ce vraiment un commencement ? est-ce une fin, et le dernier réveil des tendances métaphysiques et mystiques du romantisme, opprimées en apparence pendant plus d'un quart de siècle par le naturalisme vainqueur ? Il est difficile de le dire.

Cependant un des caractères les plus apparents de

(1) Cet article touche à un ordre d'idées auquel se rapportent de plus ou moins près quelques ouvrages récents : Charles Morice, *la Littérature de tout à l'heure* (1889) ; F. Brunetière, *le Roman naturaliste* (2ᵉ éd. 1892) ; David-Sauvageot, *le Réalisme et le naturalisme dans la littérature et dans l'art* (1889) ; Doumic, *Portraits d'écrivains*.

notre âge est la diffusion de la conscience, et la réduction en actes réfléchis de beaucoup d'actes qui jadis appartenaient à l'instinct, ou que tirait de nous le mécanisme aveugle de l'habitude ou de la tradition. En littérature, comme en tout, on veut savoir ce qu'on fait, pourquoi on le fait, si ce qui est a droit d'être, et l'on demande à l'art comme à la morale leurs titres. La critique peut-elle se désintéresser de problèmes que tout homme qui lit pose, et dont l'intérêt entre pour une bonne part dans l'attrait des ouvrages nouveaux ?

Sans faire de prophéties, elle peut bien poser certaines questions dont la solution, inconsciente ou réfléchie, sera fournie par la littérature de demain. Il en est une surtout qui enveloppe et détermine tout le reste. C'est la question des rapports de la littérature et de la science.

Il n'y en a point, je crois, qu'il soit plus utile de poser à nouveau, et si nous profitons de nos plus récentes expériences pour la résoudre, peut-être pourra-t-on débarrasser la littérature de certains préjugés, de certaines superstitions qui ne peuvent qu'en entraver ou faire dévier le développement.

I

Ce n'est pas seulement de nos jours que la littérature a été influencée par la science : il y a tantôt trois siècles qu'elle en est modifiée dans son développement. Les classiques qui disent : « Rien n'est beau que le vrai », les naturalistes qui réduisent tout à « faire vrai », obéissent en somme à une conception scientifique de la littérature. Mais ceux mêmes qui maintiennent le plus les droits de l'art, les romantiques, et, autant qu'on peut l'apercevoir, les symbolistes, subissent encore la fascination de ce mot : *le Vrai*. Victor Hugo n'a pas craint d'écrire : *le Beau, serviteur du Vrai*. Ronsard a été l'auteur de la dernière révolution qui ne se soit pas faite au nom de la vérité, le chef de la dernière école qui n'ait pas d'abord inscrit sur son drapeau la vérité.

Il ne se voit rien de pareil dans l'antiquité. La science, qui reste le privillège de quelques esprits d'élite (si même elle a jamais été rigoureusement définie), sans action et sans prise sur la foule, n'existait pas encore quand la littérature grecque, source et modèle de la romaine, se détermina en ses formes essentielles. Il n'y eut pas dans les esprits, même cultivés, cette sévère distinction du vrai et du faux, du certain et de l'incertain, à laquelle les moins savants d'entre nous sont habitués : en physique, en philosophie, en histoire, en religion, on ne fait point la différence de *concevoir* et *connaître*, non plus que de *connaître* et *croire*. L'art est maître, et tend à s'assimiler tout, comme aujourd'hui la science ; dans tous les ordres d'activité intellectuelle, à l'utilité pratique, à la vérité spéculative, il superpose ou substitue son objet propre, le beau.

Ni la poésie ni l'éloquence, qui sont toute la littérature, n'affichent la prétention d'être vraies. Dès la première phrase de sa rhétorique, Aristote exclut l'éloquence de la recherche du vrai, et s'il pose au début de sa *Poétique* le principe de l'imitation de la nature, il n'en fait qu'un moyen de classer et distinguer les arts et les genres littéraires : après quoi, il n'est plus question que de transformer la nature, de la faire plus belle ou plus laide ; si jamais le mot de *vérité* revient, ce n'est pour Aristote, comme aussi pour Horace, que de la *vraisemblance* qu'il s'agit. La règle est d'adapter l'œuvre poétique, non pas à la réalité des choses, mais à l'idée que le lecteur s'en fait.

Cependant on vante la vérité de la poésie ancienne, et l'on a raison. Mais cette vérité s'y trouve de surcroît, comme le produit normal de l'exercice spontané de l'intelligence humaine, et non en vertu d'aucune théorie littéraire, ni comme objet dernier et principal de l'écrivain. Il n'y a rien, en somme, ni dans la religion, ni dans la morale, ni dans aucune partie de la civilisation antique, il n'y a rien qui invite le poète à s'écarter de la nature, à la fausser, à la refaire sur un nouveau plan. Comme toute la civilisation antique est, par une nécessité intime, inconsciemment naturaliste, il n'y a pas besoin d'écoles ni de formules naturalistes dans la littérature.

Il n'en fut plus de même après le christianisme, qui, par ses dogmes et par sa morale, obligea l'homme à prendre hors de la nature le principe de la certitude, à faire de sa vie un combat contre la nature. A la Renaissance, quand, en face de la foi, la raison émancipée constitua la science, elle dut fixer ses conceptions jadis flottantes : la vérité rationnelle, opposée à la vérité théologique, en prit l'absolue détermination, et, pour valoir contre la révélation dont l'autre s'autorisait, dut s'accompagner de garanties et de preuves capables de bannir jusqu'au moindre doute et soupçon d'erreur. On rechercha les conditions et les limites de la certitude : on créa les méthodes, seules armes efficaces de la raison contre le dogme. Avec Bacon, puis avec Descartes, l'esprit scientifique prit possession du monde des intelligences.

Les conséquences s'en firent sentir aussitôt dans la littérature, où éclatèrent des tendances rationalistes, qui lui firent suivre une direction parallèle au mouvement de la philosophie cartésienne. De là sortit ce positivisme littéraire dont Boileau donna la formule en écrivant : « Rien n'est beau que le vrai. » Il y a là toute une théorie que les anciens n'ont pas inspirée, et dont les plus claires conséquences sont de substituer, comme effet de l'œuvre littéraire, *connaître* à *sentir*, et d'enfermer l'écrivain dans l'expression des choses qui se peuvent atteindre par observation ou par raisonnement, réalités psychologiques et constructions logiques. L'affaire principale de la littérature, qui jusque-là avait été d'établir le rapport de l'imitation à l'esprit qui en jouit, sera à l'avenir le rapport de l'imitation à l'objet qu'elle exprime.

C'est la prise de possession de la littérature par l'esprit scientifique. N'accusons pas la science : elle a été plus compromise qu'honorée par toutes ces contrefaçons littéraires, conséquences naturelles de la souveraineté qu'elle exerce sur le monde moderne.

Mais, dès lors, un élément de perturbation est introduit dans le développement de la littérature. Son histoire ne sera plus qu'un conflit de la science et de l'art, comme l'histoire des idées se résume dans la lutte de la science et de la foi. On verra, selon les temps, prédominer le sens esthétique ou l'esprit scientifique, qui parfois, rarement, se combineront et se feront équilibre.

Perrault et Fontenelle nous aident à imaginer ce que pouvait produire en littérature le pur rationalisme. Heureusement Boileau, et nos grands écrivains, avec toute leur raison, furent des artistes : ils se distinguèrent par là de leur siècle, et par là ils s'élevèrent au-dessus de son goût moyen et général. Les anciens, qu'ils adoraient, leur révélèrent, ou leur donnèrent la force de maintenir que l'œuvre littéraire est une œuvre d'art. Et ainsi, comme le jansénisme, selon la très pénétrante observation de M. Brunetière, a suspendu pour un demi-siècle les effets du cartésianisme en philosophie, de même l'imitation de l'antiquité a neutralisé pendant le même temps l'action du rationalisme sur la littérature. On saisit dans Boileau le mélange, la soudure et presque le conflit des deux doctrines, et ce n'est pas sans violence que la doctrine antique de la vraisemblance se raccorde chez lui au principe moderne de la vérité de la poésie. Mais la diversité d'origine, qui jette quelque incohérence dans les idées de Boileau, ne se fait nulle part sentir dans les œuvres auxquelles s'adapte l'*Art poétique*, dans celles des Racine, des La Fontaine, des Molière ; ce n'est pas le lieu d'en chercher les raisons, et peut-être ne serait-il pas malaisé de montrer qu'elles se ramènent en somme à la prédominance du sens artistique, qui se manifeste par la subordination de toutes les règles et fins de l'œuvre littéraire à une loi suprême : *plaire*.

Avec les La Motte et les Fontenelle, l'esprit scientifique se rend maître de la littérature au détriment de l'art, et le reste pendant tout le XVIIIe siècle : la forme littéraire n'est qu'un moyen de propagande, un ornement qui déguise l'ennui des idées graves pour un monde frivole. Mais l'art réagit et prend sa revanche avec le romantisme, au grand dommage de la vérité. Le culte du sentiment et de la passion, conception tout esthétique comme avait été celle de la *virtù* dans l'Italie de la Renaissance, la communication établie depuis

Diderot entre la littérature et les beaux-arts, l'influence enfin des littératures étrangères et populaires, et la découverte des vraies sources de poésie d'où elles avaient jailli, ces trois causes principales donnèrent au romantisme la force d'interrompre la domination de l'esprit scientifique sur la littérature française.

Les écoles qui recueillirent l'héritage du romantisme, le naturalisme surtout, mais non pas seul, rétablirent de nouveau et aggravèrent cette domination. Tandis qu'au siècle précédent la littérature avait emprunté la méthode cartésienne et l'instrument des mathématiques, elle s'adressa en notre siècle aux sciences physiques et naturelles, dont les récents progrès avaient de quoi surprendre l'imagination. Le naturalisme (1) est le terme extrême où l'on aboutit; comme le mathématicien Descartes à Boileau, le physiologiste Claude Bernard fournit à M. Zola le principe de sa théorie littéraire. De sorte que le naturalisme est sorti du même mouvement, commencé il y a trois siècles, qui produisit d'abord, en se combinant avec l'imitation des anciens, la littérature classique.

Le naturalisme est la forme à la fois la plus outrée et la plus dégradée de la littérature scientifique : mais tous les auteurs dramatiques de notre temps, les poètes mêmes, ont subi plus ou moins l'influence des mêmes idées, et leurs œuvres, leurs théories, leurs con-

---

(1) Que M. Faguet me permette de défendre contre lui ce mot de « naturalisme » : sa grande excuse, c'est qu'il est précis et nécessaire Il importe de distinguer le roman à intention scientifique du réalisme pittoresque qui l'a précédé. Il faut réserver ce mot de réalisme à la petite école qui, procédant surtout de la peinture, visa moins à donner la formule scientifique que l'imitation esthétique du réel. Les « naturalistes » ont eu au moins des prétentions que le réalisme n'a pas affichées.

fidences révèlent l'assimilation que leur imagination, complice de leur amour-propre, établit entre leur travail et le travail scientifique, fascinés qu'ils sont par les miracles et la popularité de la science. Flaubert exposait le cas d'Emma Bovary comme une leçon d'amphithéâtre : MM. de Goncourt invitaient le public désireux de s'instruire à fréquenter leur clinique, et l'on sait comment M. Zola, naïvement, s'estimait ouvrier de la même œuvre que Claude Bernard. On n'a pas oublié avec quelle amusante gravité doctorale M. Daudet déposa naguère, devant un tribunal, du ton d'un médecin légiste commis à l'expertise de l'état mental d'un accusé : il ne doutait pas que son témoignage ne dût faire foi, venant d'un homme de science, dont la profession était l'étude des troubles passionnels. Et M. Bourget dans le roman, et M. Becque au théâtre, et à leur suite tous les infiniment petits du théâtre et du roman, ne sont-ce pas des *cas* qu'ils exposent, des *mémoires* qu'ils composent, en hommes qui mènent une vaste enquête sur l'humanité contemporaine ? Ne sont-ils pas tous des spécialistes qui professent et au besoin donnent des consultations ? Le Thâtre-Libre n'est-il pas fondé, obscénité à part, sur la prétention de décrire avec toute la rigueur et l'impassibilité de la science les plaies, les détraquements, les malaises de notre pauvre siècle ? Et y a-t-il rien de comique comme de voir le respect profond avec lequel une foule de candides auteurs touchent à leurs propres fantaisies, émus et graves comme un carabin devant son premier cadavre ?

Les symbolistes mêmes, qui achèvent en ce moment la ruine du naturalisme, n'osent rien rêver de plus qu'une synthèse de la science et de l'art. On en voit qui, plutôt que de ne pas faire de la science, se font professeurs d'occultisme. Et d'autres qui, sentant bien que la science n'est pas un outil à leur main, n'osent pourtant renoncer à l'universelle chimère, se jettent dans l'illumination mystique. On ne sort de la science que pour se jeter dans la foi : au lieu de professer, on prêche, on révèle ; tant on conçoit peu que la littérature ne soit pas faite pour découvrir et communiquer le vrai.

II

Toutes les prétentions scientifiques de nos romanciers et de nos auteurs dramatiques reposent au fond sur une notion fausse de la nature et des conditions de la science. « Il n'y a de science que du général », et la science, par conséquent, exclut de sa considération tout ce qui est particulier, individuel, partant le concret, le sensible, la vie enfin. Elle forme des abstractions, elle compose un univers idéal qui représente à l'intelligence l'univers réel, mais qui, pour les sens et l'imagination, n'a aucune ressemblance avec l'univers réel. Même de jour en jour, la science tend à se réduire à la mathématique : elle restreint sa tâche à fixer des rapports de quantité, des relations de position. C'est dire qu'elle achève de vider ses concepts de tout élément métaphysique et supra-sensible : matière, mouvement, force, toutes les qualités et propriétés que ces notions impliquent, toutes les apparences formelles dont nos sensations enveloppent le pur connaissable, toutes les affirmations sur l'inaccessible énergie qui le fait apparaître, sont choses que la science écarte de plus en plus soigneusement de ses formules. A mesure qu'elle leur donne plus de précision, elle les rend plus abstraites et plus éloignées de ressembler à ce qui est, soit devant nos yeux, soit dans notre conscience.

Mais, justement, ces aspects particuliers, ces qualités individuelles des êtres et des choses, la vie dans la multiplicité insaisissable de ses formes dont chacune est unique et paraît une fois pour disparaître à jamais, tout cela, c'est ce que l'art et la littérature imitent et s'efforcent de fixer dans leurs œuvres : même, par une contradiction singulière, jamais on n'a plus obstinément poursuivi en littérature l'expression de l'individuel que depuis qu'on prétend y employer la méthode de la science, qui exclut l'individuel. Et, d'autre part, par la représentation des choses particulières et des formes sensibles, la littérature et l'art, — même les arts plastiques, — tâchent d'exprimer la force indivisible, inconnaissable, qui est la source de vie et s'objective dans les phénomènes. Si bien que la littérature et l'art se servent de ce que la science rejette pour nous conduire à ce que la science n'atteint ni ne cherche.

La confusion de la science et de la littérature n'avait pas grand danger pour nos classiques, que le respect des anciens maintenait dans la voie de l'art : il y avait, du reste, une naturelle harmonie entre leur art abstrait et généralisateur et la méthode des mathématiques, qui étaient la science dominante en leur temps. Et, toutefois, du temps même de ces grands artistes, le positivisme littéraire, attaché aux réalités susceptibles de notation exacte, éliminait le lyrisme et l'inquiétude métaphysique pour s'arrêter aux régions moyennes du phénoménisme psychologique. Mais le mal fut plus grand quand, par un progrès fatal, les faits de conscience cédèrent la place aux réalités sensibles, plus accessibles du reste à l'observation impersonnelle, plus stables, plus rigoureusement mesurables, quand la peinture des milieux se substitua à l'analyse des états d'âme, les névroses aux caractères, et la brutalité du fait divers contemporain à la poésie de l'histoire lointaine. Fascinés par la prodigieuse expansion des sciences physiques et naturelles, nos écrivains n'y ont vu qu'une chose : c'est que les savants étudiaient la nature, c'est-à-dire le monde de la sensation, et ils ont pensé qu'en copiant cette même nature, en décrivant les objets de leurs sensations, ils seraient des savants.

Mais quels savants? et quelle est la science au progrès de laquelle ils consacrent leurs efforts? C'est ce qu'il est impossible de découvrir. A les entendre, et à travers la confusion des métaphores par lesquelles ils représentent la conception de leur travail, depuis Flaubert jusqu'à M. Jean Jullien, on voit qu'ils se promènent à travers toutes les sciences : physiologie, pathologie, anatomie, biologie, chimie, histoire ; c'est à tout cela, à toutes ces sciences avec toutes leurs méthodes et tous leurs procédés que leur œuvre ressemble. Leur cerveau, d'où ils extraient leurs fantaisies, leur apparaît à la fois comme une clinique, un laboratoire et des archives : en un mot, leurs ouvrages sont des « documents ». S'ils s'adressent à l'Académie de médecine, à l'Académie des sciences ou à celle des inscriptions, on ne sait trop, ni quelle place précisément ceux qui les produisent comptent prendre dans la longue théorie des savants de tout ordre, si c'est plus près de M. Renan ou plus près de M. Charcot ; mais c'est à coup sûr avec les savants qu'ils veulent être. On a des raisons de croire que la compagnie des médecins, surtout des aliénistes, leur agréerait.

Pourtant cette indécision est grave : si la littérature est une science, il faut savoir quelle science elle est ; mais alors on s'aperçoit que si la littérature est une science, elle n'est plus qu'un nom, une étiquette : car enfin il existe des sciences définies et classées qui se partagent l'immense domaine du connaissable. Selon l'objet qu'elle présente, si elle n'a d'autre fonction que d'en donner une notion vraie, la littérature se résout en applications diverses de la psychologie, de la physiologie, de la sociologie, etc. L'inconnaissable même appartient à la métaphysique et à la théologie. La littérature, sans objet propre, n'existe plus par elle-même. Tout au plus aura-t-elle droit de subsister comme vulgarisatrice de la haute science ; et n'est-ce pas l'avilir que de la réduire à n'être plus par définition que ce que les ouvrages de M. Flammarion sont à l'astronomie, ou *le Jeune Anacharsis* à l'archéologie ? Le bel emploi pour la littérature que d'apprêter la science au goût des ignorants ! J'ai bien peur pourtant que ce ne soit là qu'aboutissent, avec toutes leurs prétentions, les écrivains qui veulent faire de la science : que de gens, sans MM. Zola, Daudet, Claretie, Bourget et autres, n'auraient pas d'idée et ne sauraient parler du darwinisme et de l'évolutionisme, de l'hérédité, de l'hypnotisme, de la responsabilité, de tous les grands problèmes enfin qu'agitent sérieusement l'histoire naturelle, la médecine et la philosophie ! C'est ainsi qu'il y a cinquante ans, le bourgeois apprenait l'histoire de France dans le bon Dumas.

Comme ils ne sauraient dire le nom de la science qu'ils exercent, nos docteurs en littérature ne pourraient pas indiquer leur méthode : en ont-ils une ? Est-ce celle de la physiologie expérimentale ou celle de la critique historique? ou une autre propre à leur science? Car s'il n'y a pas de science sans objet propre, il n'y en a pas aussi sans méthode spéciale. Le littérateur *observe*, c'est entendu: mais comment? dans quelles conditions? avec quelles garanties, quels procédés de contrôle et de vérification? Personne n'est arrivé à donner les règles de la recherche du *vrai* en littérature, et ni Boileau ni M. Zola n'ont trouvé autre chose à dire, sinon que *la vérité se sent*: ce qui est la négation même de la recherche scientifique. Dès qu'on veut particulariser, on ne trouve que des préceptes d'art, qui déterminent la forme: la manière de rendre et non celle de trouver. M. Zola, il est vrai, applique au roman trois ou quatre phrases de Claude Bernard: cela a tout juste la même valeur que quand M. Barrès détourne, à un autre usage il est vrai, la règle de saint Ignace.

Dès qu'on essaye de sortir des termes généraux et vagues, on s'aperçoit que la méthode scientifique à l'usage des littérateurs se réduit à l'emploi d'un petit nombre de procédés, dont l'effet certain est d'amoindrir la littérature et de lui retirer le meilleur de sa fonction.

Pour les romanciers naturalistes et pour leurs disciples du Théâtre-Libre, le premier article de leur code scientifique est de ne regarder que les phénomènes, comme les savants: il n'importe que les savants abandonnent bien vite les formes phénoménales qui ne leur servent qu'à dégager les lois; ces formes, le littérateur s'y attachera, les reproduira sans y rien retrancher de ce qui y apparaît, sans y rien mettre qui ne frappe les yeux; il renoncera à *l'idéalisme*, entendez par là tout ce que les sens n'atteignent pas immédiatement, la psychologie avec la métaphysique. En ne donnant place dans leur œuvre qu'aux réalités visibles, ils croient faire une œuvre vraie ; ils ne s'aperçoivent pas que ce matérialisme les laisse encore plus loin de la vraie science que du grand art, et que leur imagination ne saisit justement dans la nature que ce dont la science commence par la dépouiller comme n'étant pas matière de science. Et de là vient que, ne pouvant changer la nature des choses, sans le dire, sans s'en douter peut-être, les naturalistes ont réalisé leurs intentions de savants avec des procédés de peintres, et continué tout simplement le romantisme descriptif et pittoresque. D'autre part, tous — par bonheur — n'ont pas été fidèles à la doctrine de l'école. Les maîtres ont — subtilement ou naïvement — réintroduit toute une psychologie et toute une métaphysique dans leurs œuvres. *Madame Bovary* et certains romans de M. Daudet sont des chefs-d'œuvre d'exacte, fine et pénétrante psychologie : M. Zola même a sa psychologie, toute sommaire et grossière, mais il a surtout une vague, inconsistante et boursouflée métaphysique, qui fait une partie de son hérédité romantique, et qui, telle qu'elle est, soutient encore ses études sociales au-dessus de la plate vulgarité. Ceux qui, moins rusés ou plus convaincus, prennent la doctrine à la lettre, font justement ce que M. Ancey fait jouer : appliqués à regarder la réalité et à n'y rien lire avec leur esprit qui ne soit dans la sensation de leur œil ou de leur oreille, qu'y voient-ils ? une belle-mère, par exemple, qui se dispute avec son gendre sur le choix d'une nourrice, un nourrisson à qui il arrive un accident plus facile à deviner qu'à exprimer, et autres choses de même intérêt qui arrivent en effet tous les jours. Et voilà comment on en vient à faire les trois actes de *la Grand'mère*.

Mais aucune vérité, dit-on, n'est insignifiante : et

de ce bel axiome on s'autorise pour ne nous offrir que de plates transcriptions des plus plates réalités. Ne voit-on pas des vies de savants occupées tout entières par la monographie d'un insecte ou d'un mollusque? On oublie que l'œuvre de la science est collective, et que dans la vaste enquête instituée sur l'universalité des phénomènes, toute contribution est précieuse : chaque ouvrier fait une tâche proportionnée à ses forces, et la grandeur du résultat général fait la dignité des efforts particuliers. Mais en est-il de même en littérature? tous les ouvriers travaillent-ils sur un plan commun? y a-t-il collaboration de tous, concours des volontés et coordination des résultats ? Si nos romanciers ou nos auteurs dramatiques, lorsqu'ils étudient quelque mince fragment de la réalité, considéraient leur œuvre avec la modestie du savant qui vient de faire un mémoire sur quelque point de physiologie ou d'archéologie, content d'avoir dégagé une particule infiniment petite de vérité, et de la voir agréger à la masse déjà formée des vérités, sans qu'il reste trace de son effort personnel, je louerais cette disposition humble et désintéressée : il n'en serait pas moins vrai qu'elle procéderait d'une conception fausse de l'œuvre littéraire. Mais, en fait, le lecteur sait bien si M. Ancey, ses émules et toute leur coterie usent de la modestie du vrai savant. Chaque fois qu'on présente quelque *Grand'mère* à la scène, ne dirait-on pas qu'il y va de tout le théâtre et de toute la littérature, à entendre ces messieurs ?

La seconde règle, et la plus générale erreur où les plus grands mêmes sont tombés, c'est de pratiquer l'observation scientifique : c'est-à-dire de faire table rase de toute idée personnelle, de prendre toute sa matière hors de soi, d'être seulement un collecteur de documents et comme un appareil enregistreur. Cela conduit à réduire au *minimum* l'invention, en d'autres termes à rechercher les faits dans la réalité contemporaine et à les servir tels quels au public, aussi peu dénaturés et altérés que possible. Dans un cadre le plus souvent insignifiant ou banal, ils ont entassé le plus possible de faits réels et actuels : ils ont cru donner un pendant aux mémoires de l'Académie de médecine, tandis qu'ils le donnaient aux échos et chroniques des journaux ; leur ambition scientifique a tourné en facile reportage. Jusqu'aux plus fines études de M. Daudet ont été gâtées par la transcription trop fidèle de *notes* que M. Chincholle eût suffi à recueillir : *les Rois en exil* et *l'Évangéliste* ont souffert du procédé, *l'Immortel* en a péri.

Mais la vérité ! dit-on, la vérité ! n'est-ce pas le moyen d'être vrai que de prendre ainsi consciencieusement des *notes*, de remplir ses carnets, comme M. Daudet, d'étudier les traités techniques de l'art auquel on appliquera son personnage, de se transporter sur les lieux où l'on veut le faire vivre, ou d'en regarder des photographies, de monter sur une machine ou de descendre dans une mine, comme M. Zola, avant de présenter au public un mécanicien et un mineur ? n'est-ce pas donner la vérité absolue, scientifique, telle qu'on la trouve dans un traité de pathologie ou dans un rapport médical, que d'enchaîner seulement des faits réels, avec leurs circonstances spéciales et singulières ? et n'est ce pas là le roman ou la pièce qui ont valeur de documents ?

Il faudrait démontrer d'abord que la littérature a pour objet la vérité. Et il faudrait démontrer ensuite que, par la méthode qu'on vient de décrire, la littérature atteint en effet la vérité. Or ni l'une ni l'autre de ces démonstrations ne sont possibles : c'est le contraire qui se démontre, on s'en convaincra aisément.

III

Écartons d'abord l'équivoque du mot de vérité, et distinguons la vérité scientifique de la vérité artistique. Celle-là seule est l'authentique vérité : celle-ci est vérité par métaphore et s'appelait jadis d'un bien excellent mot, la *vraisemblance*, la *semblance* ou image du vrai. La différence est grande entre ces deux conceptions : d'une part, on *connaît* ; de l'autre, on *reconnaît* ; il y a d'une part conscience d'une nécessité rationnelle, et d'autre part sentiment d'une analogie réelle.

Séparons bien ces deux idées : et prenons garde que si un roman peut être vrai à la façon d'un tableau de Léonard ou de Rembrandt, il ne saurait l'être à la façon d'une démonstration de Laplace ou d'une expérience de M. Pasteur. Et sous l'équivoque du mot, c'est bien ce qu'on entend communément de nos jours : pour le public comme pour les auteurs, une confusion funeste entre la science et la littérature s'est établie. Aucune œuvre littéraire pourtant ne nous donne une connaissance claire et certaine de la clarté et de la certitude que recherche la science.

On a comparé la tragédie classique à un syllogisme, ou à une suite de syllogismes ; on y a vu une déduction bien liée. Mais pour que cette déduction ait une réelle valeur, il faudrait d'abord que le principe en fût évident. Or, si le caractère de Phèdre n'implique pas con-

10*

tradiction, et se fait recevoir comme un des types communs de l'humanité, il ne peut pourtant contenir les effets développés par le poète qu'en vertu d'un axiome qui pose la volonté comme incapable de réagir en aucun cas victorieusement contre la passion : axiome qui n'est pas du tout évident. Ensuite, même ainsi, on a droit de se demander si Phèdre ne peut jamais agir ou sentir autrement qu'elle ne fait. Qui dira s'il était absolument impossible que Phèdre refusât de laisser calomnier Hippolyte ? absolument impossible qu'elle se tuât avant d'avoir revu Thésée, où, inversement, que le crime fait, elle se résignât à jouir des conséquences du crime, à vivre, même à se repentir en vivant ? Oscillant du mal au bien sous les impulsions contraires de l'amour et de la conscience, est-il impossible qu'une oscillation plus ample lui fasse toucher avant le moment marqué par Racine un état stable de crime ou de vertu ? Apparaît-il que chaque mouvement de l'âme de Phèdre soit la résultante unique et nécessaire de ses sentiments antérieurs soumis à des circonstances nouvelles ?

Dans la littérature de ce siècle, on doit plutôt chercher des inductions que des déductions. Dans le *Père Goriot*, la définition de l'instinct paternel est le terme et non le principe de la démonstration que fait Balzac. Goriot, Hulot, Grandet sont des individus d'espèces diverses, qui, consciencieusement disséqués et décrits par le romancier, nous font connaître complètement les types généraux en eux réalisés. Ce serait parfait, si cette réalisation était *réelle*. Est-il besoin de dire que Goriot, Hulot, Grandet n'ont jamais existé ? Tout est là pourtant. Car si l'on dit que dans ces personnages fictifs tout est vrai, ou bien chacun d'eux correspond à un unique original, et dès lors il eût fallu le décrire tel qu'il était, rédiger un simple procès-verbal de l'observation sans y mêler une indéfinissable partie d'invention : le romancier se bornera à faire pour les gens obscurs et inconnus dont la personne morale l'intéresse ce qu'Arvède Barine fait pour sainte Thérèse ou pour Bernardin de Saint-Pierre. Ou bien chaque figure est une sorte de synthèse, une somme d'observations faites en des temps, en des lieux, sur des individus différents : en ce cas, pour être vrai, il fallait extraire l'élément commun de tous les cas particuliers en annulant les unes par les autres les différences accidentelles. Le résultat de l'opération serait une brève formule, une maxime de La Rochefoucauld, tout au plus un portrait de La Bruyère. Mais dès qu'on fait un roman, qu'on compose des individus, qu'on enchaîne une action, si exact que soit chaque détail considéré en lui-même, il y a fiction et non pas synthèse, on sort de la science pour entrer dans la poésie. Car vous amalgamez des éléments hétérogènes, qui sont épars et sans lien dans la réalité ; vous les coordonnez, vous établissez entre eux un rapport d'identité, de dépendance et de parallélisme : mais en avez-vous le droit ? La paléontologie a des lois qui permettent à Cuvier de fixer les grandes lignes du squelette d'après la conformation de la dent ; mais, vous, quelle loi vous permet de condenser une aventure de M. A... et un sentiment de M. B.. en une hypothétique personne morale que vous appelez C...? Pourtant cette fiction qu'on croit sans importance, c'est le principal ; et d'un nombre de vérités particulières, on ne fait qu'une vraisemblance, et non une vérité générale.

C'est ici qu'intervient M. Zola, son Claude Bernard

à la main : « Un roman, dit-il en substance, n'est pas une *observation* : c'est une *expérience*. J'institue mon expérience par la conception d'une action qui fait mouvoir mes caractères ; j'étudie les modifications que subit le tempérament initial dans des milieux, dans des conditions donnés. Ainsi fait Claude Bernard dans son laboratoire. » Le théoricien du naturalisme ne s'est pas douté qu'il nageait ici dans le plus pur idéalisme ; il ne distingue même plus le réel de l'idéal. Il prend une idée d'expérience pour une expérience faite. L'expérience de Claude Bernard tire sa valeur de ce qu'il la fait réellement, et elle dément parfois son hypothèse. Celle de M. Zola se passe dans son esprit, et soyez sûr qu'elle ne contredit jamais l'hypothèse. Faute d'avoir tenu quelque part, en un coin de ce pauvre monde, un vrai Coupeau, une vivante Renée, comme l'a fait observer M. Brunetière, et de leur avoir fait subir en effet toutes les modifications physiologiques qu'il détaille, notre disciple de Claude Bernard n'est plus qu'un Jules Verne. Son Coupeau et sa Renée ont juste la valeur du canon monstrueux qui envoie un boulet de la terre à la lune.

C'est de là qu'il arrive que les plus vrais de ces « documents » n'ont jamais plus d'attraits que lorsqu'ils sont offerts à ceux qui ne savent pas le premier mot de ce dont on parle. M. Zola s'est-il demandé par quelle fatalité les expériences de Claude Bernard intéressent au plus haut point les physiologistes, tandis que les siennes ne sont jamais curieuses, instructives, et concluantes que pour les plus ignorants d'entre nous, qui n'ont jamais mis les pieds dans un hôpital, et qui n'entendent rien aux symptômes de l'alcoolisme ni aux progrès de l'hystérie ? Étrange vérité, encore une fois, dont il faut être incapable de juger pour être en état de la goûter ! Vérité qui se résout simplement en une illusion.

Car si le roman « expérimental » n'a de valeur ni pour le médecin ni pour le savant, c'est que sur aucun point il ne leur offre la vérité, toute la vérité et rien que la vérité. Ni l'alcoolisme, ni l'hystérie, ni aucune maladie physique ou mentale ne sont présentés par le romancier de façon à procurer une connaissance, mais au fond, et quoi qu'il dise, de façon à procurer une émotion. Ce n'est qu'un *trompe-l'œil* : il y a des détails techniques et des faits constatés tout juste ce qu'il faut pour faire impression sur les ignorants, et pour bien imposer par une apparence de minutieuse précision la croyance que la fiction est vérité. On sait comment avec des vues de Coucy-le-Château, avec un devis de maison XVe siècle, commandé à un ami qui était architecte, avec des visions évoquées de cathédrales gothiques où Paris et Bourges se fondaient en une unique impression, avec *l'Art du brodeur* souvent feuilleté, M. Zola a fait ce qu'il appelle curieusement « un roman très vrai » qui est « tout d'invention », une « expérience scientifique » menée « à toute volée d'imagination ». A qui imposera-t-il ? Assurément pas aux architectes ni aux brodeurs, non plus qu'aux mystiques, et sa prodigieuse rhétorique n'éblouira, n'étourdira, ne dominera que les gens qui entendent à grand'peine, et tant mal que bien, les vocabulaires de l'architecture, de la broderie et du mysticisme. M. Zola et toute son école usent de la science, comme dans cette brutale et douloureuse *Débâcle* il a usé de l'art militaire. Un officier qui voudra connaître la campagne de 1870 n'y trouvera rien qui l'instruise : mais deux cents pages de description réellement confuse me donnent la sensation ahurissante de la confusion de ces opérations si inégalement et si malheureusement conduites. Je n'y vois rien, moi qui n'y connais rien : mais ceux qui s'y connaissent n'ont rien à y voir non plus. Ainsi en va-t-il de la physiologie, de la pathologie, de tout le technique enfin dont le roman contemporain est inondé.

Mais comment pourrait-il y avoir une vraie certitude, une réelle nécessité dans les plus vraisemblables analyses du roman et du drame? La condition *sine qua non* de la connaissance rationnelle ne s'y rencontre pas, c'est-à-dire le déterminisme des phénomènes. La science (la science investigatrice, sinon la philosophie scientifique), la science donc est déterministe, et ne peut pas ne pas l'être. La littérature s'aheurte dès le début à la notion de la liberté humaine.

Si l'homme est libre, il n'y a pas de peinture de l'homme qui soit vraie, d'une vérité universelle, absolue et nécessaire. Il n'y aura qu'une garantie solide de la justesse du rapport qu'on établit entre les phénomènes, c'est la *réalité*; il faudra que le sujet soit pris dans l'histoire, ou dans la chronique authentique de la vie contemporaine; et c'est pour cela peut-être que le grand peintre du libre arbitre, notre Corneille, exigeait dans l'action tragique quelque chose de plus que la vraisemblance; il lui fallait que ce fût arrivé. Mais, l'acte libre n'étant jamais uni à sa cause que par un rapport de possibilité, il n'apparaît jamais que ce qui est arrivé une fois fasse loi pour l'avenir.

On peut supprimer la liberté, et lier par une nécessité rigoureuse les faits de conscience. Or il est à remarquer (et ce n'est pas une pure coïncidence) que les œuvres réputées les plus *vraies* sont justement celles où de quelque façon la notion de liberté est écartée. Racine, janséniste de famille et d'éducation, nous explique la passion fatale et souveraine, tout au plus parfois l'âme passive entre les deux attraits du bien et du mal qui luttent pour la dominer. Qu'y a-t-il dans Balzac que d'aveugles instincts, monstrueux ou sublimes selon la qualité de leurs effets, mais dont le jeu exclut toujours l'idée de la liberté. Et si le roman s'est fait matérialiste, c'est peut-être surtout parce que la réduction des faits psychiques aux faits physiologiques donnait aux écrivains plus de facilité pour produire une illusion de vérité par une apparence de nécessité.

Mais l'élimination de la liberté n'est qu'une hypothèse, que la littérature peut faire autant qu'elle veut, mais qui lui retire le droit de faire d'absolues généralisations. Encore ne gagne-t-on rien à la faire. Car, pour avoir une connaissance certaine, il ne nous suffit pas que les faits soient déterminés, il faut qu'ils soient mesurables ; si l'on ne peut évaluer exactement les causes, impossible de calculer rigoureusement les effets, et il suffit de songer combien dans les corps composés de la chimie les plus étonnantes différences de propriétés se résolvent en simples différences de quantité, pour comprendre la valeur de l'objection. Aussi l'on a beau, par la négation ou l'interprétation de l'idée de liberté, établir le déterminisme absolu des faits moraux : cela ne sert à rien. Il faudrait pouvoir exprimer par des chiffres la force des éléments du caractère de Phèdre, et celle des circonstances qui agissent sur lui, pour décider si Racine en a bien déterminé la résultante. Ou bien rappelez-vous le *Disciple* : ce sont d'abord cent cinquante pages merveilleuses de précision et de vraisemblance, quand M. Bourget nous décrit la formation du caractère de son jeune Auvergnat, dans son milieu provincial et familial, sous l'action décisive des doctrines d'Adrien Sixte. Impossible d'atteindre à plus de rigueur : toutes les acquisitions du caractère, tous les changements internes sont notés jour par jour ; et cependant dès que les idées se prolongent en actes, le fil se rompt, la nécessité disparaît. Tout le talent de M. Bourget n'arrive pas à nous persuader que ce Robert Greslou doive séduire Mlle de Jussat ; nous voulons bien en sa faveur admettre que c'est possible, rien de plus. C'est que ni M. Bourget et ni personne ne peut donner la formule de la transformation des faits de conscience en actes extérieurs, et, faute de loi précise, l'opinion de chaque lecteur se forme au hasard de ses expériences personnelles, toujours incomplètes ou téméraires. Une autre conséquence de cette impossibilité de mesurer exactement les éléments qui se combinent, c'est qu'à part de vagues généralisations qui reposent sur des analogies plus ou moins obscurément senties, chaque caractère de roman ou de théâtre ne représente à la rigueur que lui-même : dès qu'il s'agit de l'envisager comme une série de causes et d'effets nécessairement déterminés, on ne peut faire abstraction des circonstances les plus accidentelles, des traits les plus superficiels, ne sachant jamais si leur retranchement ne produira pas une désagrégation totale.

Aussi voyons-nous que, dans beaucoup d'excellents romans, nul rapport de nécessité n'est établi entre les sentiments et les actes ; c'est, des sources intimes de l'être, un continuel jaillissement d'actes et de sentiments qui peuvent être tels qu'ils sont, mais qui auraient pu être autres qu'ils ne sont. A chaque moment, il s'en faut de *rien* que le personnage se fasse une autre destinée et une autre âme : et ce *rien*, il est peut-être nécessaire qu'il ne se soit pas produit, mais nous n'en savons rien, ni l'auteur lui-même. Mais cette ignorance où nous restons fait la vérité supérieure du roman, et, pourvu qu'il soit écrit par Marivaux, M. Daudet ou M. de Maupassant, nous nous tenons pour satisfaits.

C'est qu'ici vraiment la méthode scientifique n'a rien à voir, parce que la vérité qu'on poursuit n'est pas de même ordre que la vérité scientifique. Il ne faut pour la rencontrer que cet esprit de finesse, que Pascal opposait à l'esprit de géométrie, et qui diffère presque autant du procédé expérimental. « Lorsqu'on a l'esprit vif et les yeux fins, remontrait à Pascal même le chevalier de Méré, on remarque à la mine et à l'air des personnes qu'on voit quantité de choses qui peuvent beaucoup servir, et si vous demandiez selon votre coutume à celui qui sait profiter de ces sortes d'observations sur quels principes elles sont fondées, peut-être vous dirait-il qu'il n'en sait rien, et que ce ne sont des preuves que pour lui. » C'est l'histoire du romancier et du poète : ils nous communiquent d'indéfinissables intuitions, et leur but est atteint quand, par leur expression, ils ont renouvelé ou provoqué en nous de pareilles intuitions, qui ne reçoivent ni démonstration absolue, ni formule invariable. De quelque façon qu'elle soit établie, l'œuvre littéraire se présente toujours comme une hypothèse, tout au plus comme un témoignage, que le lecteur est appelé à vérifier ou à contrôler. Elle ne porte point son évidence en soi, et l'expérience qui en démontre la vérité, consiste précisément à la mettre en contact avec le public, c'est-à-dire avec la réelle humanité, qui s'y reconnaîtra ou ne s'y retrouvera point. Nulle œuvre de littérature ne peut se passer de cette épreuve, qui la condamne ou la consacre.

IV

Si contingente et si relative, si imprévue même et fuyante est la vérité de l'œuvre littéraire que nous n'avons pas besoin de la comprendre pour la sentir. Qu'est-ce qu'Alceste ? et qu'est-ce qu'Hamlet ? et quelle est donc cette « obscure clarté » qui suffit à la poésie pour illuminer des chefs-d'œuvre ? Mais nos savants rédacteurs d'« études » exactes, eux-mêmes, sont-ils si clairs? Goriot, Emma Bovary, Germinie Lacerteux, Coupeau, Greslou sont vrais, je l'admets : de quelle vérité ? à quelles questions posées donnent-ils des réponses ? Sont-ce des types, des malades, ou des monstres ? Est-ce à une leçon de physiologie, de pathologie, ou de tératologie que nous assistons ? Jamais on ne nous le dit précisément, et tout le sens de l'œuvre dépend pourtant de ce petit problème.

Allons plus loin : vague ou précise, cette vérité n'a même pas besoin de nous apparaître ; c'est assez souvent que nous sachions qu'elle a apparu à d'autres, au premier public à qui l'œuvre s'adressait par destination immédiate. Nous autres Français du XIXe siècle, voyons-nous dans l'*Iliade* et dans la *Divine comédie* ce qu'y voyait le Grec du IXe siècle avant notre ère ou l'Italien du XIVe siècle ? Ce qui jadis était réalité a pu devenir symbole, sans que la beauté immortelle des poèmes en ait reçu d'atteinte : si bien que la vérité y peut successivement être ou ne pas être, et ne plus être la même, comme un caractère indifférent.

D'où vient aussi que toutes les vérités découvertes

par les savants se sont détachées des ouvrages où ils les avaient exprimées, et ont été grossir la somme impersonnelle des résultats acquis à la science, tandis qu'en littérature on ne voit rien de pareil ? On profite de Newton et de Copernic sans les lire ; mais depuis Homère jusqu'à M. Barrès, quelle que soit la connaissance que la littérature veuille nous procurer, il est impossible d'extraire des œuvres une suite de propositions qui se coordonnent et fassent l'ébauche d'une science. Tout ce qu'on peut y trouver de vrai, faits observés ou lieux communs, s'éparpille dès qu'on le détache de la forme unique où il a été fixé, et retourne soit à la morale, soit à l'histoire, soit à la physique ; il ne reste rien qui fasse un corps de vérités littéraires, et ce mot même a reçu justement du bon sens public une signification assez fâcheuse.

On refait l'expérience d'un chimiste, la démonstration d'un mathématicien. On ne peut refaire l'observation d'un écrivain, qu'il se nomme Sophocle, Racine ou Bourget. On refera toujours autre chose. Grandet n'est pas Harpagon, pas plus que notre Phèdre n'est la Phèdre d'Euripide. La répétition exacte de ce que M. Zola appelle pompeusement une expérience n'est pas possible. Qu'on ne dise pas que le second écrivain modifie volontairement l'expérience de son prédécesseur : c'est la preuve qu'il ne voit pas dans les mêmes faits la même vérité. Par quel mystère ne peut-on pas faire deux fois la même opération en littérature ? par quel mystère deux écrivains, partant des mêmes données, n'arrivent-ils jamais aux mêmes résultats ou ne découvrent-ils jamais les mêmes causes des mêmes effets ? Et par quel mystère leurs observations non concordantes, et même contradictoires, peuvent-elles être également *vraies*, de la vérité qui appartient à la littérature ? Combien sommes-nous de plus en plus éloignés de tout ce qui ressemble à la science !

C'est que l'affaire de l'écrivain est d'exprimer la réaction de son tempérament sur le monde qui l'enserre, ou, comme on a dit, la réfraction de l'univers à travers son tempérament. Aussi la forme n'est-elle pas, pour lui, le signe de la vérité : elle est la vérité visible et comme incarnée. M. Zola ne demande-t-il pas lui-même au romancier d'ajouter au *sens du réel* l'*expression personnelle* ? Cela seul devait l'éclairer sur l'inanité de ses conceptions scientifiques. Jamais savant n'a voulu donner une *expression personnelle* des lois de la nature : le progrès de la science exclut de plus en plus de l'observation et de l'expérimentation toute influence possible, et presque toute intervention du tempérament individuel. Pourquoi les astronomes ont-ils leur *équation personnelle* ? et pourquoi invente-t-on chaque jour de nouveaux appareils enregistreurs ? Le savant ne mêle pas sa personne dans les choses qu'il étudie ; aussi la forme, sauf certaines nécessités de l'exposition, ne le préoccupe-t-elle guère. Le dictionnaire lui fournit ses mots, nécessaires, impersonnels, dans leur stable et claire définition. Pour l'artiste, c'est autre chose : dans le travail du style, la propriété définie du mot est secondaire. Il s'agit surtout d'utiliser cette indéfinissable et inépuisable puissance d'expression qu'ont les mots soit en eux-mêmes, soit par leurs affinités ou antipathies réciproques, en vertu des associations d'idées ou de sentiments qu'ils sont ou deviennent capables de tirer après eux ; et comme ces valeurs expressives ne sauraient être réduites en définitions grammaticales, de même les choses qu'elles servent à exprimer ne sauraient être fixées en formules scientifiques. L'intuition de l'écrivain se précise par la trouvaille du mot ; il n'a pas toute sa pensée tant qu'il n'en a pas l'expression définitive, et ce rêve d'une forme est sa méthode de recherche à lui, la seule efficace et la seule qui ait prise sur son très réel et très fuyant objet. Mais si l'expression est personnelle, qui croira que la sensation ne doive pas être aussi personnelle ? Autrement il y aurait contradiction entre la forme et le fond, et l'une ne serait destinée qu'à dénaturer l'autre. Il faut donc renoncer à parler d'observation scientifique, ou renoncer à parler d'expression personnelle.

Tous nos naturalistes ne se sont pas résignés à cette option douloureuse : et c'est bien là chez eux, les fils du romantisme, ce péché originel dont M. Zola s'est un jour ingénument confessé, et Flaubert avec lui. Heureuse inconséquence, et grâces soient rendues au romantisme, si malgré eux, par une hérédité fatale dont ils n'ont pu se débarrasser, nos savants physiologistes des passions n'ont fait que de grandes œuvres d'art en croyant faire de sévères leçons d'amphithéâtre ! Si dur que doive paraître le jugement à M. Zola, *Germinal* est plus près de *Notre-Dame de Paris* que des *Sœurs Vatard*.

S'il n'était pas vrai qu'en littérature l'idée ne préexiste vraiment pas à la forme, en sorte que qui n'a pas la forme n'a rien, on aurait raison de rejeter le soin de la forme et de n'y voir qu'un ornement plaqué, un enjolivement factice qui dégrade plutôt qu'il ne relève l'idée. Or c'est bien la définition que se donnent certains savants de l'art d'écrire, et quand ils se piquent de littérature ou de beau style, ils disent des galanteries sur la lune comme Fontenelle, ou jettent une broderie mythologique sur les faits physiologiques de l'ordre le moins poétique, comme cet honorable professeur dont le classique Traité a fait la joie de plusieurs générations d'étudiants en médecine. Si la vérité peut être saisie en elle-même, la forme n'est qu'un vêtement gênant; la vérité est plus belle en sa nudité. Mais cette conception, chez un écrivain, mène droit à l'*intentionnisme* : il en est ici comme des *expériences* de M. Zola, et toute idée de roman ou de poème qui n'est pas réalisée en sa forme parfaite n'est qu'un projet ou une ébauche d'idée, enfin une intention sans valeur.

Rien n'est plus funeste à la littérature que cette sorte de matérialisme qui fait subsister l'idée indépendamment de la forme, et qui fait abstraction du travail artistique pour regarder l'objet dans sa réalité physique, extérieure et antérieure à l'art. Et rien n'est plus fréquent. Il ne faudrait pas presser beaucoup d'honnêtes gens de ce temps-ci, et des gens instruits, voire des académiciens, pour leur faire avouer que la forme dégrade l'idée, que la littérature est chose puérile et déshonnête, et qu'enfin l'idéal est réalisé quand un brave homme dit bonnement ce qu'il pense. La vogue des *Voyages*, des *Mémoires* et des *Journaux* prouve précisément combien nos contemporains aiment dans la littérature ce qui proprement n'est pas littéraire. En sorte qu'on devrait donner Buffon pour Bougainville, et Marivaux pour Marmontel.

C'est logique, au reste : car, à ce point de vue, une œuvre littéraire ne peut valoir que d'une seule façon, non pas encore comme observation scientifique, mais comme document historique. Tragédies et comédies classiques, drames et romans contemporains, ne sont que des témoignages. Ils nous renseignent sur les mœurs, les croyances de l'humanité, sur les moments divers de la civilisation, tout juste comme un contrat pardevant notaire ou un livre de comptes. La forme littéraire, évidemment, n'est de rien ici. Mais aussi l'autorité de ces dépositions n'est nullement celle des lois formulées par la science : le plus grand écrivain n'est qu'un témoin, exposé donc à être contredit, démenti, et dont la parole ne vaut jamais qu'après enquête et discussion. Même pour que nos fabricateurs de « document » humain ne s'en fassent pas trop accroire, rappelons-leur que, selon la bonne méthode historique, les témoignages indirects sont les plus précieux et les plus valables, et que, par leur prétention de faire l'analyse de l'état moral de notre société, ils doivent inspirer plus de défiance que l'artiste naïf dont le seul but est de nous procurer la douceur d'une émotion esthétique.

Certes Racine, et Rousseau, et Balzac, et M. Bourget, sont des témoins singulièrement intéressants à entendre pour qui fait l'histoire morale de l'humanité : et non moins fécondes en renseignements sont les autobiographies et les lettres, quand elles sont signées d'un Stuart Mill ou d'un Fénélon. Mais, si l'on excepte quelques esprits supérieurs tels que M. Taine, j'ai bien peur que pour la grande majorité du public cet amour du fait particulier et de la biographie personnelle n'ait pas sa source dans la curiosité philosophique, mais dans une aversion antiphilosophique des idées générales qu'on déguise sous le goût prétendu scientifique de vérité exacte : c'est tout justement l'état d'esprit analysé par M. Herbert Spencer dans son *Introduction à la science sociale* comme un des obstacles qui empêchent l'homme de s'élever à la connaissance scientifique.

Et les écrivains qui font métier de satisfaire ce goût du public sont bien atteints sans doute de la même impuissance philosophique. On en relèverait les traces jusque chez les plus grands ; et pour Sainte-Beuve, par exemple, son *Histoire naturelle des esprits* n'a-t-elle pas été plus souvent que de raison un prétexte à *potins*, une occasion de nous conter des « affaires de femmes », qui avaient le privilège d'exciter doucement son imagination de vieux célibataire inassouvi ? Pareillement l'affectation d'exactitude scientifique ne sert souvent au théâtre et dans le roman qu'à masquer la grossièreté du tempérament ou la petitesse de l'esprit de l'auteur, quand elle ne couvre pas une exploitation intéressée des curiosités basses ou frivoles du public. Que d'œuvres qu'on nous a données comme les produits d'un art nouveau, d'un art *scientifique et sincère*, ne sont que du vulgaire et facile *reportage !* Ne voit-on pas même l'un des plus grands, des plus profonds, des plus artistes même de nos romanciers contemporains enjoliver ses fines et solides études de pathologie morale par la trop puérile et précise notation de certaines élégances mondaines ? N'est-il pas irritant de voir M. Bourget couper ses plus originales analyses d'insipides remarques qui semblent venir tout droit des chroniques d'Étincelle, et que le premier venu peut ramasser en une visite d'un quart d'heure chez le couturier ou le carrossier à la mode ?

V

Ainsi plus on y regarde de près, plus on se persuade que cette conception scientifique de la littérature, qui est aujourd'hui au fond de la pensée de presque tous les écrivains et de presque tout le public, est le plus dangereux élément de perturbation, le plus sûr agent de dissolution pour la littérature, et qu'on ne saurait trop rejeter cette formule en apparence si plausible et si saine, *faire vrai*, si en la prononçant on ne regarde pas vers l'art, mais vers la science, si par elle on veut imposer à la littérature la méthode et lui faire poursuivre les résultats de la science, si l'on ne se dit pas bien fermement que la vérité du roman a moins de rapport encore avec la vérité démontrée qu'avec la vérité révélée.

Il en coûte pourtant de conclure au divorce de la littérature et de la science. Mais cette conclusion s'impose-t-elle ? et de ce que la littérature n'est pas la science, de ce qu'on cesse de les confondre, s'ensuit-il que la littérature n'ait rien à faire avec la science, et doive l'ignorer ? Distinction n'est pas divorce. La littérature n'a pas pour mission de ne présenter que des idées scientifiquement vraies : mais elle doit éviter de présenter des idées scientifiquement fausses. Pour faire son œuvre, manifester sa vérité, elle emploie les formes des phénomènes dont la science détermine les relations et les liaisons ; or cet univers esthétique que crée l'art ne sera possible, viable et vraisemblable, que s'il est conforme à l'univers abstrait que la science définit, s'il en respecte et reproduit l'organisation et les lois. La psychologie du roman et du théâtre ne saurait faire abstraction de la physiologie ni de la pathologie, non plus que le peintre de l'anatomie, et la nature se refléterait mieux dans une âme de poète, si elle avait à son service une intelligence de savant, qui accommodât la forme de ses représentations et la vivacité de ses sensations à la réalité et à la gravité des choses.

Le rapport de la littérature à la science nous apparaît donc maintenant. Elle n'a de commun avec elle que l'horreur du faux, erreur ou mensonge. Elle respecte toutes les vérités établies : ce sont comme les jalons qui lui marquent sa route. Appuyée sur les faits acquis et vérifiés, elle erre librement, autour, au delà de tous les points relevés par la science. Partout où celle-ci fournit une réponse, elle la respecte et s'y conforme ; mais le possible, l'inconnu, l'indémontrable, l'irréel, tout ce qui n'étant pas garanti comme vrai ne saurait être convaincu d'être faux, voilà la matière de la littérature, autant que le vrai, plus même que le vrai. Car tout sujet qui est susceptible d'exacte vérité, n'est susceptible que de cela et échappe dès lors à la pure littérature. Ce qui est matière de science, comme objet de foi, n'est pas thème romanesque ou poétique, et ne peut produire que par accident et comme par aventure des œuvres littéraires, qui sont parfois du reste les plus grands chefs-d'œuvre d'une littérature.

De là vient l'extension plus ou moins grande du domaine de la littérature chez les différents peuples et ce qu'on pourrait appeler les déplacements de la matière littéraire. Dans l'antiquité, où il y a peu de science et point de dogme, tout est littérature, sauf les mathématiques. Chez nous, à mesure que chaque science s'arme de sa méthode, elle échappe à la littérature, et l'on pourrait dater la naissance d'une science du jour où les objets qu'elle étudie ne sont plus matière d'invention poétique ou romanesque, ou même simplement d'exposition oratoire. L'histoire, de nos jours, a rompu avec la littérature ; c'est du moins la prétention des historiens d'être seulement des hommes de science. La critique tend à se constituer en science : le signe de son effort, c'est qu'à la recherche d'une forme elle substitue, avec grand profit, l'emploi d'une méthode. Dès que l'homme peut espérer de connaître, le jeu ne l'amuse plus, et l'artiste est dépossédé par le savant. Mais, inversement, plus le dogmatisme est détruit, plus les doctrines métaphysiques et les lois morales se dissolvent dans le doute, plus le théâtre, la poésie et le roman débattent la destinée humaine et le fondement de la moralité. Jamais aussi la religion (entendez non pas les effets sensibles, mais les principes intimes), jamais la religion n'a été plus mise en forme littéraire que dans notre siècle curieux et incroyant : nous sommes amateurs de mysticisme et de religiosité dans nos lectures par insuffisance de foi positive ou négative ; si nous étions athées, ce serait trop, et trop peu si nous étions dévots. Si bien que la certitude rationnelle et la croyance religieuse, s'étendant ou se retirant selon les temps, dessinent les limites dans lesquelles la littérature peut s'étendre.

Aussi pourrait-on dire que chaque science appartient à la littérature précisément par ce qu'il y reste d'incertain et d'inconnu. Encore faut-il prendre garde que l'inconnu facilement connaissable, dont la science abordera demain l'explication, pour la découvrir après-demain, ne doit pas être mis en œuvre par la littérature : elle doit fuir les problèmes dont les données sont déjà trop précises pour que la solution en soit lointaine. Qu'elle laisse en repos les bateaux sous-marins et les ballons dirigeables, comme l'hystérie ou l'hypnotisme, et en général les questions particulières ou les faits accessibles à l'expérience : ce que nos physiologistes et nos psycho-physiologistes oublient trop aisément dans leurs romans. La poésie de la science doit être cherchée à côté de la science, hors de la science, non dans la science même. Elle est dans l'agitation de l'âme consolée ou blessée par la connaissance : ce n'est pas la physique de Lucrèce qui est poétique, c'est la répercussion du système sur sa sensibilité, et la science néglige ces contre-coups. Mais la poésie de la science est encore dans les conséquences que nous tirons du connaissable à l'inconnaissable, quand une généralisation hardie des faits constatés et des lois particulières propose à notre ignorance inquiète une représentation nouvelle de l'univers, qui nous assigne une place nouvelle dans la chaîne infinie de l'être. Lorsque la science, ayant achevé ses démonstrations ou impuissante à les prolonger, fait appel à l'imagination pour traduire ses formules abstraites en termes concrets ou réaliser ses résultats par anticipation dans leur plénitude idéale, alors, à vrai dire, elle est littérature et poésie. Ainsi ce n'est pas quand Buffon fait lisser par l'honnête Bexon les plumes de son beau cygne, c'est quand il décrit sa puissante vision des *Époques de la Nature*, qu'il est le successeur de Lucrèce, le rival de Rousseau, et le maître de Chateaubriand. Là donc où la méthode n'a pas prise, cet élément mobile et insaisissable que les savants négligent, la puissance affective des vérités qu'ils étudient, des hypothèses qu'ils emploient, la forme que ces vérités et ces hypothèses donnent en chaque siècle à l'impénétrable mystère que toutes les découvertes de la science rendent plus sensible et comme plus palpable, la détermination en un mot de l'inconnaissable, voilà par où la science reçoit en elle la littérature et la fait circuler pour ainsi dire entre toutes ses démonstrations et ses formules. Cela revient à dire que la part de la littérature ici est tout justement définie par celle que revendique la métaphysique : et le lyrisme est-il autre chose en son essence que l'expression individuelle d'une inquiétude métaphysique ?

L'histoire reste aussi ouverte à la littérature et par le même côté : par les hypothèses générales, plutôt que par les faits particuliers. Nos romantiques n'y ont pas songé quand ils faisaient leur drame et leur roman historiques. Leur excuse est que l'histoire n'existait pas : ils ne la faussaient pas. Le vieux Dumas nous étonne : songeons que le public qu'il passionnait par son étrange vision de l'histoire de France n'avait rien lu qu'Anquetil. Mais comme ils inventaient ce qu'on pouvait savoir, et ce qu'on ne tarda pas en effet à savoir, la beauté de leurs fictions ne tint pas contre la fausseté qu'on y trouva, et c'en est la faiblesse et le vice essentiels de ne donner de plaisir au lecteur qu'en proportion de son ignorance. Le roman ou le drame historiques sont des contresens esthétiques : car le poète (toute littérature est proprement poésie) s'aheurte à des faits précis, connus ou connaissables, dont il ne peut sans risque altérer les formes réelles et les rapports exacts. Il faudrait aller très loin, et dans l'histoire qui est hors de l'histoire, dans la légende et le préhistorique, pour trouver une matière proprement littéraire : aussi les symbolistes n'ont-ils pas tort contre les romantiques, comme Wagner a raison contre Meyerbeer, de préférer l'imprécise plasticité des figures légendaires à la nette découpure des types historiques.

Ou bien il faudrait saisir l'histoire dans sa plus générale et par suite hypothétique philosophie. Mais, au reste, par ce côté, l'histoire demeure, chez les historiens même, essentiellement littéraire. Fondée sur des témoignages et des documents dont la valeur, le sens et les rapports sont susceptibles d'une infinité d'interprétations, forcée de se former des conceptions complètes sur d'incomplets indices, incapable de vérifier ses hypothèses par des observations ou des expériences vraiment scientifiques, l'histoire est une construction où l'écrivain le plus impartial, le plus détaché, le plus méthodique met toujours beaucoup de lui-même. Et dès qu'il s'élève au-dessus d'une sèche chronologie, dès qu'il prétend ressusciter en lui et en nous la vision des âges disparus, dès qu'il prétend surtout forcer le secret de la vie du passé, en saisir l'âme et les ressorts, il sort de la science et fait de la littérature, quoi qu'il pense. C'est un grand poète que Michelet ; c'en est un non moins grand peut-être que M. Fustel de Coulanges : l'un a la poésie de Shakespeare, mais l'autre a celle du cinquième livre de Lucrèce.

Pour la même raison, la psychologie est et restera le particulier et inaliénable domaine des romanciers et des poètes. C'est que tout y est incertain, tout possible. Que les philosophes me pardonnent : je ne parle pas de leur psychologie ; celle-là, à laquelle ont travaillé chez nous les Descartes, les Condillac, les Taine, les Ribot, celle-là est science, ne s'occupant que du général, et ne cherchant que des définitions et des lois. Mais de Corneille à M. Ancey, ni de Mme de La Fayette à M. Barrès, aucun littérateur n'a apporté de contribution à cette psychologie-là, pas même Racine, ni Stendhal, ni M. Bourget : ils lui ont emprunté parfois ses conclusions pour y fonder leurs inventions. La psychologie littéraire, en effet, est exclusive de tout esprit et de toute méthode scientifiques : elle use de la psychologie scientifique, comme le sculpteur de l'anatomie, pour produire une illusion, et non pour faire connaître une vérité : et, sans nous le dire, elle supplée, suppose et ment, toutes les fois qu'elle sait ne pouvoir être prise en flagrant délit. Et de là vient que nos psychologues littéraires opèrent de préférence sur la partie de nous-mêmes qui fournit le moins de résultats définitifs aux psychologues philosophes : sur les passions, les sentiments, les instincts. Dès qu'on sort, en effet, des classifications et définitions les plus générales, l'impossibilité de mesurer la force des causes rend impossible d'évaluer la nature des effets, on l'a déjà vu tout à l'heure; d'autre part, l'impossibilité de séparer l'objet du sujet dans une recherche si complexe, et de connaître les autres autrement que par nous-mêmes, fait de chaque observation une intuition toute personnelle et tout indémontrable ; enfin, le résultat de l'observation dépend si étroitement de l'hypothèse qu'on fait sur la destinée humaine et le sens de la vie, qu'à vrai dire l'interprétation des faits précède ici et détermine la constatation des faits : tout cela fait que la psychologie dont notre littérature est pleine n'a rien de commun avec la science. La science découvre dans l'univers des nécessités conditionnées et constantes : la psychologie littéraire est une conception de possibilités d'autant plus permanentes qu'elles seront plus vaguement conditionnées.

Le XVIIe siècle, avec une intelligence très fine du problème à résoudre, avait inventé le genre des *Maximes* et des *Caractères :* isoler les faits ou immobiliser les individus, faire abstraction du particulier, compter les ressorts sans les faire jouer, décrire les effets sans les produire, c'était éliminer le plus possible et l'inconnu et l'incertain, et, en restreignant la question, la rendre aussi susceptible que possible d'une étude et d'une solution scientifiques. Jamais aussi la littérature n'a été plus près d'être de la science que dans La Bruyère et dans La Rochefoucauld.

VI

Ne voit-on pas apparaître la conclusion de tout ce qui précède ? C'est que plus on affranchit la littérature de la science, moins on lui reconnaît le droit de l'ignorer. La science n'est pas précisément matière de littérature, mais elle fournit à la littérature sa matière, qui est tout ce que la science n'emploie ou n'atteint pas. Il faut donc savoir ce qu'elle emploie et atteint. Il y a, du reste, une probité tout intellectuelle qui veut qu'on n'ignore rien de gaieté de cœur. La sincérité, condition première de l'art, ne consiste pas seulement à ne pas mentir : elle consiste à se mettre de tous ses efforts en état de ne pas se tromper. Et précisément ce qui a le plus manqué aux littérateurs de notre siècle, — sauf exception, — c'est d'être savants. Ils ont eu des prétentions et un « bagou » scientifiques : c'est le médecin de Molière jetant son latin au nez de ceux qui n'entendent pas le latin. Mais s'ils commentent Claude Bernard, ils commettent de grossiers contresens ; s'ils recueillent les propos des grandes intelligences du temps, ils en font de plates niaiseries. Ils ne connaissent que les basses œuvres de la science : sa fin supérieure, son large esprit, sa philosophie enfin, leur échappent. S'ils en avaient conçu la puissance et l'impuissance, et les infinis désespoirs avec les fugitives conquêtes, ils eussent pris conscience de l'objet propre et des moyens efficaces de leur littérature.

Ils eussent compris que, si la diffusion de l'esprit scientifique rend le public curieux des recherches et des résultats de la science, c'est tromper, non pas servir ce goût que de faire une contrefaçon frelatée de l'œuvre scientifique, et d'exploiter en hâte les questions actuelles et tapageuses comme se produisent les charlatans de l'hypnotisme dans les cafés-concerts de province, entre une niaise chanson et des cochons savants. Au lieu de collectionner et d'inventer des faits physiologiques, des cas pathologiques, dont la description fait pitié aux hommes de science et fera rire, dans cinquante ans, jusqu'aux plus ignorants — si on les lit, — ils se seraient demandé quel développement, quel enrichissement les progrès de la science donnent à la psychologie littéraire : ils auraient vu s'ouvrir à leur imagination un champ infini d'hypothèses et de déductions, par delà les régions qu'ont explorées nos moralistes classiques. Au lieu de faire une ridicule concurrence aux savants par l'étude, comme ils disent, de notre organisation physique, ils s'en seraient tenus à ces « épiphénomènes » que les savants mêmes, par ce nom vaguement dédaigneux, déclarent n'être pas de leur ressort ; et ne gardant que le parallélisme des deux ordres de faits, ils auraient lié les actes de notre vie morale en séries originales, imprévues et pourtant vraisemblables. Ce que Pascal trouvait dans son dogme, une direction pour explorer, une lumière pour éclairer le cœur ténébreux de l'homme, ils l'auraient trouvé dans les doctrines scientifiques de leur temps, s'ils avaient été plus savants. Dès lors, ils n'eussent pas été réduits à se confiner dans les plus basses régions de la science et de l'âme humaine, pour donner une ombre d'apparence à leur grossier matérialisme, qu'ils estimaient œuvre de science. Et dès lors aussi, ce ne serait plus la médecine, ni l'observation des aliénés, des alcooliques et des hystériques, que le littérateur emploierait ; de l'astronomie à l'embryogénie, il n'est pas de science qui, sans dénaturer notre *moi*, sans le mutiler, sans rien même affirmer témérairement de sa substance, n'eût aidé leur main à faire le dessin curieux et vrai de ses multiples apparences.

Que de chefs-d'œuvre du roman et du drame sont en puissance dans les mémoires scientifiques ! Mais c'est à condition qu'on les traduise en fictions psychologiques ! N'est-ce pas parce qu'il a fait précisément cela, parce qu'il a soumis l'étude des caractères et des passions aux lois démontrées ou supposées du monde organisé, que M. Bourget a pris si vite, dans la littérature contemporaine, le rang qu'il a si bien gardé ? Mais de plus toutes nos émotions les plus profondes, tous nos plus hauts espoirs, la vibration lyrique de notre être intime, comme l'idéal moral de l'humanité, tout cela est en quelque mesure attaché aux plus spéciales recherches des savants ; et celui qui nous dit l'origine unique de toutes les races de pigeons ou de chiens, celui qui explique comment les chats favorisent la multiplication des graines du trèfle incarnat, touche en somme aux plus hautes sources de poésie où l'homme puise : ces faits peuvent changer à nos yeux le décor de l'univers et substituer un nouveau drame et de nouveaux acteurs au « mystère » naïf des théologiens et à la vague tragédie des philosophes spiritualistes. La littérature peut-elle donc se désintéresser de ces faits ? Ils lui appartiennent, non par la vérité, sans doute, mais, cette vérité une fois reconnue ou soupçonnée de la science, par la capacité qu'ils ont de déterminer notre vision et nos émotions. Mais il est plus facile de jeter une intrigue de mélodrame sur des notes prises à la Salpêtrière, que d'écrire le morceau des deux Infinis dans le frisson que donne la soudaine révélation du monde immense, quand le premier télescope et le premier microscope viennent, en deux pas, de porter la science au delà des limites que l'imagination même auparavant n'osait franchir.

Pascal était un savant qui appliqua à la littérature une imagination et une sensibilité que la pensée scientifique avait, pendant des années de sérieuses recherches, entraînées à sa suite, exaltées ou froissées au contact de ses objets : et sa science lui donna moyen de faire de la littérature originale. Voilà tout le secret : je le mets à la disposition de nos romanciers et de nos auteurs dramatiques. S'il se trouve un homme qui n'étant pas de naissance et par destination « gent-de-lettre » dès le collège, vient à la littérature après avoir passé des années dans le laboratoire ou à l'hôpital, si ce savant apportant les habitudes d'esprit et le tour d'imagination de sa vie antérieure, gardant la curiosité des problèmes scientifiques et le frisson des vastes horizons ouverts par la science à la pensée humaine, si par surcroît il a seulement un peu du génie de Racine ou de Victor Hugo, je garantis qu'il fera servir sa science à sa littérature Je ne sais trop si les romans de M. Marcel Prévost révèlent le polytechnicien : mais qui ne voit combien la littérature de Flaubert, fils de chirurgien, et celle de Loti, officier de marine, ont été déterminées par certaines spécialités d'éducation et de profession ? Et qui sait si la biologie et la physiologie n'enverront pas un jour à l'Académie française leur Renan, comme l'archéologie et la philologie sémitiques ?

Ainsi la littérature reviendrait à son véritable rôle. Il n'y a pas de littérature sans idées : puisqu'enfin, les mots étant par destination signes des idées, le littérateur peut n'avoir pas d'idées et n'assembler les mots que selon leur valeur pittoresque ou musicale, mais en dépit de lui, à son insu, ils exprimeront toujours des idées. Seulement ce ne seront pas les siennes, ce seront celles de tout le monde. Ils garderont leurs significations habituelles, imprécises et communes : la littérature sans idées, ce n'est que la littérature à idées banales. Mais ces idées, que l'écrivain exprime, et doit s'inquiéter pour lui-même de rendre aussi vraies que possible, ces idées n'ont pas besoin d'être des jugements, des affirmations d'existence et de nécessité objectives. Un roman, un poème sont l'image de la vie : ils n'en sont pas la loi. Ils représentent la réalité des choses sans la contraindre : ce sont de pures conceptions de l'esprit.

Et de combien d'œuvres même peut-on dire qu'elles représentent la réalité des choses ? des œuvres inférieures et des parties inférieures des chefs-d'œuvre. Les plus grands, les plus beaux échappent le plus au contrôle, à la vérification, dépassent le plus l'expérience, et celle de l'auteur comme celle du lecteur. Anciens ou modernes, classiques, romantiques ou naturalistes, c'est à la grandeur du rêve, de l'hypothèse, de la croyance, non arbitraires, mais indémontrables, qu'on mesure la grandeur des œuvres. D'où vient que nos classiques paraissent à certains un peu étriqués et mesquins ? De ce qu'ils ont voulu être seulement et absolument vrais. Et si Shakespeare les dépasse, c'est par ce qu'il a mis de plus dans son œuvre que le simple vrai, le vrai certain et connaissable. De combien Molière est-il plus grand que Le Sage ? De toute la hauteur de sa philosophie, qui est une hypothèse. Et le vrai Molière, le Molière unique dans notre littérature dramatique, où est-il ? Ce n'est pas dans Trissotin, qui est réel, ni dans Oronte, qui est vrai ; c'est dans Agnès, dans Alceste, ou dans Tartufe, partout où la peinture des mœurs et des caractères se fonde sur une conception profonde, personnelle, et après tout hypothétique, de la nature humaine et de la loi morale.

Là est la grande mission, l'office propre de la littérature. Que nos romanciers ne se croient pas des savants, ni nos poètes des prêtres. Qu'ils ne pontifient, ni ne professent : ils n'ont ni dogmes ni lois à formuler. Leur rôle n'est pas de savoir, mais de concevoir, et de faire concevoir. Ils sont les conservateurs des plus hautes parties de l'âme humaine : ils n'ont qu'à en entretenir l'activité, à en faire jouer les ressorts.

Les intérêts prochains et la vie pratique nous prennent et nous enserrent. Chaque heure, chaque minute de notre vie est la proie des impérieuses réalités qui réclament notre puissance d'agir ou de sentir. Aux inquiétudes, aux pensées que les écrasantes manifestations des forces physiques éveillaient chez nos lointains aïeux, la science a substitué ses explications précises, qui reculent le mystère universel si haut et si loin que des savants mêmes ne l'aperçoivent pas toujours. Notre vie est remplie de tant de soins, de devoirs si précis, de plaisirs si immédiats, que nous n'avons presque jamais le loisir de regarder au delà ni au-dessus. La civilisation moderne, de plus en plus complexe dans ses effets et mécanique dans son jeu, nous assoupit en nous occupant. Pascal, plus encore qu'il ne faisait en son temps, gémirait sur ce « divertissement » continuel où vivent presque **tous les hommes**.

A l'incuriosité qui nous dégrade, la littérature apporte le remède. Elle nous rappelle qu'enfin nous n'avons pas tout fait, quand nous avons expédié notre besogne journalière, ou gagné de quoi doter nos filles, et qu'enfin, dans ces honnêtes et sérieuses occupations, la meilleure et la plus vraiment humaine partie de nous-mêmes n'a pas vécu. La beauté intellectuelle de ses conceptions esthétiques exerce et relève nos intelligences atrophiées par la vie quotidienne et abaissées vers la terre. Elle nous amuse par l'imitation de nos actions réelles, par l'expression de nos rêves d'action ; mais sa fonction propre est de poser les problèmes que la vie ne pose pas nettement, comme le sens même de la vie, la raison de l'univers, la fin de notre activité et de l'évolution universelle. Elle les pose, elle ne les résout pas : elle n'a pas à découvrir des vérités, mais à entretenir des inquiétudes. Elle n'est qu'un jeu ; mais sa noblesse, sa force consolatrice, et même sa vérité, c'est précisément d'être ce jeu-là.

Elle le serait, si, sous prétexte de faire vrai, on n'éliminait trop souvent de l'œuvre toute imagination métaphysique, toute hypothèse morale, pour se rejeter sur la fiction des faits particuliers qu'on prétend scientifiques. Mais elle l'est quand même, à l'insu et contre le gré de l'auteur, quand il touche à ces grandes pensées qui nous remuent jusqu'au fond de l'âme; et si dur, si brutal qu'il soit, si vulgaire même et grossier à dessein, la puissance esthétique de ses fictions leur imposera une valeur intellectuelle, qui nous fera trouver parfois dans son œuvre ce qu'il n'y a pas mis, et le contraire même de ce qu'il croyait y mettre. C'est ce qui arrive pour *Germinal*, et voilà ce qui met ce roman au-dessus de *la Fille Elisa*. La disproportion de la forme d'art à l'intérêt des conceptions est plus rare qu'on ne pense dans la littérature. Et partout où cet intérêt fait défaut, on peut présumer que l'œuvre est médiocre. Il est permis de préférer même le *Chiffonnier* à *Adrienne Lecouvreur*, ou le *Jardin de Bérénice* au *Maître de forges*. Et c'est parce qu'il pense ainsi que le public a fait si bon accueil à Tolstoï, à Ibsen, à tous les Slaves et Scandinaves que depuis dix ans on lui a successivement présentés. De bons juges s'indignent de cet engouement : ils ont raison. Ces étrangers, les trois quarts du temps, sont prolixes, maladroits, pesants, fumeux : ils ont l'air parfois de retarder de quarante ou cinquante ans : mais c'est précisément cela qu'on aime en eux. Ils nous parlent de ce dont parlaient Hugo, Vigny, et jusqu'à Flaubert, et de ce dont nous voulons qu'on recommence à nous parler. C'est pour cela qu'on va à Tolstoï, ayant MM. Vast-Ricouard ou Paul Alexis : c'est pour cela qu'on va à Ibsen, ayant M. Sardou.

Aujourd'hui plus que jamais, le public attend des écrivains, je ne dis pas des réponses aux questions qui obscurément l'obsèdent, mais du moins le débat de ces questions. Qu'on ne parle pas de misérable dilettantisme, s'il y a sincérité des deux parts, si celui qui consulte et celui qui répond aiment la vérité jusque dans ses apparences, et dans ses fuites. Si la religion pour nombre d'âmes n'est plus qu'une forme vide, si la science loyale écarte les problèmes qu'elle ne peut résoudre, si, avec le sens de la vie et l'origine de l'être, la morale reste en suspens, entre la religion qui n'est plus de force à la supporter et la science qui n'a pas encore le moyen de suppléer la religion, qui donc entretiendra dans les esprits le sens du mystère et la préoccupation morale, à moins que la littérature, par son agitation féconde, n'empêche la prescription de se faire, jusqu'au jour où quelque puissance légitime, science plus avancée, religion renouvelée, prendra la direction des consciences, et fera éclore de nos doutes féconds une connaissance ou une croyance, partant une règle efficace de vie? Ne rions pas de voir mis en roman les sujets réservés il y a deux ou trois siècles aux François de Sales et aux Fénelon : le prêtre est renvoyé à sa messe, la science ne sort pas encore de son laboratoire. Il faut que quelqu'un parle. C'est le romancier, ou l'auteur dramatique, ou le poète. Il se prend parfois un peu trop au sérieux, et donne ses consultations avec un peu trop de foi en leur valeur. Pardonnons-lui. Il occupe la scène pendant que les vrais acteurs se préparent. Il amuse le public, il le retient, il l'empêche de se disperser, tandis qu'il lui conte des merveilles de la pièce qu'il ne connaît pas lui-même.

TABLE DES MATIÈRES

	Pages
Avant-Propos	v
Étudiants et mœurs universitaires du xvie siècle.	1
L'érudition monastique aux xviie et xviiie siècles.	25
Antoine de Montchrétien et la Littérature française au temps de Henri IV.	57
Le théâtre français au temps d'Alexandre Hardy.	87
Le héros Cornélien et le « Généreux » selon Descartes.	113
Une victime de Saint-Simon.	135
Mélanges inédits de Montesquieu.	169
Etude sur « Gil Blas ».	185
La Comédie au xviiie siècle.	215
La Parodie dramatique au xviiie siècle.	261
L'immortalité littéraire.	295
La littérature et la science.	317